KB143009

내 안의 여신을 찾아서

THE HEROINE'S JOURNEY: Woman's Quest For Wholeness
By Maureen Murdock
© 1990 by Maureen Murdock
Preface to Thirties Anniversary Edition © 2020 by Maureen Murdock
Foreword © 2020 by Christine Downing
Korean Translation © 2022, Gyoyangin

Published by arrangement with Shambhala Publications, Inc., Boulder
through Sibylle Books Literary Agency, Seoul

이 책의 한국어판 저작권은 시빌에이전시를 통해
미국 Shambhala사와 독점 계약한 '교양인'에 있습니다.
저작권법에 의해 한국 내에서 보호를 받는 저작물이므로
무단 전재 및 무단 복제를 금합니다.

내 안의 여신을 찾아서

모린 머독 지음
고연수 옮김

융 심리학으로 읽는 자기 발견의 여정

교양인
GYOYANGIN

모린 머독의 《내 안의 여신을 찾아서》 30주년 기념판은 우리에게 선물과도 같다. 1990년 당시 이 책의 출간은 의미가 컸으며 지금도 이 책은 중요하다.

모린 머독은 나의 동료이자 멘토이고 한때 나의 학생이었으며 여전히 좋은 친구이다. 머독이라 부르면 우리의 친분 관계와 이 책의 주요한 주제들이 훼손될 것만 같아 친근하게 모린이라고 부르겠다.

제목에서 알 수 있듯이, 이 책은 조지프 캠벨의 《천의 얼굴을 가진 영웅》에서 그리는 영웅들의 여정이 '남성 영웅'의 여정이라는 사실을 모린이 알아차린 데서 시작된다. 남성 영웅의 여정에서 여성들은 그저 남성 영웅들과 맺는 관계 속에서 조력자나 방해꾼으로 등장할 뿐이다. 게다가 남성 영웅의 여정에서 나타나는 개성화 과정의 큰 틀은 여성들의 경험에 맞지 않다. 이것은 모린이 깨달은 것처럼 우리 여성들에게는 '우리'의 여정이 필요하다는 의미이다.

책을 다시 읽으면서 나는 모린이 다른 페미니스트들의 작업과는 달리, 캠벨의 모델을 하나하나 수정하는 일에 매몰되지 않았다는 점에 감명을 받았다. 애초에 캠벨의 방식과도 달랐다. 마치 "캠벨 씨, 이런 이야기들도 있지 않나요?"라고 묻듯이 여신이나 여성 영웅이 주인공인 신화에 중점을 두는 방식이 아니었다. 물론 모린은 페르세포네와 이난나의 이야기를 들려준다. 하지만 우리가 그들과 같다기보다 그들이 우리와 같다는 식으로 말한다.

비록 '여성 영웅'이라는 용어를 쓰고 있지만 모린은 예외적인 존재들에게 초점을 맞추지 않는다. 우리 모두가 여성 영웅이다. 우리의 이야기 즉, 나와 당신의 이야기에는 신성한 뭔가가 있다. 모린의 표현을 빌리자면 '평범해서 신성한' 그 무언가가 말이다.

이 책에서 가장 주목해야 할 점은 모린이 그녀 자신의 목소리로 서술한다는 것이다. 모린은 일인칭 단수를 쓴다. 자신의 경험에서 시작해서 상담가 일, 내담자들의 이야기, 동료들의 이야기로 돌고 도는 방식으로 이야기를 확장해 나간다. 책의 시작부터 모린은 우리 모두에게 딱 들어맞는 하나의 패턴, 정해진 여성 영웅의 여정은 없다는 점을 깨우쳐준다.

나는 '나'의 목소리가 중요하다는 점을 인정하고 싶다. 하지만 그것이 바로 '우리'의 목소리라는 점을 더 강조하고 싶다. 내가 강하게 소속감을 느끼는 '우리', 이 책이 처음 출간됐던 그 특정 시기의 시대정신에 적극적으로 공감했던 '우리' 말이다.

모린과 나는 시몬 드 보부아르의 《제2의 성》에 공감하며 등장한 1970년대 초 제2의 물결 페미니즘에 활발하게 참여했다. 어느날 갑자기 미국 이곳저곳의 여성들은 대개 서로를 전혀 의식하지못한 채, 자신들이 '여성으로서' 사는 삶을 들여다보고, 깊이 이해하고, 여기에 이의를 제기할 수 있도록 만들어줌으로써 여성적경험의 특별함에 자부심을 느끼게 해줄 언어, 이미지, 이야기에목말라 있다는 것을 발견했다. 우리는 일인칭 서술 방식으로 우리의 꿈, 몸, 성생활, 분노, 혼란 그리고 우리 자신을 소재로 삼아그때까지 학술적 글쓰기에서 금기시돼 온 방법으로 글을 쓰기시작했다. 우리는 서로를 찾아냈다. 우리에게 서로가 필요하다는것을 알아냈다.

이 책의 메시지를 완전히 이해하는 데 핵심은 모린이 글의 여기저기서 '우리'의 과거 일원이었거나 현재 일원인 여성들을 호명한다는 점이다. 책을 읽어 가면서 놓치지 않고 확인한 바다. 순서없이 나열해보면 퍼트리샤 라이스, 베티 메아도르, 캐럴 피어슨, 린다 레너드, 노어 홀, 일레인 페이절스, 수전 그리핀, 실비아 페레라, 스타호크, 에스텔라 로터, 캐씨 카슨, 진 볼렌, 리안 아이슬러, 매리언 우드먼. 그리고 각자의 이야기와 여정을 지니고 있는수많은 여성들.

모린은 자신의 여정을 세밀하게 그리면서도 여성의 여정이 다양한 모습을 띨 수 있다는 균형 잡힌 인식을 보인다. 모린은 자신이 만난 많은 내담자들의 여정에서 (그리고 자신이 재해석한 특정한 신화들에서) 이 점을 거듭 확인한다.《여성의 미스터리》의 에스터 하딩과《여신에게로 내려가기》의 실비아 페레라처럼 모린은 특별히 아버지의 딸들 즉, 남성적 가치가 지배하는 세계에서 성공했으나 그 성공이 의미 없고 자신이 정신적으로 공허하다는 걸 알게 된 여성들의 분투를 다룬다. 그리고 우리의 좀 더 여성적인 측면과 다시 연결되는 일이 어머니의 딸로서 우리를 재발견하는 데 얼마나 중요한지를 설득력 있게 쓴다. 모린은 성공한 자아를 내려놓는 것이 얼마나 어려운지 잘 알고 있다. 또 사랑하면서 미워할 수밖에 없는 어머니와의 관계를 특징짓는 깊은 양가감정을 진심으로 인정하는 것이 얼마나 가슴 아픈 일인지, 우리의 분노, 욕망, 절망을 그대로 느끼는 것이 얼마나 고통스러운지도 잘 알고 있다.

이 책에서 모린은 자신의 여정을 진솔하고 겸손하게 들려준다. 그녀는 이 여정이 직선적이지 않고 우리가 같은 싸움을 계속 반복하리라는 점도 알고 있다. 모린은 자신이 여전히 그 여정에 있다는 점을 분명하게 인정한다. 이는 지금도 마찬가지라고 말하지 않을까 싶다.

물론 모린에게 그리고 페미니스트인 우리 세대에게 그 여정은 단순히 심리적 전체성 혹은 정신적 충족감을 향한 개인적 여정이 아니었다. 우리는 문화를 바꾸고 싶었다. 나는 모린이 이 책을 쓰면서, 30년 후인 지금쯤은 이 책이 더는 쓸모없는 시대가

돼 있을 거라고 기대했거나 최소한 희망했을 거라고 추측한다.

안타깝게도 현 상황은 그렇지 못하다. 나는 20대 중반부터 60대 후반까지 폭넓은 연령대의 대학원생들에게 심층 심리학과 그리스 신화를 가르치고 있다. 그 과정 중에 거의 항상 데메테르와 페르세포네를 재해석한 신화를 다룬다. 물론 다른 이야기도 많이 다루지만 학기말 과제에서 압도적으로 많은 지분을 차지하는 건 언제나 어머니와 딸에 관한 이 신화였다. 읽는 것도 고통스럽고 논문으로 다루기에도 고통스러운 신화이다. 하지만 너무나도 오랫동안 자신들의 이야기가 전달되지 않아 고통받아 온 각 세대의 여성들은 매년 여성의 목소리를 발견하는 주제를 담은 논문을 쓴다. 그 논문은 항상 개인적 경험에서 태어난 새로운 전개로 쓰인다.

우리는 여전히 이 책이 필요하다.

크리스틴 다우닝(퍼시피카 대학원 신화학 교수)

"인류를 고양하고 싶다면 여성에게 힘을 주어라."
– 멜린다 게이츠

30년 전에 나는 주류 문화에서 찬사를 받는 남성 영웅의 전형
적인 자기중심적 여정의 대안으로 《내 안의 여신을 찾아서》를 썼
다. 그때까지만 해도 여성들의 경험에 딱 들어맞는, 이렇다 할 원
형적 패턴이 없었다.

나는 가족 상담가면서 조지프 캠벨이 말하는 남성 영웅의 여
정 원형을 이용한 창의적 글쓰기를 가르치는 강사였다. 하지만
그 원형이 정신적인 면에서 허점이 있음을 깨달았다. 개인적 혹
은 문화적 수준에서 여성성의 깊은 상처를 다루지 못했던 것이
다.

여성의 삶은 남성의 삶과 다른 신화를 지닌다. 우리는 남성
영웅의 여정을 기준으로 삼아 성공, 성취감, 만족도를 측정하면

서 우리가 여성이라는 사실을 부정한다. 이 책을 쓸 당시에 나는 여성과 여성적 가치를 향한 편견이 우리 자신의 결점이 아니라 사회에서 비롯되었다는 걸 여성들이 이해했으면 했다. 《내 안의 여신을 찾아서》는 여러 다른 문화적 배경을 지닌 많은 여성들의 아픈 곳을 건드렸다. 이 책은 발간 즉시 이란어와 한국어를 포함해 십여 개의 언어로 번역되었다.

1990년 이래로 여성들이 정체성, 관계, 연결, 역량 증진이라는 주제에 초점을 맞추면서 여성의 서사는 변해 왔다. 함께 전진할 때 어떤 성과가 나는지를 확인하며 사회의 큰 변화를 이끌어내고 있다.

이 글을 쓰고 있는 현재, 여성 대선 후보의 기록적인 수는 차치하고도 대법관 중 세 명이 여성이고 의회의 25퍼센트 정도가 여성이다. 또 낸시 펠로시 하원의장은 부통령에 이어 대통령직 승계 서열 2위다. 미투 운동은 여성에게 힘을 부여하고 산업계, 스포츠계, 종교계를 망라하고 여성과 어린 소녀들에게 가해지는 은밀한 성적 학대나 성희롱을 사회적 이슈로 만든 전 세계적인 현상이 되었다. 전체의 6.6퍼센트일 뿐이지만 〈포춘〉이 선정한 500대 기업에서 여성 CEO의 수가 이전보다 많아졌다. 〈아메리칸 사이콜로지스트〉에서 발표한 최근 연구 자료에 따르면 70년 만에 처음으로 과반수의 미국인들이 여성이 남성보다 유능하지는 않더라도 남성만큼은 유능하다고 믿는다고 응답했다.

2019년에 미국 여자 축구 대표 팀은 비난을 무릅쓰고 동일 임금, 의료 조치, 안전한 경기 조건, 사회적 정의를 요구했다. 대표 팀의 신념은 그들 자신뿐만 아니라 그들의 뒤를 따를 소녀와 여성들을 위해 2019년 월드컵에서 우승하는 데 꼭 필요했다. 과거 국가 대표 팀의 주장으로서 두 차례 월드컵 우승을 이끌었던 줄리 파우디는 그 팀에 관해 이렇게 말했다. "이전 팀들과 달리 이번 팀은 거리낌 없이 소신 발언을 하는 듯하다." 그들은 무엇이든 가능하다는 패기를 보여주었다. 결과적으로 미국 여자 축구 대표 팀은 세계적으로 여성 축구에 대한 기대치를 높였다며 다른 월드컵 대표 팀들에게 인정받았다.

극적인 변화이다. 하지만 아직 멀었다.

이 책을 쓰던 30년 전에 나는 여성이 남성 영웅의 여정을 따라가는 일은 필요하지 않고 건강하지도 않다는 사실을 분명하게 말하고 싶었다. 그 일은 여성들의 정신을 피폐하게 만들고 여성의 신화와도 어긋나기 때문이었다. 우리가 다 가지는 건 불가능했다. 일하는 부모들에게 적합한 노동 환경을 위해 사회가 저렴한 아동 보육 서비스를 제공하는 일은 없었다. 그때 나는 미래에는 여성이 개성화를 실현하고 삶의 균형을 이루려는 여정 중에 '시련의 길'에 부닥치는 난관이 없기를 희망했다. 당시 내가 쓴 '시련의 길'이라는 말은 "여성이 열등하거나 결핍됐다고 보는 사고에서 비롯된 신화"를 지칭하는 것이었다.

30년이 지난 후에도 이런 원형적 젠더 고정 관념을 마주하게 되리라고는 거의 상상하지 못했다. 남성의 관점에서 세상을 보는 사회에 살고 있는 탓에 많은 여성들이 여성이 남성보다 열등하다고 말하는 가부장적 목소리를 여전히 내면화하고 있다. 그 결과 많은 소녀들이 자신을 비가시화된 존재로 느끼고, 유아기부터 여자는 열등한 존재라고 생각하고, 자신의 잠재력을 발전시키는 데 좌절감을 느낀다. 최근 정치권에서는 여성의 재생산권을 반대하는 주장이 오간다. 이에 어떤 젊은 여성이 질문을 던졌다. "왜 그들은 우리를 그렇게 증오하는 거죠?"

나는 이렇게 답할 것이다. "최소 지난 5천 년 동안 우리의 가부장적 문화에 각인된 이야기인 거죠. 여성들의 힘이 커질수록 증오도 커지죠." 하지만 앞서 언급한 여자 축구 대표 팀은 우리 모두를 위해 무엇을 바로잡아야 할지를 알려주는 좋은 예이다. 이는 우리가 우리의 목소리를 내고, 우리의 정체성을 자랑스러워하고, 공동의 목표를 위해서 협력하고, 고대의 미노아 지모신처럼 당당하게 서서 하늘을 향해 두 팔을 들어 올려 여성성의 신성함을 인정하고 긍지를 품을 때 여성으로서 모든 것이 가능하다는 것을 보여준다.

모린 머독, 2020년

차례

10장 │ 여성 영웅, 다시 떠나다

《내 안의 여신을 찾아서》는 나와 여정을 함께한 많은 여성들의
작품이다. 특히 지난 12년 동안 함께해준 여러 모임의 여성들에
게 감사드린다. 우리는 영웅의 여정에 나선 뒤로 동료, 괴물, 여
정을 함께한 방랑자, 치유자의 역할을 거쳐 마침내 신화 속 '할
머니'처럼 서로를 지혜의 길로 이끄는 여성들의 모임이 되기까지
모든 단계의 여정을 함께 지나왔다.

나는 남성/여성 영웅의 여정을 다루는 나의 워크숍과 수업에
참가한 이들에게서 남성과 여성의 탐색이 미묘하게 차이를 보인
다는 사실을 알게 되었다. 자신의 상처 입은 여성성을 치유하기
위해 탐색에 나섰던 남성들과 여성들에게 감사한다. 내가 이끄
는 '비전 퀘스트'°에 참여했던 여성들, 나에게 심리 치료를 받은 여

비전 퀘스트(vision quest) 숲이나 황야에서 홀로 영적인 에너지를 찾고 자아를 발견하
는 북미 원주민들의 성인식에서 유래한 자아 탐색 프로그램.

성들, 여성 친구들, 나의 여성 가족들이 내게 여정을 함께할 기회를 준 데 감사한다. 또한 이 책에 자신들의 삶과 꿈 이야기를 다룰 수 있도록 너그러이 허락해준 여성들에게도 고마운 마음을 전한다.

특히 길다 프란츠에게 깊이 감사한다. 길다는 내가 의존하던 낡은 영웅 모델에서 벗어날 수 있도록 이끌어주었고, 나 자신의 '모녀 분리(mother/daughter split)' 문제를 스스로 치유할 수 있도록 도와주었다. 언제나 곁에서 함께하며 나의 창조적인 여정을 격려해준 데 감사드린다.

작업 초반에 인터뷰에 응해준 조지프 캠벨을 비롯하여 여성성의 힘과 아름다움을 되찾기 위한 노력을 작품을 통해 깊이 있게 표현해낸 여성 화가들과 시인들에게도 감사를 표한다. 또한 처음에 여성 영웅의 여정을 나타내는 도표를 만드는 데 같이 작업한 여성 모임 '불가능한 여성들'에게도 감사드린다.

이 원고를 준비하는 데 많은 분들이 도움을 주었다. 조수로서 연구 조사, 각주 작업, 편집을 도우면서 항상 기운을 북돋워준 내 딸 헤더, 인용문의 게재 허가를 해결해준 제프리 헤링, 나의 파트너 빌 다이어, 시간을 아끼지 않고 도움을 준 로스앤젤레스의 융 도서관 직원들, 그리고 여신의 모습을 담은 고대 유물을 찍은 환등 슬라이드를 빌려준 마사 월포드.

특별히 샴발라 출판사의 편집장 에밀리 힐번 셀에게 감사한다. 이 책을 마지막으로 손질하면서 난 그녀와 함께 실컷 웃었다. 에밀리의 유머와 현실적인 지혜, 그리고 이 기획에 보인 열정에 감사한다. 이 여성 영웅의 탐색이라는 수수께끼를 푸는 동안 '위대한 어머니(Great Mother, 태모太母)'로부터 끊임없이 영적인 도움을 받았다는 점을 말하고 싶다. 위대한 어머니는 어머니 곰(Mother Bear), 관세음보살, 바다의 아프로디테, 누트(Nut, 이집트 신화에 등장하는 하늘의 여신), 마후에아(Mahuea, 뉴질랜드의 마오리족 신화에 등장하는 불의 여신) 같은 여러 모습으로 내 컴퓨터에 저장되어 있다. 마지막으로, 보이지 않는 세계를 향한 켈트인의 열렬한 추구와 신앙, 그리고 그것에 관한 노래와 이야기를 제공해 준 나의 여성 지인들에게 감사를 드린다.

여성은 어떻게 영웅이 되는가

오늘날 자신의 여성적 본성이 페르세포네처럼 지하 세계로 가버린 것 같다고 생각하는 여성과 남성들은 텅 빈 듯한 허전함을 느낀다. 틈이나 벌어진 상처와도 같은 이러한 공허감을 치유하는 유일한 방법은 그 상처에서 흘러나온 핏속에서 찾는 것이다. "그 자신의 피 말고는 어떠한 약도 없다."라는 말은 연금술의 오랜 진리이다. 따라서 여성성의 상실에서 오는 공허감은 남성성과 결합하는 것으로는 치유할 수 없다. 그것보다는 오히려 여성 안의 각 부분들끼리의 통합, 내적 결합, '어머니'와 분리되지 않고 한 몸을 이루었던 때를 기억해내거나 회복하는 방법을 통해 치유할 수 있다.

— 노어 홀(Nor Hall),《달과 처녀자리》

나는 주로 서른 살에서 예순 살 사이의 여성들과 심리 상담을 진행하면서, 직장에서 성공한 여성들이 내지르는 불만족의 절규를 들어 왔다. 이 불만은 자신이 쓸모없는 존재라는 느낌, 공허감, 팔다리가 잘려 나간 듯한 느낌, 심지어는 배신감이라고까지 표현할 수 있다. 이 여성들은 전형적인 남성 영웅의 여정을 따르며 학문적, 예술적, 경제적 성취를 이루어냈다. 그러나 그들 중 많은 이들이 이런 의문에 시달렸다. "도대체 이게 다 무엇을 위한 거지?"

성공이라는 환상 때문에 그들은 항상 과도한 일정에 시달리고, 피로에 지쳐 있으며, 스트레스성 질환으로 고통받는다. 그리고 늘 자신이 올라탄 궤도에서 어떻게 내려오게 될지 궁금해한다. 성공을 향해 첫걸음을 뗐을 때는 전혀 예상치 못한 상황이었다. 그들이 그렸던 청사진에 몸과 마음의 희생은 포함되어 있지 않았다. 나는 이 여성 영웅들의 여정을 연구하면서 여성들 스스로 초래한 육체적, 정서적 상처에 주목했고 그들이 그런 쓰라린 고통을 겪는 이유는 자신의 정체성을 부정하는 모델을 따랐기 때문이라고 결론지었다.

나는 여성 영웅의 여정이 남성 영웅의 여정과 어떤 연관성이 있는지 이해하고 싶은 열망을 품고 1981년에 조지프 캠벨(Joseph Campbell)을 찾아갔다. 그때 나는 여성 영웅이 거치는 여정의 각 단계가 남성 영웅이 거치는 여정의 여러 양상을 포함한다는 것을 알고 있었다. 하지만 여성의 정신적 발달에서 가장 중요한 것은 여성 자신과 여성성의 내적 분리를 치유하는 것이라고 생각했다. 나는 캠벨의 생각을 알고 싶었다. 캠벨이 여성은 여행을 떠날 필요가 없다고 말했을 때 나는 깜짝 놀랐다. "모든 신화에서 여성은 전통적으로 '거기(there)', 그 자리에 있습니다. 여성이 해야할 일은 그저 사람들이 도달하려고 하는 곳이 바로 자신임을 깨닫는 것입니다. 자신의 특성이 얼마나 놀라운 것인지를 여성들이 깨닫는다면, 유사 남성(pseudo-male)이 되겠다는 생각으로 자신을 망가뜨리지 않을 것입니다."[1]

캠벨의 대답에 나는 머리가 멍해졌고, 이내 깊은 실망감이 몰려왔다. 내가 아는 여성들과 나와 함께 일하는 여성들은 **거기**, 사람들이 도달하려는 그곳에 있고 싶어 하지 않는다. 그들은 끝없이 옷감을 짰다 풀었다 하는 일을 되풀이하며 참을성 있게 기다리는 페넬로페*가 되고 싶어 하지 않는다. 남성 신에게 봉사하는 남성 지배적 문화의 시녀가 되거나 근본주의 설교자들의 충고에 따라 가정으로 돌아가고 싶어 하지도 않는다. 그들에게는 여성이 누구이고 어떤 존재인지 이해하는 새로운 모델이 필요하다. 앤 트루이트(Anne Truitt)는 《일기 : 어느 예술가의 기록》에서 이렇게 말한다.

여성다움의 동굴에서 나는 아늑함을 느낀다. 말로 정확히 표현하기 쉽지 않은, 어떤 깊은 곳에 있다는 느낌은 나를 편안하게 한다. 나는 나를 편안하게 만드는 이곳을 내가 나만의 도피처로 삼을 거라고

페넬로페 그리스 신화에 나오는 오디세우스의 아내. 트로이 전쟁에 출정한 남편이 돌아올 때까지 20년 동안 많은 귀족에게 구혼을 받았으나 모두 물리치고 끝까지 정절을 지켰다고 한다.

직감했다. 남성들도 나로서는 오직 상상으로밖에 알 수 없는 남성다움의 동굴을 도피처로 느낄지도 모른다. 남성과 여성의 차이를 인정하는 견고한 통념이 있다. 하지만 여성다움이 나에게 '고향' 같은 것이라고 해서 내가 고향에 머물러 있기만을 바란다는 의미는 아니다. 동굴 밖으로 전혀 나가지 않는다면 그곳은 퀴퀴하게 악취 나는 곳이 될 것이다. 나는 힘이 넘치고, 호기심이 매우 강하고, 무척이나 혈기 왕성해서 동굴 안에만 갇혀 있을 수가 없다. 동굴 안에만 있는다면 육체적으로나 정신적으로 나의 모든 기능이 퇴화하거나 망가질지도 모른다. 자기 자신에게 책임을 다하고 싶고 또 책임을 다하고 있다면, 자신이 갈망하는 것을 좇아야 한다.[2]

오늘날 여성들은 탐색의 여행을 하고 있다. 이 여행은 여성으로서 자신의 가치를 어떻게 평가할지 그리고 여성성에 난 깊은 상처를 어떻게 치유할지를 배움으로써 자신의 여성적 본성을 제대로 받아들이기 위한 것이다. 온전하게 통합되고 균형 잡힌 전인(全人)이 되기 위해서 반드시 필요한 내면으로의 여정이다. 대부분의 여행처럼 여성 영웅의 행로도 쉬운 길이 아니다. 제대로 된 이정표도 없고 알아보기 쉽게 설명한 여행 책자나 지도도 없다. 몇 살에 여정을 시작해야 하는지도 정해져 있지 않다. 또 이 여정은 절대로 곧게 뻗은 일직선 도로를 따라가지도 않는다. 외부 세계는 이 여정을 가치 있다고 여기지 않을뿐더러 오히려 방해하거나 간섭한다.

존 윌리엄 워터하우스, 〈페넬로페와 구혼자들〉, 1912년.

여성 영웅의 여정이라는 모델은 어느 정도 조지프 캠벨이 제시한 영웅의 탐색 모델에서 비롯했다.[3] 하지만 각 단계별 용어는 여성에게만 적용되는 것이다. 여정의 각 단계를 보여주는 시각적 도표는 아주 여성적인 방식으로 내게 나타났는데, 어느 날 불현듯 내 등뼈에서 튀어나왔다.

1983년 봄, 나는 '가족 조각(family sculpting)'이라고 불리는 심리 치료 기법을 연구하는 로스앤젤레스가족연구소의 대학원 과정 교육 프로그램에 참여하고 있었다. '가족 조각'은 함께 저녁을 먹는 일처럼 원가족 안에서 반복되는 전형적인 장면을 연극으로 재현한다. 동료 학생들이 나의 어머니, 아버지, 여동생 역할을 맡아 저녁 식사 장면을 재연했고 나는 나 자신을 연기했다. 한때 내 가족들이 보여주었던 상황을 연기하며 조각품처럼 얼어붙어 있을 때 내 등뼈가 튀어나왔다. 꼼짝하지 않으려고 기를 썼지만 더는 그 자세를 유지할 수가 없었다.

사흘 동안 몸을 움직일 수가 없었다. 나는 거실 바닥에 엎드린 채 그동안 나의 무리한 성취욕과 일 때문에 등한시해 왔던 내 가족의 고통과 그들이 겪었을 혼란을 떠올리며 울었다. 눈물 속에서 시계 방향으로 순환하는 여성 영웅의 여정에 관한 이미지가 떠올랐다. 그 여정은 내가 의존적이면서도 지나치게 통제하려 들고 분노로 가득 차 있다고 규정했던 여성성을 거부하는 것에서부터 시작되었다. 그러고는 독립, 명성, 돈, 권력, 성공이라는 열매를 얻으려고 남성 조력자들과 함께 외부로 향하는 남성 영웅의 여정을 떠났다. 그다음에 정신적으로나 육체적으로 메말라버린 듯한 느낌과 절망감으로 가득한 방황의 시기가 이어졌다. 메마름과 절망은 **암흑의 여성성**(dark feminine)이 존재하는 지하 세계로 내려갈 수밖에 없도록 만들었다.

이 암흑은 내가 '**모녀 분리**(mother/daughter split)'라고 이름 붙인 **여성성의 깊은 상처**를 치유하라고 요구했다. 지하 세계에서 돌아오는 길에는 여성적 가치를 재규정하고 승인하는 과정을 통해 여정의 전반부에서 익힌 남성적 기술과 여성적 가치를 통합했다.

그 이미지는 다음 쪽에서 보는 것처럼 완전한 형태로 나타났다. 이후로 여러 해에 걸쳐 조금씩 여정의 각 단계를 이해하는 일이 과제였다. 나는 내담자들과 친구들의 이야기를 주의 깊게 듣고, 남성 중심 사회에서 인정받고 싶어 하는 나 자신의 욕구를 더 면밀하게 관찰하는 과정을 거치며 천천히 더디게 나아갔다.

가부장제 사회에서 인정받기를 원했지만, 실은 그 사회가 많은 것이 결핍되어 있고 지독히도 파괴적이라는 것을 나를 비롯한 나와 같은 세대의 많은 여성들이 알게 되었다. 이 여정은 바로 그런 나와 또래 여성들의 관점에서 그려진 것이다. 우리는 서구의 우위를 되찾기 위해 남보다 더 뛰어나야 한다는 압박을 받으며 자란 포스트 스푸트니크 세대*였다.

포스트 스푸트니크 세대(post-Sputnik) 1957년 10월 소련이 미국을 제치고 세계 최초의 인공위성 '스푸트니크'를 발사했다. 이후에 태어난 세대를 '포스트 스푸트니크 세대'라고 부른다.

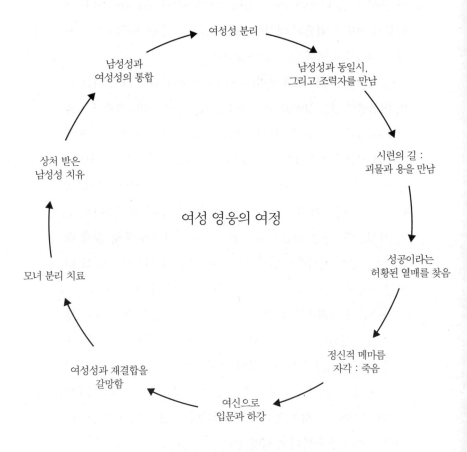

여성 영웅의 여정

여성성 분리

남성성과 동일시,
그리고 조력자를 만남

시련의 길 :
괴물과 용을 만남

성공이라는
허황된 열매를 찾음

정신적 메마름
자각 : 죽음

여신으로
입문과 하강

여성성과 재결합을
갈망함

모녀 분리 치료

상처 받은
남성성 치유

남성성과
여성성의 통합

여성 영웅의 여정은 '여성성 분리'에서 시작해
'남성성과 여성성의 통합'으로 끝을 맺는다.

나는 이른바 '아버지의 딸'이었다. 종종 어머니를 거부하면서 자신을 주로 아버지와 동일시하고, 아버지와 남성적 가치로부터 관심받고 인정받기를 갈구해 온 여자라는 뜻이다. 지금 제시하는 이 모델이 반드시 모든 세대, 모든 여성들의 경험에 들어맞는 것은 아니다. 또 이 모델이 여성에게만 한정된 것이 아니라, 남성들이 거치는 여정과 여성의 여정을 모두 다루고 있음을 알게 되었다. 이 모델은, 적극적으로 삶을 살고 이 세상에 이바지하기 위해 분투해 왔으나 한편으로는 발전 지향적인 우리 사회가 인간의 정신과 지구의 생태적 균형에 끼친 영향을 걱정하는 많은 사람들의 경험을 기술한다.

여러 단계를 거치는 이 여정은 순환적이다. 그리고 어떤 사람은 이 여정의 여러 단계를 동시에 겪을 수도 있다. 예컨대, 나는 내 본성의 두 부분을 통합하는 문제뿐만 아니라 모녀 분리의 문제를 치유하는 일을 동시에 하고 있다. 여성 영웅의 여정은 발달과 성장과 배움의 일생 동안의 순환이다.

이 여정은 우리 여성 영웅이 자신의 정체성을 찾는 것에서부터 시작한다. 이 '소명'이 들리는 시기가 정해져 있는 것은 아니다. '낡은 자아'가 더는 맞지 않을 때 여성 영웅은 자기 정체성을 찾아 모험을 떠난다. 어쩌면 젊은 여성이 대학에 진학하거나 직업을 구하거나 여행 또는 결혼으로 집을 떠나는 때일 수도 있고, 중년이 되어 이혼을 하거나 다시 일을 하게 되거나 학교를 다시 다니거나 직장을 옮기거나 빈 둥지에 직면할 때일 수도 있다. 혹은 단지 여성이 자신을 규정할 수 있는 자아감이 없다는 걸 알아차린 때일 수도 있다.

이 모험의 첫 단계는 대개 수동적이고, 다른 사람을 교묘히 조종하고, 비생산적이라고 규정된 여성성을 거부하는 것에서 시작한다. 흔히 우리 사회는 여성이 산만하고, 변덕스럽고, 지나치게 감정적이어서 일을 제대로 해내지 못한다고 말해 왔다. 하나에 집중하거나 엄격하게 구분하는 것을 어려워하는 여성들의 경향을 지배 문화뿐만 아니라 많은 여성들 스스로 여성이 나약하다거나 열등하다거나 의존적이라는 의미로 받아들인다.

남성 위주의 직장에서 성공을 추구하는 여성들은 대개 이런 근거 없는 믿음을 떨쳐버릴 수 있는 길을 선택한다. 자신들이 뛰어난 정신력을 갖추었고, 맡은 임무를 완수해낼 수 있으며, 정서적으로나 경제적으로 독립적이라는 것을 증명하고 싶어 한다. 그들은 여러 사안을 놓고 아버지나 남성 친척과 토론한다. 자신의 지성과 목적 의식과 야망을 인정해주고 성공으로 향하는 탄탄대로를 제시해줄 수 있는 남성이나 남성 지향적인 여성을 역할 모델이나 멘토로 삼는다. 성공을 추구하는 여성들은 업무를 완수하는 일, 학위를 따거나 직장 내 승진의 사다리를 오르는 일, 명성이나 지위를 얻거나 경제적 평등을 이루는 일, 자신이 유력한 인물이라고 느낄 수 있는 일에 집중력을 발휘한다. 여성 영웅은 이러한 일들에서 기운을 얻는다. 그리고 이런 현상은 무엇을 하는지가 최고의 가치 평가 기준이 되는 오늘날의 물질 지향적 사회에서 전폭적인 지지를 받는다. 세상에서 '중요한 일'을 하고 있다는 것보다 더 가치 있는 것은 없다.

우리의 여성 영웅은 갑옷을 입고, 칼을 집어 들고, 자신의 가장 날랜 준마를 골라 타고 전장으로 나아간다. 그리고 학위, 직함, 돈, 권위라는 보물을 발견한다. 남자들은 그녀에게 미소 짓고, 그녀와 악수하고, 자신들의 영역에 온 것을 환영한다.

여성 영웅은 **일과 육아**를 포함한 모든 것을 완벽히 처리해내면서 처음 자신이 바라던 대로 이루어진 데 만족할 것이다. 만족스러운 순간이 지난 후에는 "좋아, 난 해냈어. 자, 그 다음은 뭐지?" 하는 생각이 떠오를 것이다. 그녀는 매 순간을 **해야 할 일**로 채우면서 넘어야 할 다음 장애물, 그 다음 단계의 승진, 사회생활에 필요한 그 다음 일을 찾는다. 어디서 멈춰야 할지도 모르고, "아니오."라고 거절할 줄도 모른다. 자신을 필요로 하는 누군가를 실망시키고 있다는 생각에 죄책감마저 느낀다. 그러나 성취에 점점 중독되어 자신이 새로 얻은 권력에서 오는 마약 같은 도취감에 빠지게 된다.

내면에서 뭔가 잘못되어 간다는 느낌이 일기 시작하거나, 육체적으로 질병에 걸리거나 사고를 당하기도 하는 단계가 대개 이쯤이다. "도대체 이 모든 게 뭘 위해서지? 내가 얻고자 했던 것들은 다 이루었는데 마음이 너무 허전해. 왜 이렇게 외롭고 황폐하고 갉아 먹히는 느낌이 드는 걸까? 도대체 이 배신감은 뭐야? 대체 내가 뭘 잃어버린 거지?"

성공을 하는 데 방해가 되는 여성성을 떨쳐버리고 싶어서 우리의 여성 영웅은 내면의 여성성과 남성성의 불균형 상태를 키웠다. 이 불균형은 그녀 자신을 망가뜨리고 상처 냈다. 그녀는 일을 논리적이고 효과적으로 처리하는 방법을 배웠지만 대신에 건강과 꿈과 직관력을 희생했다. 자신의 여성적 본성과 깊고 친밀한 관계마저 잃었을지도 모른다. 직관이 무디어진 것을, 창조적인 프로젝트나 가족을 위한 시간이 부족한 것을, 다른 여성들과 친밀한 우정을 잃어버린 것을, 자기 안의 '작은 여자아이'가 사라진 것을 토로하며 슬퍼할지도 모른다.

조지프 캠벨에 따르면, "여성은 특히 양육하는 데 관심을 기울인다. 육체를 기르고, 영혼을 기르고, 문명을 기르고, 공동체를 기를 수 있다. 양육할 대상이 없으면 어찌 된 일인지 양육 능력을 잃어버린다."[4] 나는 남성 영웅의 여정을 따른 많은 여성이 바로 그들 자신을 돌보는 방법을 잊어버렸다는 것을 확인했다. 이 여성들은 성공하려면 계속해서 칼날을 세우고 있어야만 한다고 생각했고 결국 많은 여성들이 가슴에 뻥 뚫린 구멍을 느끼고서야 성공을 좇는 과정을 끝맺는다.

중년의 위기에 빠진 남성들에 관한 캠벨의 견해가 성공한 여성들이 느끼는 당황스러움이나 불만족에도 똑같이 적용될 수 있을 것이다. "그들은 성공의 사다리 끝에 도착했어요. 그런데 그 사다리가 잘못된 벽에 걸쳐져 있었다는 걸 발견한 거예요. 처음부터 잘못 판단한 거지요."[5]

어떤 여성들은 성공하고 인정받으려고 분투한 것이 부모, 특히 내면화된 아버지의 마음에 들기 위한 일이었음을 알게 된다. 그 동기를 들여다보기 시작하면서 원래 그들 자신이었던 자신의 일부분을 발견하려고 힘든 시간을 보낸다. 황폐해진 느낌이 떠나지 않는다. "내 내면을 들여다보면 지금 거기에 누가 있는지 모르겠어요." 하고 사십 대 초반의 한 영화 제작자는 말했다. "내 마음이 분열되지 않기를 원한다는 것 한 가지는 확신할 수 있어요. 내가 믿을 수 있는 것은 내 몸뿐이죠."

이런 여성들은 자신을 해방시키기 위한 여행을 떠난 적이 없다. 남성적 모델을 좇아서 성공하는 방법을 배웠지만 그 모델이 전인이 되고 싶은 욕구를 채워주지는 못했다. 애초에 자부심을 느끼고 성공하기 위해 다른 사람들의 규칙에 따라 게임을 하기로 결정한 것부터 '잘못된 판단'이었다. 여성이 더는 가부장적 규칙에 따라 게임을 하지 않을 거라고 결정하는 경우, 이제 그녀에겐 어떻게 행동하고 어떻게 느껴야 하는지에 관한 지침이 따로 없다. 더는 낡고 오래된 방식을 따르고 싶지 않을 때, 삶은 흥미진진해지고 한편으로 겁이 나기도 한다. "변화는 두려운 일이지만 두려움이 있는 곳에 강인함도 있다. 만일 우리가 두려움에 먹히지 않고서 두려움을 느끼는 법을 배운다면, 두려움은 우리의 조력자가 될 수 있다. 우리가 맞닥뜨리는 것들을 달라지게 할 수 있다고 말해주는 신호가 될 수 있다. 때때로 우리의 진정한 힘은 흔히 익숙하고 편안하고 긍정적으로 표현되는 곳이 아니라 우리의 두려움 안에, 더 나아가 변화에 대한 저항 안에 있다."⁶ 입문 과정은 시작되었다.

이 입문 단계에서 여성은 하강을 시작한다. 하강은 왕을 퇴위 시키는 시간이자 여성이 자신의 잃어버린 조각들을 찾고 어두운 여성성을 만나는 시간이다. 이 과정에는 얼핏 끝나지 않을 것처럼 보이는 방황과 비탄과 분노의 시간이 뒤따른다. 자발적 소외의 시간을 포함한 어둠과 침묵의 시기이자 다시 한 번 자기 자신의 내면의 소리를 깊이 경청하는 기술—어떤 것을 '하는(doing)' 대신에 '**존재하는**(being)' 기술—을 배우는 이 시기는 몇 주가 걸릴 수도 있고 몇 달, 몇 년이 걸릴 수도 있다. 외부에서는 이 기간을 우울증이나 정체기로 볼 것이다. 그래서 가족, 친구들, 동료들은 우리의 여성 영웅에게 '빨리 좀 끝내기'를 간청한다.

이 시기는 흔히 사지 절단이나 죽음에 관한 꿈, 침입자들에 관한 꿈, 사막이나 강을 건너가는 꿈, 고대 여신의 상징과 신성한 동물이 등장하는 꿈으로 채워진다. 대지로부터 자양분을 공급받고 계절의 변화와 달의 주기를 알아차리는 일이 잦아지면서 자연에서 더 많은 시간을 보내고 싶은 욕구가 생긴다. 많은 여성에게 월경 기간은 자신이 여성이라는 사실과 피, 몸과 영혼의 정화와 재생에 경의를 표하는 중요한 시간이 된다. 하강은 자신의 잃어버린 부분을 되찾을 뿐만 아니라, 자신이 속한 문화의 잃어버린 영혼을 재발견—오늘날 많은 여성들이 '여신의 회복'이라고 보는—하는 신성한 여정이기 때문에 서둘러 끝낼 수가 없다. 다음은 이 기간 동안에 쓴 내 일기의 첫머리이다.

"이곳은 미지의 영역이다. 어둡고 축축하고 피비린내 나는 외로운 곳이다. 도와줄 사람도 없고, 위안 삼을 것도 없고, 출구도 보이지 않는다. 나는 무방비 상태의 맨몸으로 긁히고 있다. 나는 내 몸의 절단된 일부, 어느 부분인지 알아볼 수 있는 내 신체의 부분들을 찾아다닌다. 하지만 너덜너덜해진 조각들만 있을 뿐이다. 그것들을 어떻게 제자리에 갖다 붙여야 할지 모르겠다. 이것은 이전에 경험했던 어떤 싸움과도 다르다. 남을 정복하는 것이 아니라 나 자신과 대면하는 것이다. 나는 발가벗은 채로 지모신(地母神, the Mother)을 찾아 헤맨다. 햇빛을 보지 못한 나의 일부를 되찾으려고 맨몸으로 걷는다. 나의 일부는 바로 이 어둠 속에 있는 것이 틀림없다. 나의 일부는 더는 나를 신뢰하지 않기 때문에 내가 자신들을 찾아내기만을 그저 기다리고 있다. 나는 이전에는 그들과 나의 관계를 부인하고 살았다. 내 안에 있는 이 보물들을 이제는 캐내야만 한다. 이 여정에서 나는 밖으로 빠져나갈 길을 알려주는 동화 속 요정을 찾는 것이 아니다. 나는 인내심, 암흑을 견딜 용기, 시모신과의 만남을 서둘러 끝내고 때가 되기 전에 빛을 향해 일어서지 않기 위한 끈기를 기르려고 어두운 땅속을 파 들어간다."

하강의 시간이 끝난 후에 우리의 여성 영웅은 자신이 처음 여성성을 거부할 때 생긴 상처인 '모녀 분리'를 천천히 치유하기 시작한다. 그녀와 어머니 사이에서 실제적인 치유가 일어날 수도 있고 아닐 수도 있다. 하지만 여성 영웅 내부에서는, 그녀가 자신의 몸과 영혼을 보살피고 자신의 감정, 직관, 성, 창조성, 유머를 회복하기 시작하면 분명히 치유가 이루어진다.

갑작스럽게 도자기나 요리 강좌를 듣고 싶다거나 정원을 가꾸거나 마사지를 받고 싶다거나 편안한 안식처를 만들고 싶다거나 하는 충동을 느낄 수도 있다. 외부 지향적이던 힘의 일부가 창조적인 일을 하거나 몸을 재발견하거나 다른 여자들과 함께 있는 것을 즐기는 쪽으로 천천히 방향을 바꾼다. 직업상 경력이 제일가는 관심사였던 여성이 결혼이나 출산을 결심하기도 한다. 이 단계에서는 가부장적 관점을 지닌 사람에게는 낙오로 보일 법한 희생과 분명한 선택이 필연적으로 뒤따른다.

유방암 때문에 한쪽 가슴을 잃은 삼십 대 후반의 치과 의사인 한 내담자는 글을 쓰고, 정원을 가꾸고, 아이를 낳기로 결정했다. "이건 쉽지 않은 결정이에요. 고정적인 수입은 안정감을 주잖아요. 유방암 병력 때문에 건강 보험에 가입하기도 이젠 어려울 테고요. 하지만 치과 의사라는 직업 때문에 하지 못했던 일, 내게 중요했던 일들을 꼭 하고 싶어요."

이 책을 쓰는 동안 나도 비슷한 경험을 했다. 내면 세계를 탐험하면서부터 다른 사람들의 인정을 받기 위한 바깥 세계 여행이 점점 덜 중요해졌다. 직선적인 사고방식에 의지하지 않는 용기를 키우면서 내 여성성의 목소리도 점점 커졌다. 비로소 나는 꿈, 이미지, 내면의 조력자들의 소리를 들을 수 있을 만큼 자유로워졌다. 이것들이 나의 안내자가 되어주었다. 여성이 자신을 규정하기 위해 외부에서 벌이는 영웅적 탐색을 줄이면 **그녀 자신**의 이미지와 **자신**의 목소리를 탐험할 수 있을 만큼 자유로워진다.

여성이 내면 세계를 탐색하는 여정에 초점을 맞출 때, 외부 세계로부터 인정받을 일은 거의 없으며 갈채 받을 일은 더 없다. 외부 세계에서 성공하는 데 전념하는 사람들은 그녀가 삶의 가치에 관해 이야기하는 것을 불편해한다. 이것이 이 여정에 정신적인 조력자가 있을 거라는 믿음과 용기가 필요한 이유이다. 여성을 상징하는 이미지들을 공부하고 그것들을 공유하고 그들 자신이나 그 문화가 잃어버린 것과 여성적인 것에 경의를 표하기 위해 여성들이 모이고 있다. 많은 여성들이 함께 자연의 주기를 기념하고 자신과 자신이 사랑하는 이들의 생활 변화를 축하하는 의식을 치르는 일에서 위안을 받고 기쁨을 발견한다.

오늘날 여성적 영성이 중요한 관심사가 된 이유는 아주 많은 여성들이 남성 영웅의 여정을 따랐지만 결국 개인적으로도 공허하고 인류에게도 위험하다는 결론을 얻었기 때문이라고 생각한다. 여성이 따를 만한 다른 모델이 없었기 때문에 여성들은 남성 영웅의 여정을 모방했다. 여성의 삶은 남성 중심적인 문화에서 여성으로서 '성공'하거나 남성에게 지배당하고 의존하거나 둘 중 하나였다. 오늘날 서구 사회의 경제적, 사회적, 정치적 구조를 변화시키려면 새로운 신화와 여성 영웅을 찾아야만 한다. 이것이 그토록 많은 여성과 남성이 탐욕보다는 협력을, 지배-피지배 관계보다는 동반자 관계를 바탕에 둔 리더십 유형을 이해하기 위해서 여신의 이미지와 고대의 모계 문화를 주목하는 이유일지도 모른다.

매들린 렝글(Madeleine L'Engle)은 〈미즈(Ms)〉 1987년 여름호에 다음과 같이 썼다. "20세기의 마지막 몇 년을 남기고 21세기로 들어가면서 여성들의 소명은 잠재의식이라는 수면 아래 세계의 낯선 아름다움을 두려워하지 않는 창조 정신을 되살리는 것이다. 그래서 사회가 만들어낸, 있음직하고 제한된 사실(fact)이라는 좁은 세계에 갇힌 남성들이 그곳에서 빠져나올 수 있도록 도와주는 것이다."[7] 이어 그녀는 "페미니스트로서 나의 역할은 남성들의 세계에서 그들과 경쟁하는 것이 아니다. 그것은 너무 쉬운 일이고 궁극적으로 비생산적이다. 나의 일은 나 자신의 온전한 모습과 우주에서 내 위치를 즐기면서 여성으로서의 삶을 풍부하게 사는 것이다."라고 덧붙인다.

현재 우리 문화의 발달 단계에서 여성이 해야 할 일은 무엇인가? 나는 여성의 지식, 소망, 욕망이 지배적인 남성 중심의 문화의 지식, 소망, 욕망만큼 중요하지 않으며 정당한 것이 아니라고 규정한 내적 분리의 문제를 치유하는 일이라고 강하게 확신한다. 삶의 진실을 말해주는 감정, 직관, 꿈의 이미지를 무시하라고 말하는 그 내적인 분리를 치유하는 것이 우리의 임무이다. 우리는 해답을 알지 못할 때의 긴장감을 견뎌 내는 강인함을 길러야 하며, 삶의 방식에 변화를 간곡히 요청하는 지구라는 행성의 지혜와 우리 내면의 지혜를 기꺼이 경청하고 역설을 받아들이는 용기를 지녀야 한다.

여성 영웅은 영적인 전사가 되어야 한다. 그러려면 섬세한 균형 감각을 익히고 미묘하고도 더디게 진행되는 자신 안의 여성성과 남성성의 통합을 참을성 있게 기다릴 줄 알아야 한다. 처음에 그녀는 자신의 여성적 자아를 내려놓고 남성성과 통합하기를 갈망한다. 이 일이 끝나고 나면 이것이 해답이나 끝이 아니라는 것을 깨닫기 시작한다. 영웅적 탐색 과정에서 자신이 배운 것을 버리거나 포기해서는 안 되며, 어렵게 쟁취한 기술과 성공이 목표라기보다는 전체 여정의 일부분이라고 보는 시각을 배워야 한다. 이후에는 단지 자신의 개인적 이득을 취하는 일보다는 사람들을 불러 모으고 화해시키는 일처럼 더 중요한 일에 그 기술을 사용하게 될 것이다. 여성이 다른 사람들을 위해 진심으로 봉사할 뿐만 아니라 자신의 욕구도 소중히 여기고 충족할 수 있을 때 비로소 남성성과 여성성의 신성한 결혼이 이루어진다. 이 땅에서 삶의 균형을 유지하도록 함께 일하면서 분열이 아닌 통합에 초점을 맞추고, 서로 의존하는 관계임을 알아차리는 것이 이 시대를 사는 모두에게 필요하다.

하지만 당신이 충분히 멀리까지 여행을 한다면 언젠가 당신을 만나려고 길을 내려오는 자기 자신을 알아보게 될 것이다. 그리고 당신은 말할 것이다. "좋았어!"라고.

– 매리언 우드먼(Marion Woodman)

롯의 아내[*]

저 길 따라 위쪽 어디쯤에서
그녀는 또 다른 목소리와
또 다른 언어로
또 다른 시간을 바라며
여행이 끝나기를 기다리고 있다.
나, 롯의 아내,
저 멀리 불타는 내 고향의 골짜기
산과 들판을 뒤돌아보면서
쓰라린 눈물 흘리며
굳은 채로 서 있다.
수많은 시대
야트막한 바위산 아래로
굴러떨어진,
이름 없이 살다간 이들의 삶을 바라보던
수천 년 세월의 무게로
돌아선다, 기다리고 있는 저쪽의 여인을 향해.

롯의 아내 구약 성경 《창세기》에 나오는 아브라함의 조카 롯의 아내이다. 그가 살던 소돔은 죄악이 가득 찼기 때문에 야훼의 심판으로 멸망하였으나 롯의 가족만은 아브라함의 간절한 기도로 구원받았다. 그러나 소돔을 탈출할 때 롯의 아내는 천사가 한 말을 지키지 않고 뒤를 돌아보는 바람에 소금 기둥이 되었다.

여인들의 강요된 침묵의 소리가

막 터지기 시작해

웅숭깊게 들리는 것처럼

그녀의 기억, 그녀의 신랄한 말, 그녀의 부드러운 말, 그녀의 통곡,

나의 말, 나의 통곡,

이 모든 들리지 않는 우리의 소리들을

끝없이 노래하는 여인.

이제 몸을 완전히 돌려 앞으로 한 걸음

또 한 걸음, 또 한 걸음,

나 자신이면서

내가 아닌 그녀를 향해

그 길로 올라간다.

– 렛 켈리(Rhett Kelly)[8]

1장   딸들, 영웅의 길에 서다

모성은 우리 안에 있는 희생자, 자유가 없는 여성, 순교자를 상징한다. 위험하게도 우리의 개성은 흐릿해 우리의 어머니들과 겹쳐 보인다. 어머니가 끝나고 딸이 시작되는 그 지점이 어디인지 알고 싶어서 우리는 근본적인 수술을 감행한다.

– 에이드리언 리치(Adrienne Rich), 《더이상 어머니는 없다》

남성의 언어에 갇힌 여성

모성의 역사를 연구하는 사람들과 정신역학 이론가들은 산업 혁명 이후로 어머니들이 자신의 아이가 어떤 사람으로 성장하는 지에 책임을 떠맡아 찬사를 듣거나 비난을 받아 왔음을 상기시 킨다.[1] 우리 사회는 어머니의 역할이 특수한 가족 제도나 문화 속 에서 권위를 누리고 존경을 받고 있는지는 고려하지 않은 채 긍 정적 의미에서건 부정적 의미에서건 아이의 발달 문제에서 어머 니가 가장 중요한 원인이라고 여긴다. 사회는 어머니라는 자리 에 엄청난 책임을 지우지만, 어머니들에게 그에 합당한 재정적인 지원을 하거나 권위를 세워주거나 갈채를 보내지는 않는다. 아 카데미 부모상은 없다. 어머니의 공로는 좀처럼 인정하지 않으면 서 곧잘 온갖 사회 병폐의 책임을 돌리고 비난하기에 바쁘다. 최 근에 로스앤젤레스 법원이 선고한 판결문에서도 이러한 점을 확 인할 수 있다. 우범 지대에서 살던 한 폭력 조직원이 유죄 선고를 받자, 법원은 그의 어머니에게도 '어머니로서 적절한 보살핌이 부족했다'는 이유로 형사 책임을 물었다. 법원은 아버지의 적절한 돌봄이나 학교 교육, 주택 정책, 안전한 사회에서 안심하고 자랄 수 있는 기회에 관해서는 언급하지 않았다.

우리 사회는 남성 중심적이다. 남성 중심적이라는 말은 남성의 시각에서 세상을 바라본다는 것이다. 사회에서 남성들은 자신의 지성, 추진력, 신뢰성을 지위, 권위, 경제적 이익이라는 결과물로 보상받는다. 여성들도 남성들과 비슷한 수준의 보상을 받지만 평등하지는 않다. 만일 여성이 남성의 눈으로 자신을 보고 남성들이 규정한 문화의 잣대로 끊임없이 자기를 평가한다면, 자신에게 결함이 있거나 남성들이 가치 있게 생각하는 자질이 부족하다고 여기게 될 것이다. 여성은 결코 남성이 아니다. '남성처럼 훌륭해지려고' 애쓰는 많은 여성들은 자신의 여성성을 훼손한다. 여성들이 자신의 부족한 부분과 자신이 지니고 있지 않거나 성취하지 못한 것들의 측면에서 스스로를 규정하면서부터 여성으로서 자신을 평가 절하하고 감추기 시작한다.[2] 여성들의 이러한 평가 절하는 어머니에 대한 평가 절하에서부터 시작한다.

캠벨에 따르면, 진정한 영웅의 과업은 기존 질서를 해체하고 새로운 사회를 창조하는 것이다. 이 일을 하기 위해 남성 영웅/여성 영웅은 현상 유지라는 괴물과 걸쇠를 단단히 걸어 잠근 낡은 질서라는 이름의 용, 즉 과거의 수호자를 처단한다.[3] 문화적 차원에서 보자면 기존 질서는 좀 더 강하고, 좀 더 목소리가 크고, 좀 더 힘센 남성 집단이 지배하고 통제하는, (사회에) 깊숙이 자리 잡은 가부장적 가치관이다. 오늘날에는 여성과 남성 모두가 가부장적인 경제, 정치, 사회, 종교, 교육 구조뿐만 아니라 가부장적 언어와 사고에 도전장을 내밀며 새로운 방식을 창조하고 있다. 하지만 개인적 차원에서 보자면 '어머니'가 낡은 질서를 그대로 보여주고 있으므로 개성화*를 위한 여성 영웅의 첫 번째 과업은 어머니에게서 분리되는 것이다.

어떤 딸들은 어머니와의 관계가 다른 이들보다 좀 더 극적으로 깨지면서 일생 동안 이 분리 과정에서 분투할 수도 있다. 이들은 어머니와 거리를 두고 자신의 **어머니**로 인정하지 않음으로써 우리 문화의 잣대로 열등하고 수동적이고 의존적이고 무능하며 사람을 교묘하게 조종한다고 왜곡되어 온 여성적 자질을 모두 거부하는 시기를 거치게 된다.[4]

자신의 어머니가 가부장제 사회 안에서 어떤 위치에 있는지, 어머니가 성 역할에 따라 제한을 받는 정도와 가부장제 사회에서 깊게 자리 잡은 여성의 열등감을 표출하는 정도에 따라 딸이 어머니로부터 분리되기를 원하는 정도가 결정된다. 딸이 발달 단계를 밟으며 성숙해지고 여성성의 가치가 폄하되는 근본 원인을 이

개성화(individuation) 카를 융의 분석심리학의 주요 개념. 개성화란 생애 전체에 걸쳐 이루어지는 과정으로서 개인이 "심리적으로 분할할 수 없는 개별적인 존재 혹은 전체(Whole)가 되는 것"을 말한다. 달리 표현하면, 내면의 참 자기를 찾아 자기 실현을 이룬 상태가 되는 것이며, 주변 상황이나 대세에 휩쓸리지 않고 자기 내면에서 우러나오는 진정한 가치에 따라 사는 것을 의미한다.

해하게 될 때, 그녀는 자신이 느끼는 부족함의 원인이 어머니가 아님을 깨달을 것이다. 남성성을 찬양하는 문화 속에서 많은 딸들이 경험하는 낮은 자존감과 혼란에 책임을 물을 수 있는 손쉬운 대상이 어머니였을 뿐이다.

우리의 어머니들과 그 어머니의 어머니들이 남자들이 투사한 이미지 속에서 롯의 아내처럼 갇혀 살아왔다는 것이 진실이다. 1940년대와 1950년대에 어머니였던 여성들은 자신의 목표를 추구할 기회가 많지 않았다. 어머니들의 상처 입은 여성성을 꺼내어 치유하는 것이 딸들의 임무가 되었다.

여자이기를 거부하는 소녀들

25년 전, 메리 린은 여자 대학에 입학해서 고등 수학을 공부하기로 결심했다. 그녀는 1950년대 스푸트니크호 사건과 그 이후에 국가가 어린 학생들을 수학과 과학에 도전하도록 격려하는 분위기 속에서 자극받으며 자랐다. 하지만 그녀가 수학을 선택한 진짜 이유는 수학이 그 당시에 여성들이 선호하는 분야가 아니었기 때문이다. "내가 아는 여자아이들은 수학을 공부하려 하지 않았어요. 난 그들과 다르고 싶었죠. 여자애들 대부분은 영문학을 공부했어요. 난 글의 구성이나 인물의 성격 따위를 분석하는 일은 질색이었어요. 게다가 만일 미래의 남편이 경제 활동을 못할 경우를 대비해 간호사나 교사가 되라는 부모님의 말이 지겨웠어요. 난 미래의 남편에 대해서 생각해보지도 않았고 어떤 것에도 절대 의지하고 싶지 않았어요. 컴퓨터 과학 분야에서 대단한 일을 하고 싶었어요. 치기 어린 이상주의로 꽉 차 있었죠. 그리고 나는 아빠가 항상 원했지만 얻지 못했던 아들만큼 훌륭하다는 걸 아빠에게 보여주고 싶었어요."

낮은 대학 입학 자격 시험(SAT) 성적과 영문학을 전공하라는 지도 교사의 조언에도 불구하고 린은 자신이 고등 수학 분야에 재능이 없을지도 모른다는 의심을 조금도 하지 않았다. 대학 2학년 말에 수학과 학과장이 B-라는 성적으로는 고등 수학을 공부하는 데 충분하지 않다고 설명하면서 다른 전공을 선택하라고 권유했을 때 린은 믿을 수가 없었다. "엄청나게 충격을 받았어요. 짧은 상담이 끝난 후, '다 끝났어. 난 이제 여자아이처럼 되고 말 거야.' 이렇게 생각하면서 멍하니 걷기만 했던 게 기억나요. 수학이 여자가 되는 것으로부터 나를 구해줄 거라는 바보 같은 생각을 했던 거죠."

더 깊이 파고들자 린이 자신의 어머니 같은 사람이 되고 싶지 않아서 여성적인 것을 연상시키는 모든 것을 거부했음이 드러났다. 린의 어머니는 전통적인 가정주부였는데, 린이 보기에 늘 화가 나 있고 좌절한 것처럼 보였고, 남을 조종하려 드는 데다가 융통성도 없는 사람이었다. "어머니랑 잘 지내본 적이 없어요. 나는 어머니가 나를 질투했다고 생각해요. 왜냐하면 나는 학교 공부를 곧잘 했고 어머니 자신은 받아본 적이 없었던 고등 교육의 기회까지 누렸으니까요. 난 내 인생을 어머니처럼 끝내고 싶지 않았어요. 아빠처럼 되고 싶었죠. 내가 보기에 아빠는 생각이 유연하고 인생에서 성공했고 자신이 하는 일에 만족해하는 것 같았어요. 엄만 행복한 적이 없었어요. 그 당시에 나는 엄마의 희생 덕분에 아빠가 성공할 수 있었다는 걸 몰랐어요. 엄마의 자기혐오와 엄마가 딸에게 보낸 모순된 메시지가 모두 우리 사회가 여성을 대하는 방식에서 발생했다는 것도 이해할 수 없었죠."

메리 린은 이제 자신을 전적으로 남성적 가치와 동일시했던 것이 어떻게 여성으로서 자신의 정체성에 영향을 끼쳤는지, 자신이 어떻게 다른 여성들을 평가 절하했는지 이해하기 시작했다. "나는 다른 여자들보다 내가 우월한 사람이라는 태도를 취했어요. 남자처럼 생각하고 싶었어요. 물론 여자인 내가 싫었죠. 남자들과 동일시하려고 하면서 나 자신의 많은 부분을 닫아버렸어요. 나는 가치 있는 것은 어렵고, 구체적이고, 수량화할 수 있어야 한다고 생각했어요. 십 대 후반에 내가 여자라는 것을 거부하면서 여성으로서 성장하는 걸 억제하고, 내 고유한 능력을 부정하고, 나에게 기쁨을 주는 것들을 무시했다는 걸 이제는 알아요."

마흔두 번째 생일이 가까웠을 때 메리 린은 꿈을 꾸었다.

"스코틀랜드의 어느 버스 뒷좌석에 앉아 있어요. 나는 졸고 있었는데, 버스가 반대편 종점으로 가려고 유턴을 하자 잠에서 깨요. 버스는 다이하드 거리(Diehard Street)에 있어요. 저녁 8시 45분이지만 밖은 여전히 환해요. 하늘이 북극광(오로라)으로 빛나고 있거든요."

그 꿈을 떠올리면서 린은 말을 이었다. "다이하드 거리를 지나는 버스 노선이 내 삶의 자세를 상징한다는 걸 깨달았어요. 오랫동안 나는 '완고한 사람(a diehard)'이었어요. 여성적인 것이라고 여겨지는 것들에 끈질기게 저항했죠. 수학으로 성공할 수 없게 되자 난 모금 활동가 일을 했어요. 경쟁을 벌이고 권력을 얻기 위해 비열한 짓까지 마다하지 않았죠. 남자들의 규칙으로 게임하는 방법도 배웠어요. 하지만 긴장을 푸는 방법이나 나 자신을 돌보는 방법, 인생을 즐기는 방법은 배우지 못했어요. 친구들은 나를 일중독자라고 불러요. 그러면 나는 나도 어쩔 수 없다, 이게 이 조직이 돌아가는 방식이다, 라고 말하죠. 마땅한 대가를 치렀다고 생각해요. 이제 더는 다이하드 노선의 버스를 타고 싶지 않아요. 난 남자들의 세계에서 영웅이 되기 위해 어머니와 자매들과의 관계뿐만 아니라 나 자신과의 관계도 희생했어요. 이젠 정말로 소중한 것으로 돌아가야 할 시간이에요."

여정의 시작, 어머니 거부하기

이 여정은 여성 영웅이 육체적으로나 정신적으로 자신의 실제 어머니로부터, 그리고 훨씬 더 강력하게 이어져 있는 어머니 원형*으로부터 분리되려고 분투하는 것에서부터 시작한다. 어머니 원형은 육체와 영혼을 포함해서, 특히 모성적 측면에서 무의식이라고 불린다. 어머니 이미지(mother image)는 개인 무의식의 일면일 뿐만 아니라 모든 반대되는 것을 통합하는 완전한 집단 무의식°의 상징이기도 하다.[5]

자신과 같은 성(性)인 사람에게서 분리되어야 하기 때문에 본인의 어머니에게서 분리되는 일은 특히 딸들에게 혹독한 과정이다. 이때 딸은 상실의 공포를 경험한다. 그 공포는, 대부분의 경우에 태어나서 처음 관계를 맺는 대상인 어머니와 자신이 다른 존재라는 것, 혼자가 된다는 것, 분리되는 것에 대한 불안감이 특징이다. 어머니와 분리되는 것은 아들보다 딸에게 더 복잡한 문제이다. 왜냐하면 "딸은 자신이 동일시하는 모성적 인물과 자신을 구분해야 하기 때문이다. 반면에 아들은 남자가 되기 위해 노력하는 과정에서 자기 내면에서 거부하고 물리쳐야 한다고 배우는 자질과 행동 양식을 지닌 인물과 자신을 구분해야 한다. 그러므로 딸의 경우보다 어머니와의 분리가 간단하다."[6]

많은 딸들이 어머니보다 자유로운 삶을 원하는 마음과 어머니에게 사랑과 인정을 받고 싶은 마음 사이에서 갈등한다. 딸들은

원형(archetype) 카를 융의 이론에서, 인류가 보편적으로 공유하는 집단 무의식, 즉 유전적 기억이 마음속에서 상징의 언어로 나타나는 것을 원형이라 일컫는다. 대표적 원형으로 그림자(shadow), 아니마/아니무스(anima/animus), 지혜로운 노인(wise old man), 위대한 어머니(Great Mother), 영웅(hero) 등이 있다.
집단 무의식(collective unconscious) 원형을 통해 유전되는 정신적 기질을 포함하는 정신의 가장 깊은 차원. 융은 우리의 개인적 경험에 기초하지 않는 독특한 일부 무의식이 우리 모두의 내부에 존재한다고 주장했다.

어머니를 뛰어넘기를 원하지만 어머니의 사랑을 잃을 위험을 무릅쓰는 것은 두려워한다. 지리적으로 거리를 두는 것이 성장해야 할 필요성과 어머니의 마음에 들고 싶다는 욕망 사이에서 딸이 느끼는 긴장을 처음으로 해결해주는 유일한 방법인지도 모른다. 여자아이들은 여성이 열등한 존재라는 신화를 내면화해 왔다. 그래서 인정받고 승인받고 싶어 하는 욕구가 남자아이들보다 크다. 딸들은 부모를 불쾌하게 하는 위험을 무릅쓰기가 어렵다. "딸들의 독립은 예상하지 못한 일이기 때문에 아들의 예상된 반항보다 부모에 대한 한층 더 강한 거부로 받아들여지는 듯하다."[7] "이 최초의 분리는 종종 해방감보다는 팔다리가 잘려 나가는 듯한 느낌으로 다가온다."[8]

어머니로부터 분리를 이루어내려고 많은 젊은 여성들이 자신의 어머니를 자신이 살아남기 위해 거부해야 할 존재, 복수심과 소유욕이 강하고 탐욕스러운 원형적 여성의 이미지로 만든다. 실제 어머니가 이런 특질을 지녔을 수도 있고 아닐 수도 있다. 하지만 딸들은 이런 특질을 자기 내면의 어머니에게 덧씌운다. 융에 따르면, 이 내면의 어머니는 자아가 받아들일 수 없는 무의식적 이미지인 그림자 원형*으로 우리 안에서 작용하기 시작한다.

그림자 원형 원형의 한 종류이며, 의식의 자아가 인정하고 싶지 않은 열등하고 보잘것없는 자신의 모습. 비밀이나 억압된 기억, 성격의 부끄러운 측면을 상징한다. 로버트 루이스 스티븐슨의 소설 《지킬 박사와 하이드 씨》에 나오는 '하이드 씨'가 대표적인 예이다.

우리는 우리 안에서 그 내면의 어머니를 받아들일 수 없기 때문에 다른 사람에게 투사한다.[9]

딸을 방치하거나 가두어 두는 괴물의 이미지가 그다음엔 살해당해야 할 어머니로 투사된다. 〈헨젤과 그레텔〉에서 계모는 화덕에서 죽음을 맞는 사악한 마녀로 그려진다. 어머니와 딸의 관계는 물론이고 어머니에게서 분리되는 일은 아주 복잡한 문제이기 때문에 대부분의 여성 문학과 동화에서 어머니는 이미 세상을 떠났거나 부재하는 상태이고, 있다 하더라도 사악한 존재로 표현된다.[10]

모성 공포증, "난 엄마처럼 살지 않을 거야."

어머니 원형은 양 극단의 모습으로 표현된다. 무한한 애정으로 자식을 돌보고 생명을 유지시켜주며 보호해주는 존재를 상징하는 '위대한 어머니(Great Mother)'와 정체, 질식, 죽음을 상징하는 '공포의 어머니(Terrible Mother)'가 그 두 모습이다. 이 두 원형적 모델은 유아기와 아동기에 나타나는 전형적인 인간의 의존성에 대응하며 형성된 인간 심리의 구성 요소들이다.[11] 대부분의 경우에 어머니는 유아가 의존하게 되는 첫 번째 대상이고, 아이의 발달 과업은 이 융합된 공생 관계에서 분리, 개성화, 자율의 단계로 옮겨 가는 일이다. 만일 아이가 어머니를 양육과 지지의 원천으로 느낀다면 아이는 어머니를 긍정적인 힘으로 받아들일 것이다. 반면에 어머니를 자신에게 소홀하거나 자신을 숨 막히게 하는 존재로 느낀다면 아이는 어머니를 파괴적인 존재로 느낄 것이다.

성인이 된 많은 이들이 여성적 힘에 대해 그리고 종종 자신의 실제 어머니에 대해 '공포의 어머니'라는 원형적 측면에서 반응한다.[12] 어머니들의 삶을 그들이 살았던 시대적 맥락, 그들의 가족사적 배경, 그 당시 여성에게 주어졌던 기회를 함께 살펴서 파악하지 못하는 것이다. 어머니의 결점은 내면의 부정적인 어머니의 일부로 내면화된다.

한때 원하는 것이 많고 자기 주장이 강하며 목표 의식이 확고하던 어머니는 탐욕스러운 암컷—베티 데이비스*처럼—으로 그려지고, 기회가 부족한 것에 문제를 제기하는 여성은 그저 징징거리기나 하는 사람으로 비쳤다. 어머니에게서 타협과 자기 혐오의 미묘한 모습을 배운 딸들이 이제 이 해로운 이미지로부터 자유로워지려고 몸부림친다. 어린 여자아이는 어머니를 보고서 여성이 된다는 것이 무엇을 의미하는지 배우기 시작한다. 만일 어머니가 무력하다면 딸은 여성이 되는 것을 수치스러운 일이라고 느낀다. 어머니같이 되고 싶지 않아 다른 필요한 것을 희생하고서라도 힘을 얻으려 애쓴다. "많은 딸들은 자신들의 어머니가 '무

베티 데이비스(Bette Davis) 1930년대부터 1980년대까지 활발히 활동했던 미국의 여배우. 연기 인생 내내 자신이 원하는 배역을 얻기 위해 고투한 그녀는 야무지고 당차고, 탐욕스러운 여성의 상징이 되었다.

슨 일이 일어나건' 너무 쉽게, 너무 수동적으로 받아들이는 것에 분노하며 산다."[13] 자신의 이 무의식적인 반응을 의식할 때까지 계속해서 어머니에게 반발할 것이다.

딸은 자신의 재능과 앞으로 누리게 될 자유로운 삶에 대한 부러움과 질투 때문에 자신을 구속하려고 애쓰는 어머니에게서 달아난다. 자신을 지지하지도 않으면서 시시콜콜히 잔소리나 해대고, 완고하기까지 한 어머니를 멀리한다. 배우자와 아이들을 위해 자신의 삶을 희생한 어머니의 '순교자 원형'을 피한다. 자신의 꿈이 산산조각 나서 쓰라린 어머니는 더 많은 기회를 누리는 딸에게 수동 공격적 행동*을 보이거나 울분을 폭발시킬 수도 있다. 자신의 인생이 사라져가는 것을 보면서 벽에 접시를 던지며 신경질적으로 화내는 여성의 유형에 딱 들어맞는 어머니는 파괴적인 분노로 가득 찬 칼리 여신의 화신이다.

창조와 보존과 파괴의 세 속성을 지닌 힌두교의 여신인 칼리는 '암흑의 어머니'로 알려져 있다. 그녀는 탄생이자 죽음, 자궁이자 무덤, 아이에게 생명을 주는 동시에 빼앗아 가는 어머니의 기본 원형 이미지이다. 칼리 여신은 천 가지의 다른 형태로 묘사된 고대 여성성의 상징이다.[14] 마리야 김부타스(Marija Gimbutas)와 메를린 스톤(Merlin Stone)에 따르면, 모계 종교들은 지난

수동 공격적 행동(passive-aggressive behavior) 고집을 부리거나 삐딱한 태도를 취하거나 일부러 미적거리는 것과 같이 겉으로 잘 드러나지 않는 소극적인 방법으로 상대에게 분노를 표출하는 행동이다.

라자 라비 바르마, 〈칼리〉, 1900년경.

6,500년 동안 가부장 종교에 억압당하고 가치를 무시당해 왔다.[15] 여성을 우울하게 만들고 자살로 내모는 성 역할을 마지못해 받아들이면서 많은 여성들이 재능과 기술과 힘을 억압당한 것처럼 칼리 여신의 힘은 지하로 떠밀렸다. 칼리 여신의 분노는 창조적인 형태로 표현되지 않거나 창조의 물길이 막힐 경우에 죽음처럼 모든 걸 집어삼키는 정체된 암흑의 삶을 가져온다.

대부분의 여성은 화가 나 있고 부정적인 어머니를 질색하며 멀리한다. 여성들이 이렇게 말하는 걸 들어본 적이 있다. "난 엄마**처럼** 살지 않을 거야. 엄마처럼 **보이는** 것도 싫어." 어떤 여성들은 자신이 어머니처럼 되는 것뿐만 아니라 실제로 **누군가의 어머니가 되는 것**을 두려워한다.[16] 모성 공포증(matrophobia)이라 불리는 이 두려움은 우리 문화의 아주 깊숙한 곳에 자리 잡고 있다. 흔히 우리 문화에서 어머니들은 자녀들이 집을 떠날 때 철저히 거부당하고 그동안의 노력은 인정받지 못한 채 버림받은 듯한 기분에 휩싸인다.

딸들을 가로막는 모순된 메시지

모성을 버린다는 것이 어머니라는 여성을 배신하는 것일 뿐만 아니라 딸이라는 여성을 배신하는 것처럼 느껴질 수도 있다. "여성은 포근함, 양육, 부드러움, 안도감, 관능, 상호 관계를 자신의 어머니에게서 처음 배운다. 한 여성이 다른 여성의 육체를 최초로 감싸 안아주는 이 행위는 곧 딸에게 덫이나 금기 같은 숨 막히는 소유욕으로 느껴져서 받아들여지지 않거나 거절당할지도 모른다. 하지만 처음엔 어머니가 세상의 전부이다."[17]

많은 여성이 어머니로부터 벗어나기를 갈망하면서도 동시에 어머니를 뛰어넘는 것에 강한 죄책감을 느낀다. 이십 대 중반의 젊은 여성인 수전은 사업가로 성공했으며, 자신을 지지해주고 사랑해주는 남자와 곧 결혼할 예정이다. 수전의 어머니는 17년 전에 이혼한 후 자신이 선택한 직업에 만족한 적이 없었다. '싱글맘'인 어머니는 자녀를 부양하기 위해 열심히 일해야 했으므로 개인적인 성취감을 얻을 수 있는 직업보다는 경제적으로 적절한 보상을 받을 수 있는 직업을 택했다.

이제 오십 대 중반인 수전의 어머니는 삶의 방향을 잃고 우울증을 앓고 있다. 어머니의 우울증은 수전이 사업 확장이나 자녀 계획을 세우는 데 영향을 끼친다. 수전은 어머니가 행복해지고 안정되기 전까지는 자신의 삶이 성공적이거나 만족스럽다고 느끼지 못할 거라고 생각한다. 그리고 어머니가 어머니 자신을 위한 삶을 선택하지 않았던 것을 원망한다.

"난 늘 엄마가 자신의 삶을 되찾기 전까지는 내가 행복해질 수 없다고 느꼈어요. 엄마는 언니와 함께 살고 있어요. 경제적으로나 정서적으로나 혼자 살아갈 수가 없죠. 엄마가 앞으로 언젠가 행복해질 거라는 생각이 들지 않아요. 내가 엄마의 감정에 좋지 않은 영향을 준다는 것에 죄책감을 느껴요. 내가 사업으로 너무 크게 성공하지 않도록 자제하고 있어요. 엄마가 할 수 없었던 걸 나는 할 수 있다는 걸 보여주고 싶기도 하지만, 한편으로는 내 성공이 엄마를 죽일 수도 있다는 걸 분명히 알기 때문이에요."

수전이 어머니에게 전화해서 새로운 고객에 관해 말할 때마다 어머니는 화제를 바꿔 언니나 조카들 이야기를 한다. 수전은 자신의 성취와 자부심이 은연중에 훼손당하고 무시당한다는 느낌을 지울 수가 없다. 자신이 이룬 성공이나 행복을 어머니와 공유할 수 없을 거라는 사실이 슬프다. 동시에 수전은 자신이 어머니보다 뛰어나기 때문에 어머니를 배신했다고 느낀다. 자신의 성공에 죄책감을 느끼고 어머니의 실패에 화가 난다. 어머니와 다르다는 것에 불안을 느낀다. 과거에는 이런 죄의식과 분노가 수전을 우울하게 했지만, 지금은 어머니를 자신과 분리해 바라보고 어머니가 살아온 삶의 맥락 속에서 어머니의 선택을 받아들이고자 노력한다.

어머니가 딸이 한 개인으로 독립하고 성공하는 것을 지지할 능력이 없기 때문에 많은 딸들이 어머니와 거리를 둔다. 해리엇 골드허 러너(Harriet Goldhor Lerner)는 J라는 내담자에 대해 서술했다. J의 어머니는 편두통을 핑계 삼아 우등으로 졸업하는 딸의 대학 졸업식에 참여하지 않았다. J가 석사 과정 진학을 고려 중이라고 말하자 그녀의 어머니는 의과 대학에 들어간 친구 딸아이 이야기를 꺼내 화제를 바꿨다.[18] J의 어머니는 딸이 자신의 무능력을 떠올리게 하기 때문에 딸의 능력을 인정하거나 딸의 장래 목표를 듣고 싶어 하지 않았다.

불행하게도 이 현상은 보편적인 주제이다. "자라면서 자아 발달과 성장에 방해를 받은 어머니는 딸의 능력을 무시하거나 평가 절하할 수 있다. 아니면 반대로, 아이의 성공을 통해 대리 만족을 느끼려고 자신의 딸에게 '특별한' 아이나 '천재적인' 아이가 되라고 부추길 수도 있다."[19] 많은 어머니들이 "나처럼 살지 마라, 그렇지만 나처럼 살아라." 혹은 "성공해라, 하지만 너무 성공해서는 안 된다." 같은 모순되고 양가적인 메시지를 딸들에게 보낸다. 여성이 남성성을 선호하고 여성성을 거부하는 것은 놀라운 일이 아니다. 남성성이 자신의 독립과 성공을 가치 있게 평가하는 것처럼 보이기 때문이다.

좋은 어머니가 위험한 이유

아마도 가장 분리되기 어려운 어머니는 자녀를 정성껏 돌봐주고 지지해줄 뿐만 아니라 재미있고, 긍정적인 역할 모델이 되는 어머니일 것이다. 이런 유형의 어머니와 분리되는 일은 에덴 동산을 떠나는 것, 즉 순수함과 유대감과 안락함을 떠나서 불확실한 세계로 발을 내딛는 것과 다를 바 없다. 하지만 긍정적인 역할 모델이 되는 좋은 어머니조차 자신도 모르게 딸을 옭아맬 수 있다. 만일 딸이 자기 자신과 견주어 어머니를 실제보다 과장되게 신적인 존재로 평가한다면 딸은 자기 정체성을 찾기 위해 어

머니를 거부해야 할지 모른다.[20]

앨리슨은 뉴잉글랜드에 정착한 이민자 집안 출신의 이십 대 후반 여성이다. 성공한 은행 중역인 앨리슨의 어머니는 지역 사회에서 활발히 활동하는 일꾼이며 가정에서는 다정한 부모이다. 어머니는 앨리슨이 아이비리그에서 대학을 다니던 시절 내내 딸을 격려해주었고 연기 공부를 할 수 있도록 태평양 연안으로 거처를 옮기는 일도 지원해주었다. 앨리슨은 어머니가 몹시 그리웠지만 어머니의 그림자가 따라다니는 그 도시에서 살고 싶지 않았다. 자신과 어머니를 비교하는 말을 더는 듣고 싶지 않았고 어머니와 다르다는 죄책감도 느끼고 싶지 않았다. 어머니와 통화를 하고 전화를 끊을 때마다 앨리슨은 과거에 어머니와 나누었던 친밀감을 잃어버렸음을 강하게 느꼈고, 어머니의 안정적인 삶과 정반대의 직업을 선택했다는 사실에 우울해졌다. 하지만 그녀는 이제 어머니와 같지 않다. 어머니에게서 분리되려고 발버둥치면서 앨리슨은 연기에 필요한 감정의 깊이와 섬세함을 발견하기 시작했다. 고통이 수반되는 어머니와의 분리는 자신의 예술적 재능을 발견하는 데 필수적인 첫걸음이었다.

많은 여성이 **여성적**(feminine)이라는 말을 두려워한다. 이 단어는 오염되었다. 어떤 이들은 '여성적'이라는 단어의 의미 속에 본질적으로 다른 사람을 돌봐야 하는 의무가 있는 것처럼 여긴다. 사회는 여성들이 자신의 성취보다 다른 사람들을 위해 희생하며 살아가도록 조장해 왔다. 사십 대 후반인 캐서린은 이렇게 말한다. "어린 시절 우리에게 제시된 여성의 이미지는 마릴린 먼로 같은 성적 대상이거나 사심이라곤 없는 위대한 부양자 둘 중 하나였어요. 어느 쪽이 되건 결국 커다란 가슴으로 끝나는 거죠. 난 내가 여성으로 보이면 나의 독립성을 잃고 이용당하게 될까 봐 두려웠어요."

여성성을 거부할 경우 자신의 어머니가 보인 부정적인 여성성의 측면은 물론이고 쾌활하고, 심미적이고, 열정적이고, 돌봄에 소질 있고, 직관적이고, 창조적인 자신의 긍정적인 여성적 본성까지 거부하게 될 위험이 있다. 화가 많고 감정적인 어머니를 둔 여성들은 파괴적인 사람으로 보이지 않도록 자신의 분노나 감정을 통제하려고 애쓴다. 이따금 이런 분노의 억압은 남성이 규정한 체제에서 불평등을 감지할 수 없게 한다. 어머니를 미신적이고 종교적이고 구식이라고 보는 여성들은 냉철한 논리와 분석을 선택하면서 여성성의 어둡고 신비스럽고 마법적인 면을 포기한다. 여성 영웅과 자신 안의 여성적 자질 사이에 틈이 생긴다. 이 틈은 그녀가 훗날 균형 잡히고 통일된 인격을 지닌 전인이 되는 여정에서 치유될 것이다.

성모 마리아 또는 매춘부

어머니,

나는 집에 편지를 써요.

난 혼자예요.

내 몸을 돌려주세요.

- 수전 그리핀(Susan Griffin), 〈어머니와 아이〉

여성성의 거부는 쌍방향으로 일어난다. 딸이 어머니를 거부하기도 하고 어머니가 딸을 거부하기도 한다. 여자아이가 사춘기가 되어 자신의 성을 발견할 때 어머니는 딸의 육체를 거부하거나 모욕할 수도 있다. 아니면 젊은 여성을 향한 수치심과 경쟁심이 발동해 딸의 젊음과 매력을 시기할 수도 있다. 많은 딸들은 자신을 향한 어머니의 두려움을, 아버지의 관심을 받으려는 경쟁의 신호로 받아들인다.

아버지도 딸의 성(性)이 싹트기 시작하는 것을 불편해하면서 딸과 보내는 시간을 점점 줄이기도 한다. 딸들은 성모 마리아 또는 매춘부라는, 여성을 향한 전통적인 이분법적 시선을 경험한다. 아버지에게는 금기로 보이고 어머니에게는 경쟁자로 보인다. 부모님을 불쾌하게 만드는 것보다 차라리 독립할 때까지 자신의 피어오르는 성을 닫아버릴 수도 있다. 혹은 자신의 성을 몹시 두려워해 사랑에 빠지는 첫 번째 남자와 결혼하기도 한다. 그녀의 어머니와 아버지 둘 다 그녀의 몸을 통제하는 셈이다.

이것이 여성들이 본능적인 몸의 지혜를 거부하는 일의 시작이지 않을까 싶다. 여성들은 대체로 자신의 삶에 '무언가 잘못되었다고 느껴지는 것'이 닥쳐올 때 몸으로 알아차린다. 하지만 여성들이 그 몸을 무시하기 시작하면 이성 쪽으로 치우쳐 직관을 믿지 않게 된다.

사춘기 소녀가 자신의 성이 피어나기 시작하는 외적인 신호를 부모가 불편해한다는 것을 알아차렸을 때 자신의 변화하는 몸을 거부할 수도 있다. 부적절하다는 느낌이 무디어지도록 음식을 먹어대거나 거부당한 고통과 혼란을 줄이려고 습관적으로 알코올이나 섹스나 마약을 가까이할 수도 있다. 몸과 정신이 점점 더 분리되면 고통이나 질병을 일으키고 자기 몸의 한계를 인식하는 능력을 잃어버린다. 여성들은 움직임과 신체 지각을 통해 영적인 것에 접근하기 때문에 몸을 부정하면 여성 영웅은 영적인 발달을 이룰 수 없다. 그런데 그녀는 직관과 꿈을 무시하고 좀 더 안전한 정신의 활동을 추구한다.

삼십 대 후반의 사라는 인류학 박사 과정을 수료했다. 심리 치료에 참여한 그녀는 꼼짝할 수 없을 만큼 심한 허리 통증이 자꾸만 재발한다고 호소했다. 의사는 신체적으로 이상이 없다고 말했지만 사라는 며칠이고 까딱할 수조차 없었다. 사라가 박사 논문을 쓰면서 받은 스트레스를 풀어주기 위해 우리는 함께 긴장 이완 운동을 했다. 그러고 나서 사라의 내면에 있는 어린아이에게 그녀 몸에 무슨 일이 일어나고 있는지를 묻는 심상 유도 요법을 제안했다

사라의 내면에는 그녀가 아홉 살 '어린 여자아이'일 때 겪었던 일이 강하게 남아 있었다. 그녀의 일부인 이 어린 여자아이는 밖

으로 나가 정글짐에서 거꾸로 매달리기 놀이를 하고 싶어 한다. 사라는 자신의 어린 자아와 20분 동안 즐겁게 놀면서 시간을 보내고는 사무실로 돌아와 울음을 터뜨렸다.

사라는 학업에 전념하느라 놀고 싶은 충동을 잃어버렸다는 것을 깨달았다. 그녀는 '스스로 해낼 수 있다는 것'에 대해 이야기했다. 사라와 좋은 관계를 유지했던 여자는 지금 수천 킬로미터나 떨어진 알래스카로 가버렸고, 강한 그녀는 혼자 힘으로 '성공하려고' 애쓰는 중이었다. 배우자에게 의존하는 어머니처럼 되고 싶지 않았다. 하지만 사라는 여전히 왼쪽 허리에 통증을 느꼈다. 나는 그녀의 몸이 그녀에게 무엇을 말하는지를 물었다.

사라는 이렇게 대답했다. "나는 나 자신의 아주 많은 부분을 부정하고 살았어요. 한때 노는 것을 좋아했던 내 안의 어린아이뿐만 아니라 자연에서 자란 지금의 내 어른 자아 일부도 부정했어요. 난 하이킹을 정말 좋아하지만 시간을 내지 못했어요. 아이들도 무척 좋아하지만 아이를 가질 수 없었어요. 공부 때문에 하고 싶은 것들을 하지 못했죠. 난 강한 여자가 되었지만, 지금 내게는 보살필 사람도 없을뿐더러 어떻게 나 자신을 보살펴야 하는지에 관한 지식이나 기억도 없어요. 가족이나 친구들에게 도움을 요청하면 날 나약하다고 생각할까 봐 두려워요."

여성들은 자신의 육체적 한계를 인정하는 순간, 다루기 쉽고 무기력한 겁쟁이로 여겨지기 십상이므로 남자들을 따라잡으려고 통증을 무시하는 법을 연습해 왔다. 여성의 육체는 욕망의 대상이기도 하고 경멸의 대상이기도 하다.

서구 문화에서 구약 성경의 하와를 요부로 묘사하는 것으로부터 시작된 여성 육체에 대한 거부는 남성 우위의 종교에서 5천 년 동안 여성의 성(sexuality)을 금기하는 쪽으로 강화되어 왔다. 여성이라는 성은 종교 단체뿐만 아니라 정치 기구에서도 권력에서 배제의 구실로 이용되었다.

행위 예술가 셰리 고크는 남성들과 남성 신들이 우위를 차지하는 종교적 배경 속에서 성장했다. 그녀는 네 살 때 몸이 운명을 결정한다는 것을 알았다. "나의 아버지, 할아버지, 증조할아버지, 오빠 모두 루터교 목사예요. 오빠가 네 번째 세대인 거죠. 내가 여자아이라서 아버지의 길을 따를 수 없다는 걸 알게 된 네 살 때 나는 처음으로 여성주의적인 생각을 했어요. 그때, 기독교가 내 육체 때문에 나를 배신했다는 걸 알았죠. 기독교에서 영혼과 육체는 분리돼 있어요. 여성들은 육체이고 남성 신은 영혼인 거죠. 영혼을 얻는 유일한 방법은 육체를 부인하고 육체를 초월해서 죽는 거죠. 글쎄, 난 그걸 믿지 않아요."[21]

고크의 인생에서 어머니는 존재감이 없었다. "남성들에게 강탈당한 내 힘을 되찾기 위해 내가 했던 모든 일은 아버지와 관련된 것이었어요. 지금 나는 여성 영성 운동에서 영감을 얻고 있어요. 여신이야말로 내가 동일시할 수 있는 신이란 걸 알았기 때문이죠. 여신의 몸과 내 몸은 하나이고, 여신의 힘과 내 힘도 하나예요. 남자들은 그걸 빼앗아갈 수 없어요."[22]

어머니에게 거부당한 딸

입양되었거나 질병, 알코올 의존증, 우울증을 겪는 어머니에게 거부당했다고 느끼며 자란 여성은 어머니의 보살핌을 받고 자라지 못했다는 것을 뼈저리게 느끼며 자신이 갖지 못했던 것을 끊임없이 찾으려 할 것이다. 인정, 사랑, 관심을 주지 못하는 어머니에게서 그런 것들을 찾는 '딸'로서 영원히 머물지도 모른다. 만일 어머니가 아예 없었거나 아이를 돌보기엔 너무 바쁜 어머니였다면, 딸은 긍정적인 여성 역할 모델, 아마도 자기보다 나이가 많고 유대감을 느낄 수 있는 여성을 찾아 나설지도 모른다.

삼십 대 후반의 흑인 여성인 릴라는 어머니를, 아이들을 줄줄이 낳느라 너무 바빠 자신에게 관심을 주지 못한 여인으로 기억한다. "어머니는 항상 너무 지쳐 있었지요. 어머니에게 나는 없는 거나 마찬가지였어요. 하지만 에시 이모는 날 알아봐줬어요. 이모는 내가 어떤 사람인지 알았어요. 내가 특별하다고 말해주었어요. 내게 희망을 주었죠. 나 자신을 믿으라고 가르쳐주었어요. 이모가 내 눈을 들여다볼 때마다 나는 내가 아름답다고 느꼈어요. 이모는 '애야, 넌 성공할 거야. 넌 특별해.'라고 말해주곤 했어요. 이모가 옳다는 걸 증명하려고 하루 빨리 집을 떠나고 싶었어요."

만일 여성이 어머니에게서 소외당하고 거부당한다고 느낀다면 먼저 여성성을 거부하고 아버지와 가부장제 문화로부터 인정받기를 원할지도 모른다. 남자들은 강자의 위치에 있다. 그래서 여성들은 자신이 강해질 수 있도록 남성들이 자신을 지지해주기를 기대한다. 우리의 여성 영웅은 강력하고 전지전능해 보이는 남성과 자신을 동일시하기 시작한다. 여성 영웅은 먼저 아버지들이 벌이는 아찔한 게임과, 경쟁하고 승리하고 성취하기 위한 전략을 배운다. 그녀는 백인 남성들이 만든 기준에 맞춰 살 수 있음을 증명하려고 애쓴다. 하지만 아무리 크게 성공한다 해도 그녀는 자신이 여전히 과소 평가되고 있고 지나치게 많은 일을 하고 있다는 사실을 알게 된다.[23] 그러고는 마침내 여성적 가치는 어떻게 된 것인지 의문을 품기 시작한다.

융 학파의 심리 치료사인 재닛 댈럿(Janet Dallett)에 따르면, "우리의 가치관과 지각과 선택을 좌우하는 수많은 가설로 이루어진 우리 문화의 집단 무의식은 근본적으로 남성적이다. 그 거대한 꿈의 근원인 가부장제 사회의 집단 무의식은 의식의 세계에서 배제된 가치들을 떠맡기 때문에 여성(가모장家母長)에 대한 편견이 있다. 오늘날 창조적인 개개인은 가부장적 탐욕을 버리고, 새로운 시대의 의식으로 태어나기 위해 어머니들의 음습한 왕국으로 내려가야 한다."[24]

오늘날 여성은 이 여정에서 자신의 어머니와 최초로 분리된 상처를 치유하고 좀 더 큰 맥락에서 모녀 관계를 회복하려고 할지도 모른다. 그녀는 자신이 동일시할 수 있는 대상, 자신에게 여성적 힘과 아름다움을 가르쳐주고 스스로 자신의 권위를 발전시키는 경험을 풍부하게 해줄 여신, 여성 영웅, 동시대의 창조적인 여성을 찾을 것이다.[25] 그녀는 마침내 위대한 어머니 안에서 치유되는 자신을 보게 될 것이다. 캐씨 카슨(Kathie Carlson)은 이렇게 쓴다.

우리가 여신을 인격체로 보건, 여성들 사이에서 또는 각자 내면에서 발생하는 어떤 힘으로 보건, 여신 이미지는 남성들에게 의존적이거나 가부장적 관점에서 끌어낸 것이 아닌 여성적 힘을 인정하는 것이다. …… 여신은 우리가 우리 문화에서 몹시 그리워하고 있는 것 즉, 우리의 힘, 우리의 육체, 우리의 의지, 우리 어머니들의 긍정적인 이미지를 보여준다. 여신을 바라보는 것은 우리의 온전한 모습을 상상하는 일이자 우리 자신을 기억해내는 일이다.[26]

2장   '아버지의 딸'로 자라다

"왕은 지금 꿈을 꾸고 있어. 그가 무슨 꿈을 꾸고 있다고 생각해?" 트위들디가 물었다.
앨리스가 대꾸했다. "그걸 누가 알겠어."
"바로 너에 관한 꿈이지!" 트위들디는 의기양양하게 손뼉을 치면서 말했다.
"만일 왕이 네 꿈을 다 꾸고 나면 넌 어디에 있을 거라고 생각해?"
"그야 물론 지금 내가 있는 이곳에 있겠지." 앨리스가 대답했다.
"너는 어디에도 없을 거야. 왜냐고? 너는 단지 왕의 꿈에 나오는 존재일 뿐이니까!"
"왕이 잠에서 깨어나면," 트위들덤이 거들었다. "너는 사라질 거야. 펑! 촛불처럼 꺼
져버리는 거지!"
 - 루이스 캐럴(Lewis Carroll) , 《이상한 나라의 앨리스》

내면의 아니무스와 아버지

그동안 여성 운동이 여러 성과를 이루었는데도 우리 문화에는 여전히 어떤 사람, 어떤 지위, 어떤 일들이 다른 것들보다 더 고유한 가치를 지닌다는 신화가 널리 퍼져 있다. 이 어떤 사람과 지위와 일은 대개 남성적이거나 남성이 규정한 것들이다. 우리 문화에서는 남성이 규정한 기준이 리더십, 개인의 자율성, 성공 여부를 판단하는 사회적 기준이 되어 왔고, 상대적으로 여성들은 자신의 역량이나 지성, 힘이 떨어진다고 여겨 왔다.

여자아이는 자라면서 이러한 점을 관찰하고 남성들이 규정한 매력, 명성, 권위, 독립, 돈 따위의 가치를 추구하고 싶어 한다. 큰 성공을 이룬 많은 여성이 **아버지의 딸**로 여겨진다. 왜냐하면 그들은 첫 번째 남성 모델의 인정과 힘을 추구하기 때문이다. 어머니의 인정은 어쩐지 그만한 무게가 없다. 아버지는 딸의 여성성을 규정하고 이것은 딸의 성(性), 남자들과 관계 맺는 능력, 세상에서 성공을 좇는 능력에 영향을 끼친다. 여성이 야망을 품거나 권력을 쥐거나 돈을 벌거나 남성과 좋은 관계를 맺는 것에 만족하는지 여부는 아버지와의 관계에서 비롯된다.

린다 슈밋(Lynda Schmidt)은 '아버지의 딸'을 이렇게 정의한다. "십중팔구 어머니를 배제한 채 아버지와 끈끈하고 좋은 관계를 맺고 있는 딸이 아버지의 딸이다. 이런 젊은 여성은 자라면서 자신을 남자들에게 맞추고 여자들에게는 못마땅하다는 듯한 태도를 취할 것이다. 아버지의 딸들은 외적으로 남성들과 유대 관계를 맺거나 내적으로 남성적 방식에 조종당하면서 남성의 원칙에 맞추어 자신의 삶을 꾸려 간다. 그들은 남성 멘토나 안내자를 찾기도 한다. 하지만 그와 동시에 남성으로부터 명령을 받거나 남성의 가르침을 받아들이는 데서 어려움을 겪을 수도 있다."[1]

동기 유발을 연구하는 심리학자들은 많은 성공한 여성에게는 일찍부터 스스로를 매력적이고 사랑받는 사람이라고 느끼게끔 해주고 재능을 키워준 아버지가 있다는 것을 알아냈다. 4년에 걸쳐 여성의 직업적 성공을 연구한 사회과학자 마조리 로조프(Marjorie Lozoff)는 "아버지가 딸을 키우면서 딸이 흥미롭고 중요한 사람이며 존경과 격려를 받을 자격이 있는 사람인 것처럼 대해주었을 때"[2] 그렇게 자란 여성들이 자신의 삶을 스스로 결정하는 데 더 적극적이었다고 결론지었다. 이렇게 대우받고 자란 여성들은 "자신의 재능을 키우는 일 때문에 여성성에 문제가 생길 거라고 느끼지 않았다."[3] 이런 아버지들은 딸의 인생에 매우 큰 관심을 보이면서 딸이 정치나 스포츠, 예술 분야에서 경력을 쌓고 직업을 갖는 데 적극적으로 관심을 쏟도록 격려했다.

전 하원 의원인 이본 브레스웨이트 버크의 아버지는 평생 국제서비스노동조합연맹(Service Employees International Union)에 헌신한 사람이었다. 이본은 열네 살에 처음으로 노동 쟁의 피켓을 들고 거리로 나갔다. 아버지는 28년 동안 엠지엠(MGM) 영화사의 수위로 일했는데, 집은 늘 노조 활동가들로 북적였다. 노조는 이본에게 캘리포니아대학 로스앤젤레스 캠퍼스(UCLA)와 서던캘리포니아대학(USC) 로스쿨의 장학금을 제공했다.

아버지의 노조 활동을 지켜보면서 그녀는 "무언가를 위해 진정으로 투쟁하는 것이 무엇인지를 깨달았다. 아버지는 몇 달 동안 실직하기도 했지만 지속적인 투쟁의 결과를 믿었고 노조 활동에 매우 헌신적이었다. 아버지는 노조 활동이 꼭 필요한 일이라고 여겼다."[4] 아버지의 헌신적인 삶은 이본에게 엄청난 영향을 끼쳤다.

"나는 투쟁의 의미라든지 아버지가 하는 일에 관심이 많았어요. 아버지에게 무척 힘든 일이었고 분명히 희생을 요구하는 일이었지만 아버지는 그 가치를 믿었죠. 아버지는 노조 활동을 나와 의논했고, 그 덕에 난 노조 일에 관한 모든 것을 상세히 알게 됐어요. 이후에 아버지는 내가 변호사가 되고 정치에 입문하는 것을 적극적으로 지지했어요. 내 직업과 삶에 영향을 끼치셨죠."[5] 부동산 중개인이던 이본의 어머니는 딸이 논쟁에 휩쓸리는 일을 하는 것을 원치 않았으므로 이본이 정치 분야로 들어가는 것을 내키지 않아 했다. 어머니는 딸에게 교사가 되기를 권했지만 이본은 더 활동적이면서 갈등을 해결하는 일을 하고 싶어 했다.

미국 상원 의원 다이앤 파인스타인도 아버지를 통해 얽히고설킨 관료 정치, 외교관이 되는 법, 강인함, 끈기, 자신의 권리를 주장하는 법을 배웠다. 아버지는 다이앤의 선거 활동에 열정적이었다. 정치 자금 모금부터 사무실 직원들에게 도넛을 사오는 일까지 모든 일을 도맡아 했다. 파인스타인의 아버지는 의사로서 공익 사업에 아주 열심이었고, 암으로 고통받으면서도 죽음을 맞기 직전까지 사업을 키웠다. 그는 딸에게 끈기와 동기 부여를 가르쳤고, 딸의 능력을 변함없이 지지하는 아버지의 신뢰는 파인스타인을 강인하게 만들었다. "아버지는 항상 내게 기대치가 높았어요. 나와 달리 아버지는 내가 손을 뻗는 것은 무엇이든 얻을 수 있다고 마음 깊이 믿으셨죠."[6]

아버지와 어린 여자아이의 관계는 아이가 아버지의 눈을 통해 세상을 보고 아버지의 눈에 비친 자신의 모습을 보게 해준다. 아버지의 인정과 수용을 구하면서 딸은 자신의 능력, 지성, 가치를 아버지나 다른 남성들과 비교하여 평가한다. 어린 여자아이가 아버지에게 받는 인정과 격려는 긍정적인 자아 발달을 이끈다. 파인스타인과 이본 모두 아버지와 가깝고 편안한 관계였다고 기억한다. "또한 두 사람은 남성이 주도하는 분야에서 경쟁하면서 자신들의 여성성을 희생하고 있다고 느끼지 않았다."[7]

아버지에게 인정받았다고 느낀 여성들은 세상도 자신을 인정해줄 거라고 확신한다. 또한 자신의 남성적 본성과 자신의 관계를 긍정적으로 발전시킨다. 이 여성들의 내면에는 자신의 모습을 있는 그대로 좋아해주는 남성적 인물이 있다. 이 긍정적인 내면의 남성 혹은 아니무스* 인물은 수용적이고 심판하지 않는 태도로 그들의 창조적인 노력을 지지한다.

린다 레너드(Linda Leonard)는 자신의 상상 속에 존재하는 내면의 긍정적인 남성을 묘사한다. 린다는 그를 '가슴을 가진 남자(Man with Heart)'라고 부른다. 그 남자는 분노, 친밀감, 사랑을 두려워하지 않으면서 자상하고, 따뜻하고, 강하다. "그는 내 곁에 머물러 있고 참을성이 있어요. 또한 일을 벌이고, 맞서 대면하고, 앞으로 나아가죠. 정서가 안정돼 있고 끈기가 있어요. 그의 안정감은 인생의 순리를 따르는 것, 그 순간에 머물 줄 아는 것에서 나와요. 그는 노는 것과 일하는 것, 삶의 두 가지 방식을 즐겨요. 내면 세계에서든 외부 세계에서든 그가 머무는 곳 어디에서나 편안함을 느껴요. 그는 땅의 사람이에요. 본능에 충실하고 관능적이죠. 생기가 넘치는 사람이에요. 저 위로 솟구쳐 오르고 창조적이죠."[8]

이 내면의 남성은 여성의 아버지나 아버지 같은 인물과 맺은

아니무스(animus) 카를 융이 분석심리학에서 사용한 용어인 아니무스는 여성의 무의식 속에 있는 남성적 요소를 가리킨다.

긍정적인 관계에서 만들어진다. 내면의 남성은 여성 영웅의 전체 여정에서 그녀를 지지해주는 안내자가 될 것이다.

도전과 성공의 조련사, 아버지

뉴욕대학교 의과대학의 알렉산드라 시먼즈(Alexandra Symonds) 박사는 자신의 일에 열정적으로 몰두하는 여성들을 연구했다. 그리고 그 여성들에게는 교육의 중요성을 강조하고 비즈니스 세계에서 살아가는 법을 가르쳐주는 아버지들이 있었다는 것을 알아냈다. 아버지들은 딸들에게 정상적인 감정인 불안이나 실패에 연연하지 말고 계속 전진하라고 가르쳤다. 자신의 인생을 스스로 책임지도록 고무했고 어릴 때부터 의존하기보다는 제 힘으로 성취하도록 격려했다.

시먼즈는 딸들에게 우수한 능력을 가장 잘 단련시킬 수 있는 사람이 바로 아버지라는 것을 확인했다. 나는 시먼즈의 연구 결과에 동의하지 않으며, 어머니도 딸의 능력을 기르는 데 아버지만큼 큰 영향을 끼칠 수 있다고 생각한다. 하지만 "만일 운동 경기를 할 때나 부단한 노력이 필요한 때, 혹은 자립하려고 하는 때에 아들에게 하는 만큼 딸에게도 격려를 해준다면, 딸들은 설사 지금 바로 탁월한 성과를 내지 못한다 할지라도 앞으로의 삶에서 중요한 자질들을 발달시킬 것이다. 아버지들이 딸들의 머리를 쓰다듬으며 '넌 예쁘잖니.'라고 말하는 것보다 훨씬 더 큰 도움이 된다. 예쁘다는 말로는 충분하지 않다."⁹라는 시먼즈의 말에는 적극 동의한다.

이렇게 아버지로부터 지지를 받은 여성들은 무엇인가를 **향해** 나아갈 자신감이 생긴다. 그들은 경력으로 인정받을 수 있는 일을 선택한다. 이를테면 법률, 의학, 경영, 교육, 예술 경영 분야 같은 뚜렷한 목표와 그 목표를 이루기 위한 구체적인 단계가 있는 일이다. 아버지들이 딸의 생각이나 미래의 꿈을 지지하지 않거나 딸이 원하는 바를 해낼 능력이 없다는 인상을 심어줄 경우에 여성들은 일생 동안 성공을 향해 **뒷걸음질**로 나아가며 헤맬지도 모른다.

성공한 여성들 중 일부는 아버지를 본받으려 할 뿐만 아니라 의식적으로 어머니처럼 되지 않으려고 노력한다. 그들은 어머니를 의존적이고 무력하며 불평만 쏟아내는 존재라고 여긴다. 어머니가 만성적으로 우울하거나 아프거나 알코올 중독인 경우에 딸은 침실에 있는 그림자 같은 존재가 된 어머니를 무시하고 아버지와 동맹 관계를 맺는다. 이런 경우 아버지는 외부 세계뿐만 아니라 딸의 내면 세계에도 힘을 발휘한다.

제우스 머리에서 태어난 아테나

메티스 여신과 제우스 신의 딸인 아테나 여신 이야기는 여성들이 어머니를 멀리하고 아버지와 동일시하는 현상을 설명해주는 좋은 예이다. 제우스가 메티스를 삼켜버린 것은 그리스 문화사에서 모계 사회로부터 남성적인 세계로 이행하는 과도기의 상징으로도 볼 수 있다.

아테나는 번쩍이는 황금 갑옷을 걸치고 한 손에는 날카로운 창을 들고 벽력 같은 고함을 지르면서 성숙한 여성의 모습으로 제우스의 머리에서 튀어나왔다. 이 극적인 탄생으로 아테나는 자신이 제우스의 분신이라고 생각했고, 제우스를 유일한 부모로 인식했다. 아테나는 한 번도 자신의 어머니인 메티스의 존재를 인정한 적이 없었다. 실은 자신에게 어머니가 있다는 사실조차 몰랐던 것 같다.

헤시오도스(Hesiodos)에 따르면, 메티스는 제우스의 첫 번째 아내였고 지혜롭기로 유명한 대양의 여신이었다. 메티스가 아테나를 임신했을 때 제우스는 그녀를 속여 아주 작게 만들어서는 그대로 삼켜버렸다. 메티스가 낳을 첫 번째 아이는 제우스만큼 용기 있고 지혜로운 딸이며, 두 번째 아이는 이 세상의 모든 신들과 인간들의 왕이 되고 모든 것을 정복할 수 있는 심장을 가진 아들이라는 예언 때문이었다. 제우스는 메티스를 삼켜버림으로써 운명을 거스르고 메티스의 지혜를 넘겨받았다.[10]

아테나는 전투 중인 그리스 영웅들을 보호하는 아름다운 전쟁의 여신이었다. 그녀는 지혜, 기예의 여신이고 전략, 외교, 직조

르네 앙투안 우아스, 〈제우스의 머리에서 무장한 채 태어난 미네르바(아테나)〉, 1700년경.

의 지배자이고 도시와 문명의 수호신이었다. 아테나는 황금 양모를 찾아 떠나려는 이아손과 그의 선원들이 아르고호를 건조할 수 있도록 도와주었고 그리스인들이 트로이를 멸망시키는 데 도움을 주었다. 트로이 전쟁이 끝나고 아테나는, 아버지 아가멤논을 살해한 자신의 어머니 클리타임네스트라를 죽인 오레스테스의 죄를 묻는 재판에서 무죄를 결정짓는 표를 던짐으로써 가부장제의 편에 섰다. 그리하여 아테나는 모성적 유대보다 가부장적 가치를 우위에 두었다.

'아테나 유형 여성'은 아버지의 딸이다. 즉 어머니를 경시하고 아버지와 자신을 동일시한다. '아버지의 딸'은 총명하고 야심만만하며 일을 척척 해낸다. 정서적인 관계는 가치가 없다고 생각한다. 다시 말해, 아버지의 딸은 상처 입기 쉬운 약한 존재에게 공감과 연민을 느끼는 능력이 부족하다. 만일 그녀가 어머니의 강점을 발견하고 모성적 유대와 강한 결속 관계를 회복하지 않는다면 끝내 여성성 분리를 치유하지 못할지도 모른다. 메티스는 남성 자아에게 삼켜진 마지막 어머니가 아니었고 아테나는 아버지를 편애하여 어머니를 버린 마지막 딸이 아니었다. 내가 이 책을 쓰기 시작한 이유 중 하나는 나 자신과 어머니 사이에서 일어난 분리를 이해하고 치유하기 위해서였다.

어렸을 적 나는 아버지를 신적인 존재로 보았다. 늘 아버지가 직장에서 돌아오는 시간을 애타게 기다렸다. 재미있고 지적이며 창의적이었던 아버지는 광고 회사의 이사였는데 광고계에서 꽤 영향력이 있었다. 제2차 세계대전을 치르고 귀향한 똑똑한 젊은 이들에게 주어진 경제적 기회에 패기 있게 덤벼든 아버지들 중 한 사람이었다. 아버지는 맨해튼에 있는 큰 빌딩에서 밤늦도록 일했다. 전미(全美) 광고 대상도 탔고 회사에서는 재능 있는 남자들의 '멘토' 역할도 했다.

내가 보기에 아버지는 그릇된 일을 할 수 없는 사람이었다. 아버지는 내 삶의 사랑이었다. 아버지가 저녁 식사 시간에 맞춰 퇴근하는 경우가 거의 없었기 때문에 밤에 아버지를 보기 힘들었다. 그저 가끔 등교하기 전 이른 아침에 아버지를 볼 수 있었다. 수수께끼 같은 이른 출근과 늦은 퇴근을 하는 아버지가 어린 내 눈에는 신처럼 비쳤다. 나는 아버지가 '굉장한 일'을 하고 있다고 확신했다. 아마도 신의 일 같은!

아버지가 집에 있을 때 난 아버지의 관심을 끌고 싶어 했고, 아버지에게 인정을 받고 싶어 했으며, 아버지와 대화하고 싶어 했다. 난 영리하게 행동했고 아버지의 이야기를 경청했다. 나는 아버지와 함께 철물점과 목재소에 가는 것을 무척 좋아했다. 아버지는 잠시도 가만히 앉아 있지 못하는 사람이었다. 집에 있을 때에도 항상 한 가지 일이 끝나면 곧바로 다음 일을 했다. 지금도 방금 켜낸 목재의 신선한 향을 맡으면 아버지가 떠오른다.

나는 열세 살이 되었을 때 여름 방학 동안 아버지의 회사에서 아르바이트를 하기 시작했다. 내가 공부를 아주 잘한다는 것을 늘 자랑스러워하던 아버지는 사무실을 돌며 날 자랑했다. 아버지는 내게 아버지가 하는 일과 혼자 힘으로 이룬 성공의 가치를 설명했다. 정규 교육을 받지 못한 것을 평생 후회하며 독학을 한 아버지는 교육의 중요성도 이야기했다.

하지만 아버지는 '여자아이에게는 맞지 않는 곳'이라고 말하며 광고계에서 일하고 싶어 하는 나를 말렸다. 대중 매체와 관련된 일을 하기에 여자들은 기분 변화가 너무 심하다는 것이 아버지의 의견이었다. 내 기억에 아버지가 여자아이에게 적당하다고 생각한 유일한 직업은 카피라이터였다. 가족을 돌보면서 집에서 할 수 있는 일이라고 여겼기 때문이었다. 아버지에게 나는 다르다는 것을 보여주려고 비밀리에 계획을 짰다.

십 대 시절에 다른 여자 친구들의 아버지와 달리 내 아버지는 기꺼이 내 감정에 귀를 기울여주었다. 어머니와 이야기를 나눌 수 없었기 때문에 아버지와 나누는 대화는 내게 굉장히 중요한 일이었다. 아버지를 통해서 내 내면의 소리를 들을 수 있었다. 나는 아버지에게 무엇이든 이야기할 수 있어서 운이 좋다고 느꼈다. 아니, 최소한 그럴 수 있다고 **생각했다**. 하지만 아버지는 격렬하게 감정을 폭발시키는 어머니 때문에 혼란스러운 내 기분에 관해 듣는 걸 좋아하지 않았다. 내게 엄마를 좀 더 이해하고 참아주라고 말했다.

나는 알아논(Al-anon, 알코올 의존자 가족 구성원 자조 모임)에 참여하는 꿈을 꾼다. 그곳에 정신과 의사인 내 친구 마거릿이 있다. 내가 그 모임에서 사람들에게 내 이야기를 할 때 마거릿이 내

바로 맞은편에 앉아서 내 손을 꼭 잡아주었다. 마거릿이 내게 말할 시간을 너무 많이 줘서 다른 여자들이 항의하기 시작한다. 마거릿은 내게 "아버지가 일하느라 바빠서 너와 함께 있어주지 않았고 너를 도와줄 수 없었던 데서 생겨난 커다란 슬픔이 아직 네 안에 있는 게 분명해."라고 말한다.

난 항상 어머니가 문제라고 생각했기 때문에 내 슬픔의 원인을 아버지라고 진단하는 마거릿의 말에 깜짝 놀랐다. 동화 속 여주인공들에게 하나같이 반복되는 오랜 주제처럼 나는 어머니를 악당이라 생각했고 아버지가 나를 구해주기를 바랐다. 나는 아버지를 우상화했고 구원자로 보았다. 나는 왕자님이 와주기를 기다리는 예쁘고 똑똑한 딸의 역할을 잘 해냈다. 하지만 아버지는 결코 나를 구해내지 못했다. 오랜 시간이 지난 후에야 나는 아버지가 세상에서 중요한 일을 하려고 나와 어머니를 버렸다는 것을 알았다.

영웅의 길에 들어서다

여성 영웅의 여정 중 두 번째 단계에서 여성은 자신을 남성과 동일시하거나 남성에게 구조되기를 바란다. 여성이 기존의 여성의 이미지들과 결별하기로 결심할 때 부득이하게 전통적인 남성 영웅의 여정을 시작한다. 그녀는 갑옷을 입고 현재라는 이름의 준마에 올라타 사랑하는 것들을 뒤로한 채 황금의 보물을 찾아 떠난다. 이성(logos)의 기술을 섬세하게 조율한다. 성공을 향한 길이라고 명확하게 정의된 길을 찾는다. 그녀는 남성들의 세계는 건강하고 재미있고 행동 지향적이라고 생각한다. 남성들이 일을 성공적으로 해내는 모습은 그녀의 야망에 불을 지핀다.

이 시기는 여성의 자아 발달에서 중요한 시기이다. 우리의 여성 영웅은 자신이 한 단계 한 단계 뒤따를 수 있도록 이끌어줄 역할 모델을 찾는다. 역할 모델이 되는 남성 조력자들은 아버지, 연인, 교사, 매니저, 코치일 수도 있고 그녀가 얻고자 하는 학위를 주는 교육 기관이나 원하는 급여를 주는 직장일 수도 있다. 또는 목사, 랍비, 사제, 신의 형태를 띨 수도 있다. 아니면 자신을 남성과 동일시한 여성일 수도 있고, 어쩌면 딸린 아이가 없어서 일에만 전념한 덕에 성공의 정상에 오른 선배 여성일 수도 있다.

질 배러드는 장난감 회사인 '마텔'에서 전 세계 시장에 내놓을 제품의 디자인부터 생산과 홍보까지 담당하는 부회장이자 미국 기업 내에서 최상위 여성 임원으로 꼽힌다. 배러드는 직원들의 단결력과 그들에게 동기를 부여한 자신의 역량뿐만 아니라 그동안 요긴한 조언을 해준 몇몇 멘토에게 성공의 공을 돌린다. 그녀는 건설적인 피드백 활용뿐만 아니라 감수성과 강한 직관이 자신만의 독특한 경영 방식이라고 설명한다. 이러한 재능은 그녀가 부모에게서 배운 가장 기본적인 가치였다. 배러드는 창의적인 가정에서 충분한 정신적 자극을 받으며 자랐다. 항상 "넌 네가

원하는 것은 무엇이든지 될 수 있고, 잘해낼 수 있다. 네가 원하
는 것에 전력을 다하고 필요한 것을 배우고 목표를 향해 나아가
라!"고 말해준 아버지가 있었던 것도 행운이었다.[11]

"대부분의 여성들은 남성처럼 되거나 혹은 남성들에게 호감을
사서 힘과 권위를 얻으려 한다."[12] 가부장제 사회에서 남성에게
인정받기 바라는 것은 어머니와 하나로 결합해 있던 단계에서 벗
어나 훨씬 독립적인 상태로 건강하게 이행하는 것이므로 처음에
는 그렇게 부정적인 일이 아니다. 훈련, 결정하기, 목표 의식, 용
기, 권력, 자기 가치 부여 같은 아버지의 긍정적 자질과 자신을
동일시하는 젊은 여성은 세상에서 스스로 성취를 이룬다.

하지만 만일 여성이 남성의 관심이나 남성의 규정이라는 거울
밖에서는 존재할 수 없다고 생각한다면 이것은 매우 해로울 수
있다. 루이스 캐럴(Lewis Carroll)은 《이상한 나라의 앨리스》에서
정치 권력을 쥔 자들이 힘없는 사람들의 정체성을 규정할 수 있
다는 믿음을 풍자한다.[13] 트위들덤과 트위들디는 앨리스가 오직
붉은 왕의 상상 속에서만 존재한다고 말한다.

"왕은 지금 꿈을 꾸고 있어. 그가 무슨 꿈을 꾸고 있다고 생각
해?" 트위들디가 물었다.

앨리스가 대꾸했다. "그걸 누가 알겠어."

"바로 너에 관한 꿈이지!" 트위들디는 의기양양하게 손뼉을 치면
서 말했다. "만일 왕이 네 꿈을 다 꾸고 나면 넌 어디에 있을 거라고

생각해?"

"그야 물론 지금 내가 있는 이곳에 있겠지." 앨리스가 대답했다.

"너는 어디에도 없을 거야. 왜냐고? 너는 단지 왕의 꿈에 나오는 존재일 뿐이니까!"

"왕이 잠에서 깨어나면," 트위들덤이 거들었다. "너는 사라질 거야. 펑! 촛불처럼 꺼져버리는 거지!"[14]

갑옷 입은 아마조네스의 내면

아버지나 아버지를 대체하는 사람에게서 받는 인정과 격려는 대개 여성의 긍정적인 자아 발달을 이끈다. 하지만 아버지, 계부, 삼촌, 할아버지로부터 인정과 격려를 제대로 받지 못했거나 오히려 용기를 꺾는 말을 듣는 경우에는 자아감에 깊은 상처를 입을 수 있다. 또한 과잉 보상* 문제나 완벽주의를 야기하거나 아니면 여성의 발달을 거의 마비시킬 수도 있다. 아버지가 집을 비우거나 딸에게 무심한 것은 딸에 대한 무관심, 실망, 불만을 은연중에 드러내는 것이다. 이러한 아버지의 행동은 드러내놓고 부정적인 판단을 하거나 아니면 과잉 보호를 하는 것만큼이나 여성 영

과잉 보상(overcompensation) 오스트리아 출신의 정신의학자 알프레트 아들러(Alfred Adler)가 세운 개인심리학의 주요 개념. 인간은 어리고 약한 존재였던 시기의 열등감을 극복하기 위해 우월성을 추구하는 경향이 있다. 열등감을 보상하려는 노력이 지나친 경우에 신경증 상태가 되는데, 이것을 과잉 보상이라고 한다.

웅에게 피해를 줄 수 있다.

캐럴 피어슨(Carol Pearson)과 캐서린 포프(Catherine Pope)는 《미국 문학과 영국 문학에 나타난 여성 영웅》에서 캐나다 출신 미술가 에밀리 카의 일기를 인용한다. 카의 아버지는 집 밖으로 돌지는 않았지만 딸이나 자신의 아내에게 감정적으로 관심이 없었다. 육십 대 후반이 되어서도 카는 여전히 이 무심한 신과 사투를 벌이고 있었다.

> 66년 전 그날 밤, 나는 제정신이 아니었다. …… 아버지가 무엇을 느꼈는지 궁금하다. 그가 어머니의 절반만큼이라도 관심이 있었는지 상상조차 할 수 없다. 아버지에게는 뜨거운 물로 소독한 커다란 백랍 접시 위에서 지글거리는, 육즙이 가득한 스테이크가 더 큰 관심거리였다. 스테이크를 보는 아버지의 눈은 반짝반짝 빛이 났다. 나는 어머니가 출산한 후에 아버지가 한두 마디라도 부드러운 말을 건네며 어머니를 도와준 적이 있었는지, 아니면 늘 그랬듯이 맨발로 달려 나와 시중들기를 기다리며 뻣뻣하게 굴었는지 궁금하다. 아버지는 새로 태어난 아이들이 자신을 우러러볼 만큼 자랄 때까지도, 깨부숴버리고 싶은 마음이 들 만큼 자랄 때까지도 아이들은 안중에도 없었다.[15]

개인적 차원의 아버지나 사회적 차원의 멘토가 충분히 관심을 보여주지 못하는 경우, 여성들은 린다 레너드가 이름 붙인 '갑옷

입은 아마존[*]이 된다.

　이런 여성들은 자신을 등한시하는 아버지에 대한 반작용으로 흔히 자아 수준에서 자신을 남성과 동일시하거나 스스로 아버지 역할을 한다. 그들이 필요로 하는 것을 아버지가 주지 않았기 때문에 그들은 자기가 스스로 해야만 한다는 것을 알게 된다. …… 갑옷은 그들이 직업적으로 성장하고 업무에서 목소리를 낼 수 있도록 도와준다는 점에서는 분명히 긍정적인 차원에서 그들을 보호한다. 하지만 갑옷이 여성적인 감정과 부드러움을 차단한다는 측면에서 이 여성들은 자신의 창조성으로부터, 남성들과 건강한 관계 맺기로부터, 그리고 마음에서 우러나오는 대로 자연스럽고 생기 넘치게 매 순간을 사는 삶으로부터 멀어지게 될 것이다.[16]

　이런 유형의 여성은 직업적으로는 성공한 것처럼 보이지만, 감정의 영역이나 관계의 영역에서 신뢰하는 데 어려움을 겪을 것이다. 그녀 내면의 남성적 인물은 '가슴을 가진 남자'가 아니라 절대로 멈추지 않는 탐욕스러운 폭군이다. 그녀가 하는 그 어떤 것도 충분하지 않기 때문에 폭군은 그녀가 사랑받거나 만족감을 느끼거나 아니면 쉬고 싶은 갈망조차 인식하지 못하도록 '더 멀리,

─────────

아마존(Amazon) 활을 당기기 편리하도록 자신의 왼쪽 젖가슴을 잘랐다고 전해지는 고대 그리스 신화에 나오는 여전사. 후에 아마존의 복수형인 아마조네스(Amazones)는 당당한 여전사 이미지의 여성을 지칭하는 말로 쓰였다.

더 훌륭하게, 더 빨리' 나아가도록 그녀를 몰아댄다.

삼십 대 초반 여성인 대니엘은 경쟁이 치열한 부동산 업계에서 상업용 부동산 회사를 경영한다. 그녀는 키가 크고, 똑똑하고, 아름답고, 매력적이다. 대니엘은 이 모든 장점을 자신의 사업에 최대한 이용한다. 그녀는 또한 냉혹하다. 3년 전에 세상을 떠난 아버지의 성공한 기업가 이미지를 사랑한다. 아버지는 건장한 체격에 풍채가 당당한 남자였고 무자비하게 가족을 지배하는 사람이었다.

아버지는 대니엘의 외모와 총명함에 칭찬을 아끼지 않았고 성(性)이란 불결한 것이니 멀리하라고 가르쳤다. 사업의 세계에서 자신이 겪는 어려움과 성공에 관해서도 말해주었다. 대니엘은 아버지의 믿음직한 친구였다. 대니엘이 십 대 소녀였을 적에 아버지는 어머니와 이혼했다. 어머니는 어린 대니엘을 육체적으로나 정서적으로 학대했다. 그리고 점점 더 주부의 역할을 제대로 하지 못하다 대니엘이 사춘기가 됐을 때는 알코올 의존증에 빠졌다. 아버지는 대니엘과 몇 살 차이 나지 않는 젊은 여자와 재혼했다. 아버지는 새 아내를 성적인 하녀 정도로 대했다. 그리고 공공연하게 외도를 저질렀다.

대니엘은 아버지의 사업을 돕고 싶었지만 아버지는 사업이 여자아이들에게 맞지 않는다며 허락하지 않았다. 아버지가 세상을 떠난 후에 대니엘은 자신의 사업을 시작했다. 그 일을 해낼 수 있다는 것을 스스로 증명하고 싶은 열망이 있었다. 아버지가 자신에게 가르쳐준 적이 없었던 것들을 안타까워하면서 사적으로든 업무적으로든 관계를 맺은 모든 남자들에게 분풀이를 했다. 대니엘은 자신의 무례함과 공격성 때문에 사업상 거래를 망쳤을 때 자신감 넘치는 여성을 받아들이지 못한다며 고객을 비난했다.

대니엘은 사업에서 실패했을 때, "아버지가 살아 계셨더라면 이런 일은 절대로 일어나지 않았을 거야, 아버지는 날 도와주셨을 거야!"라고 하면서 분노했다. 대니엘은 아버지가 살아생전 한 번도 자신이 독립하려고 노력하는 걸 지지해준 적이 없었다는 사실을 부정했다. 아무도 믿지 않았던 대니엘의 자궁경부와 질에 질병이 생기기 시작했다. 그녀는 자신의 부드러운 여성적인 면을 차단하고, 대부분의 여성을 무지하고 파괴적이고 나쁜 일을 묵인하는 부류로 여기고 몹시 경멸했다.

대니엘의 가장 큰 두려움은 재발하는 여성 질환이었다. 그녀는 자신과 진지하고 지속적인 관계를 맺지 못하는 남자들의 무능을 비난했다. 나는 심상 유도 요법을 사용해서 그녀가 질 주변의 쓰린 상처와 소통하도록 유도했다. 그러면서 그녀는 분노의 핵심에 가 닿았다. "아주 어린 나이에 어머니와 맞서 영웅이 되어야만 했다는 사실에 화가 나요. 난 어머니의 말도 안 되는 행동을 감당하기엔 너무 어렸어요. 아버지 자신은 세상에서 중요한 일을 하려고 밖에 나가 있으면서 내게는 그저 어머니를 무시하라고 말할 뿐이었어요. 아버지는 나를 보호해주지 않았어요."

"세상에서 성공하려고 애쓰는 일은 사실 내가 이해할 수 없는 영역이에요. 경쟁하려고 애쓰는 일도 솔직히 말해 이해할 수 없어요. 자격 미달이고 비정상적인 어머니를 경멸하고 아버지의 친구가 되면서 가족 내 권력 관계에서 항상 으쓱대는 위치에 있었기 때문에 나는 남들에게 우월감을 느끼고 참을성 없이 인간관계를 끝내버려요. 나는 불구예요. 이제 내겐 내 말을 들어주는 왕의 귀가 없어요. 아버지가 돌아가셨거든요. 그런데 아버지가 내게 뭘 주었던가요? 내가 그의 믿음직한 친구였기 때문에 나 자신이 중요한 인물이라고 오해했던 거요? 사실은 난 그저 미화된 시녀에 불과했어요."

"지금 난 내가 상대에게 진심으로 관심이 있다는 걸 어떻게 보여주어야 하는지 몰라요. 그리고 난 다른 사람들과 경쟁하는 것이 너무 두려워요. 나는 정상에서 출발하고 싶어요. 그런데 어떻게 기업을 효율적으로 경영해야 할지도 모르겠고, 그렇다고 다른 사람 회사에서 일하며 조금씩 승진하고 싶지도 않아요. 난 사람들과 타협하는 걸 잘 못해요. 특히 남자들과 그래요. 그냥 그 남자들을 믿을 수가 없어요."

대니엘의 아버지는 성공한 사업가가 되고자 하는 그녀의 목표를 방해했을 뿐만 아니라 좋은 인간관계를 맺을 수 있는 가능성도 빼앗아버렸다. 그는 자신의 아내들이나 대니엘의 이복동생들을 포함한 모든 여성들을 경멸했다. 대니엘의 언니는 십 대에 자살했다. 대니엘 자신은 면제되었다고 생각했지만 사실 아버지는 대니엘을 포함한 아버지 인생 안에 있는 모든 여자들을 자신의 목적을 이루는 데 이용했다. 대니엘은 자신을 치유하기 위한 작업을 계속해 나가면서 자신의 성에 관한 문제에서 여전히 아버지가 자신을 지배하고 있다는 사실을 깨달았다.

아버지에게 자신의 가치를 증명하기 위해 사업 세계에서 성공하려고 몸부림치는 많은 여성들이 경력에 도움이 되는 학력을 갖추었는데도 성공을 유지하는 데 어려움을 겪는다. 만일 아버지가 딸에게 여성은 사업을 하는 데 알맞지 않다는 식의 메시지를 전했다면, 그것이 직접적이었든 간접적이었든 간에, 딸은 실제로 무언가를 성취하는 일이 여성의 전형적인 성 역할에 맞지 않는다는 메시지를 내면화하게 된다. [17]

열등감과 완벽주의

젊은 여성이 속으로는 피 흘리며 메말라 가면서도 겉으로는 성공한 것처럼 보일 수도 있다. 많은 젊은 여성이 자신이 남성들과 다르다는 것, 그리고 여성이 열등하다는 태생적 공포 때문에 열등감을 메우려고 과잉 보상, 과로, 완벽함에 중독된다.

우리는 과정의 가치를 믿지 않고 다양성을 용인하지 않는 문화에서 살고 있다. 우리는 모두 완벽할 것을 요구받는다. 그리고 그것을 넘어서, 똑같은 방식이 안 된다면 서로 비슷한 방식으로 완벽해지기를 요구받는다. 우리는 미덕, 성취, 지성, 육체적인 매력의 표준에 맞취 살아야 한다. 그러지 못하면, 사회는 일반적으로 이상적인 사람이라고 여겨지는 모습에 우리가 스스로를 맞출 때까지 뉘우치고, 더 열심히 일하고, 공부하고, 다이어트하고, 운동하고, 더 좋은 옷을 입도록 부추긴다. 이렇게 우리 각자의 독특한 자질—이 경우에는 여성적인 것—은 괜찮아질 때까지 해결할 필요가 있는 '문제'로 규정되기 쉽다.[18]

어떤 여성들은 남성들처럼 생각하고, 남성들과 경쟁하고, 남성들의 게임에서 남성을 이기는 방법을 배우는 것에 크나큰 자부심을 느낀다. 이런 여성들은 영웅적인 성취를 이룬다. 하지만 많은 여성이 결코 '충분하지' 않을 거라는 느낌, 신경을 갉아먹히는 듯한 괴로움을 느낀다. 그들은 남성들과 같아지고 싶어 점점 더 많은 일을 한다. 가톨릭 집안에서 자란 나는 여성이 어딘가 부족하다는 인식은 여성이 신의 형상으로 창조된 것이 아니라는 데 뿌리가 있지 않을까 하는 생각을 자주 한다. 많은 여자아이들에게 아버지에 대한 경험은 하느님 아버지에 대한 경험과 같다. 즉 다른 생식기를 가지고 있기 때문에, 사랑하지만 멀리 떨어져 있고 심지어 두렵기까지 한 대상으로 경험하는 것이다.

낸시는 연기자와 정치 활동가로서 20년을 보내고 다시 법학 전문 대학원에 들어간 사십 대 초반의 여성이었다. 그녀는 자신이 학교 공부를 하면서 모든 과제를 완벽하게 해내려고 엄청나게 많은 시간과 기운을 낭비한다는 것을 알았다. 필요한 것보다 훨씬 많은 노력을 기울이기 때문에 언제나 과제를 끝낼 시간이 부족한 데다가 과제물을 늦게 제출했기 때문에 학점도 만족스럽지 않았다. 과제를 해낼 능력이 모자라지는 않는다. 다만 낸시는 지나치게 철저하게 하려고 애쓴다.

내가 누구를 위해 완벽한 답을 쓰려고 하느냐고 묻자 낸시는 "아빠."라고 대답했다. 낸시는 자신이 어릴 때 세상을 떠난 아버지와 나누었던 대화를 기억하며 말했다. 큰딸인 그녀를 아들처럼 대했던 아버지는 유머 감각이 남다른 화물차 운전사였다. 아버지는 "글쎄, 네가 아들이면 좋겠지만…… 네가 아들이 아니니까…… 9 곱하기 9는?"이라고 묻곤 했다.

"난 항상 아버지가 묻는 질문에 정답을 말했어요." 낸시는 기억을 떠올렸다. "스포츠 통계, 사전에 있는 가장 긴 단어, 각 주의 주도를 암기해놓고 방심하지 않으려 했죠. 그것이 기억력 훈련에는 도움이 됐어요. 하지만 난 여자아이라는 것이 어떤 것인지 도통 개념이 없었어요. 그저 아는 것이라고는 내가 남자아이가 아니기 때문에 내게 뭔가 문제가 있다는 것뿐이었죠. 그걸 만회할 방법을 생각해내야만 했어요."

이상적인 여성이 되는 것이 어떤 것인지에 관한 낸시의 인식은 그녀의 아버지가 규정한 것이다. 이미 남성이 되기 위한 신체적 도구가 결여되어 있었기 때문에 낸시가 선택한 차선책은 똑똑해지고 일을 완벽하게 처리하는 것이었다. 나의 아버지는 이렇게 말했다. "어떤 걸 제대로 해낼 수 없다면 애초에 하지 마라." 이 말은 최고로 해낼 수 없으면 시도하지도 말라는 금언으로 내 마음속에 자리 잡았다.

아버지와 벌이는 게임

어린 여자아이들은 아버지의 인정과 관심을 받으려면 어떤 게임을 해야 하는지를 일찍부터 배운다. 그들은 똑똑한 척, 귀여운 척, 수줍은 척, 유혹하는 척한다. 침실 안에서건 밖에서건 아빠에게 중요한 건 힘과 권위이다. 여자아이가 함께 시시덕거리는 첫 번째 남자는 아빠이다. 아빠가 어떻게 반응하는가가 딸의 성적인 발달에 결정적이다. 아버지의 따뜻함, 장난스러움, 사랑은 여자아이의 건강한 성에 매우 중요하다. 그렇지 않으면, 그녀에게 일차적으로 중요한 사랑의 대상은 계속 최초의 애착 대상인 어머니일 것이다. 그러나 아버지의 지배욕, 소유욕, 비판은 여자아이의 이성애적 발달을 훼손하고 파괴한다.

어린 딸의 성을 보호하는 보호자로서 자연스러운 역할을 무시하거나 남성적 지배욕 때문에 근친상간으로 딸의 정상적인 성적 발달을 침해하는 아버지라면 문제는 더욱 심각하다. 이런 아버지 밑에서 자란 딸은 여성으로서 '권리가 있다'는 사실을 깨닫고 자신의 성을 회복하는 일에 나머지 인생을 쏟게 될 것이다.

어떤 여자아이들은 아빠 주변에서 너무 똑똑하게 굴지 않는 것이 최선이라는 것을 배운다. 여자아이들은 조롱과 비판을 받거나, 인정받지 못하거나, 신체적 학대의 대상이 되기도 한다. 그들은 가족 안의 못난 남자들 틈에서 '똑똑한 체하지' 않는 법을 배운다. 그들은 재빨리 카드놀이, 체커(보드게임의 일종), 야구나 테니스 시합에서 아빠가 이기게끔 하는 법을 배운다. 그들은 자신의 야망을 잊고 자신들의 보스를 멋져 보이게 만드는 여성이 된다. 그리고 자신의 인생에 일어난 일에 그저 수동적이고 냉소적으로 씁쓸해할 뿐이다.

어린 시절 아버지로부터 긍정적인 관심을 받지 못해서 고통받았던 여자아이들은 그들이 맺는 모든 관계에서 아버지를 찾는다. 삼십 대 초반인 로레타는 스포츠 해설자인 잘생긴 아버지를 우상화했다. 하지만 그녀는 아버지의 관심을 끌 수가 없었다. 로레타는 아버지의 관심을 독차지한 운동 선수 형제들과 함께 자랐다. 어렸을 때 그녀는 얌전하고, 공상에 잠기기를 좋아하고, 숲에서 시간 보내는 것을 좋아했다. 운동에는 재능도 관심도 없었다. 로레타의 아버지는 그녀가 쓰는 동화를 비웃고 동물들과 하는 게임을 조롱했다. 어머니는 조용하고 우울했다. 로레타는 온통 남자들뿐인 그 세상으로 들어가는 방법을 몰라 결혼이라는 방법을 썼다.

"첫 번째 남편인 존은 마이너리그 야구 선수였어요. 존의 시합에 갔을 때, 나랑 같이 지정석에 앉도록 아빠를 초대했죠. 아빠는 남편의 경력은 면밀히 검토했지만 내 경력에는 아무런 관심이 없었어요. 시즌이 끝나고 존과 더 많은 시간을 보냈지만, 그럴수록 서로에게 아무런 공통점이 없다는 걸 더 확실히 알게 됐어요. 그래서 난 마이크와 재혼했어요. 그 사람은 나보다 나이가 많았고 꼭 아빠 같았어요. 그 사람도 스포츠를 좋아했지만 프로 선수는 아니었어요. 그래서 상황이 다를 거라고 생각했죠. 나처럼 작가였는데 그는 늘 내게 재능이 없다는 말을 했어요. 그 말을 3년 동안 들은 후에 나는 내가 꼭 어머니처럼 존재감이 사라지기 시작했다는 걸 알았어요."

"결국 마이크를 떠났어요. 상처가 치유되는 데 시간이 오래 걸리진 않았어요. 하지만 아버지가 나를 거부하면서 남긴 거대한 구멍을 메우려고 그런 남자들과 결혼했다는 사실을 깨달은 것은 그와 헤어지고 1년쯤 지난 후였어요. 나는 남자들을 만나는 일을 전부 그만두고 글쓰기에 전념했어요. 지금은 고등학교 교사인 남자를 만나고 있어요. 그 사람은 전혀 아빠처럼 보이지 않아요. 스포츠를 좋아하지도 않고 내가 생각하는 것에 흥미를 보여요. 우린 서로 너무 잘 맞아요. 내가 여자여서 좋다고 느끼는 건 처음이에요. 재혼하게 될지 어떨지 모르지만 이제 더는 아빠를 찾아다닐 필요가 없다는 건 알아요."

세상에서 자신의 일을 찾는 것은 여성 영웅의 탐색 중 한 부분이다. 자신의 일을 찾는 과정에서 여성은 자기 정체성을 찾는다. 여성이 자신의 감정과 생각과 영혼을 표현할 수 있으려면 부모나 다른 사람에게 기대지 않고 살아갈 수 있다는 것을 아는 것이 중요하다. 이 영웅적 탐색의 첫 단계에서 배운 것들은 세상을 사는 데 필요한 여성의 능력을 확실하게 길러준다.

성공과 성취를 위해 필요한 자질들이 오로지 남성들에게 영향을 받아 형성된다거나 이 자질들을 기르는 데 가장 중요한 역할 모델이 아버지라는 뜻은 아니다. 하지만 우리가 살고 일하는 이 사회 구조가 기본적으로 여성보다 남성을 더 가치 있게 보는 가부장 체제라는 것은 사실이다. 이런 현실이 분명히 바뀌고는 있지만 그 변화는 속도가 느리다.

외부 세계가 여성을 지속적으로 평가 절하하는 것은 여성이 자신을 내적으로 어떻게 느끼는지 그리고 여성성을 어떻게 이해하는지에 영향을 끼친다. 이제 여성들은 열등한 존재로 인식되는 걸 당연하게 받아들이려 하지 않는다. 오늘날 여성들은 가부장제에 대응해 아주 깊은 내적 변화를 겪고 있다. 이 내적인 움직임은 점차 사회 정책의 변화에 영향을 주고 있다.

성적 평등과 인종적 평등을 이루려면 아직 갈 길이 멀다. 하지만 여성성이 존중받는 가정에서 자라는 현재의 젊은 여성들은 더 건강한 가족과 더 건강한 사회적 관계를 만드는 데 관심을 쏟을 것이다. 그들 내면의 남성적 인물이 '가슴을 가진 남자'이기를!

3장   시련의 길에 오르다

여성이 열등함의 신화를 부수려면
분별의 숫돌에 칼날을 갈아 자신만의 진실의 칼을 지닐 필요가 있다.
여성에 관한 아주 많은 진실이 가부장적 신화 속에서 흐려졌기 때문에
여성들은 자신들의 앎을 표현하기 위해 새로운 형식, 새로운 언어를 개발해야 한다.
여성들은 자신의 목소리를 찾아야 한다.

괴물과 용을 만나다

여성 영웅은 문턱을 넘어 부모님이 있는 안전한 집을 떠나 자기를 찾아 길을 나선다. 언덕을 넘고 계곡을 지나고, 강물과 개울을 건너고, 메마른 사막과 어두운 숲을 가로질러 자기의 한가운데 있는 것을 찾으려고 미궁 속으로 들어간다. 그 길을 따라가면서 여성 영웅들은 막다른 길에 부딪치도록 속임수를 쓰는 괴물들, 그녀의 교묘한 꾀와 결연한 의지에 도전하는 적들, 피하고 우회하고 극복해야만 하는 장애물들을 만난다. 여성 영웅이 이 여행을 하기 위해서는 어둠을 밝힐 등잔과 미궁을 빠져나가게 해줄 실타래와 지혜가 필요하다.

그런데 지금 이야기가 너무 앞서 나가고 있다. 여성 영웅은 왜 한밤중에 저 바깥에서 미궁 속을 헤매고 있는가? 그녀가 찾는 보물은 무엇이며, 보물을 지키는 용은 누구인가?

여성 영웅은 캄캄한 밤중에 홀로 있다. 이것은 일종의 은유이다. 지금 그녀는 자신의 강점과 능력을 발견하고 자신의 약점을 확인하고 극복하기 위해 시련의 길을 헤매고 있다. 이것이 바로 그녀가 집을 떠나 여행을 하는 이유이다. 잘 알려진 것처럼 **가정**은 편안하고 안전한 곳이다. 그런데 학교, 새 직장, 여행, 인간관계는 모두 다른 사람들에게 투사하는 자신의 부정적인 모습뿐만 아니라 긍정적인 자질까지 살피고 경험해볼 기회를 준다. 이제 더는 자기 삶을 두고 부모나 형제, 친구, 연인, 상사를 비난할 수 없다. 이제 자신을 똑바로 바라볼 시간이다. 여성 영웅의 임무는 **자기** 안에서 진실의 칼을 꺼내고, **자신의** 목소리를 듣고, **자기** 운명의 행로를 선택하는 것이다. 그리하여 자신이 찾던 보물을 발견하게 될 것이다.

　여성 영웅은 내적 정신 세계의 길에서뿐만 아니라 외부 세계의 길에서도 장애물을 만나게 될 것이다. 외적인 시련의 길은 그녀를 예상되는 장애물 코스로 데려갈 것이다. 연속되는 그 장애물들을 통과해야 학위, 승진, 명망 있는 직함, 결혼, 경제적 성공이라는 혜택을 얻을 수 있다. 보물을 지키는 용들은 그녀에게 이렇게 속삭인다. 너는 절대로 이 일에 성공할 수 없을 거라고, 게다가 성공하기를 바라는 마음도 실은 별로 없다고. 그리고 네 앞에는 너보다 훨씬 자격이 있는 사람들이 많다고.

　때때로 이 용들은 그녀를 주눅 들게 하는 부모, 교사, 직장 상사의 모습으로 나타날 것이다. 하지만 가장 상대하기 힘든 용은 빈약한 기회, 저임금, 불충분한 보육 정책, 느린 승진으로 그녀가 가야 할 길을 계속 방해하면서도 "네, 당신이 원하는 것은 무엇이든 할 수 있습니다."라고 웃으면서 말하는 사회의 파충류이다. 이 용이 하는 말은 실제로는 "네, **우리**가 원하는 것을 당신이 원하는 한, 당신은 원하는 모든 것을 할 수 있습니다."라는 뜻이다.

괴물들은 여성 영웅의 길을 막고 그녀의 참을성, 결단력, 한계를 시험할 것이다. 동료들은 그녀를 짜증나게 할 것이고, 심의 위원회는 요구 조건을 바꿀 것이고, 사랑하는 이들은 애초에 그녀를 사랑했던 게 아니라고 선언할 것이다. 권력과 성공과 사랑을 얻기 위한 필요 조건으로 위장된 섹스와 조종의 게임이 그녀를 유혹할 것이다. 성공을 부르는 이 부적을 받아들였을 때, 그녀는 자신이 권력과 독립의 땅에 도착했다는 착각에 빠져 우쭐해할 것이다.

내면의 여정에서 여성 영웅은 예기치 않게 자기 의심, 자기 혐오, 우유부단, 무력감, 공포의 힘을 마주하게 될 것이다. 외부 세계는 그녀가 해낼 수 있다고 말하지만 그녀는 해낼 수 없다고 말하는 자기 마음속 악마와 전쟁을 치른다. "난 해낼 수 없어. 난 사기꾼이야." "사람들이 내가 어떤 사람인지 알게 된다면 절대로 날 신뢰하지 않을 거야." "난 튀고 싶지 않아. 성공하면 사람들이 날 싫어할 거야." "누군가 날 돌봐주던 때가 훨씬 더 좋았어." "난 이럴 자격이 없어." "내가 정말 여자라면 결혼을 하고 아이를 갖고 싶을 거야."

이런 식의 장황한 생각은 끝없이 이어지며 그녀의 명쾌한 사고, 자신감, 야망, 자존감을 갉아먹는다. 의존성의 신화, 여성의 열등함에 관한 신화, 낭만적인 사랑의 신화를 빈틈없이 수호하는 용들은 실로 무시무시한 적들이다. 이 여정은 겁쟁이를 위한 것이 아니다. 두려움의 밑바닥까지 내려가는 엄청난 용기가 필요한 여정이다.

머리 둘 달린 용, 모성과 경력 사이

의존성과 **욕구**, 이 두 단어는 여성들에게 불쾌한 단어다. 의존 상태는 여자아이들과 남자아이들의 정상적인 발달 단계에서 동일하게 나타나지만 **의존적**이라는 말은 대체로 여성을 연상시킨다. 여자아이들의 독립은 그다지 격려받지 못한다. 우리 사회는 남자아이들이 자율성을 갖도록 지지하는 것만큼 여자아이들을 지지하지 않는다. "오히려 여자아이들에게는 부모와 가족과 의존적인 관계를 계속 이어 가도록 강요하며 결혼 후에는 남편과 아이들에게로 의존적 관계가 옮겨 가도록 조장한다."[1]

여성들은 다른 사람의 의존 욕구를 배려하도록 요구받고, 미리 알아차리도록 어릴 때부터 훈련받는다. 여자아이들은 어머니가 이렇게 말하는 것을 듣는다. "목이 마를 거야. 시원한 물 한 잔 줄까?" "힘든 하루였구나. 피곤하지? 저녁 먹기 전에 침대에서 좀 쉴래?" "그 팀에 들어가지 못해 무척 실망했겠구나."

여성들은 다른 사람들이 필요로 하는 것을 미리 알아차리는 방법을 배우면서 의식적으로 혹은 무의식적으로 자신의 욕구도 남들이 알아주고 살펴줄 거라고 기대한다. 남들이 자신의 욕구를 배려하지 **않는** 것을 보면 도리어 **자신**에게 문제가 있다고 느낀다. 어쩌면 그런 욕구가 있다는 것을 부끄러워할지도 모른다.

여성이 자신의 필요를 충족하려고 무언가를 요구하는 경우에는 지나친 요구를 한다거나 애정에 굶주려 있다거나 의존적이라고 여겨진다. 하지만 사실은 단지 배우자, 연인, 친구, 자녀들이 채워주지 않은 정상적인 욕구일 뿐이다.[2] 이 정상적인 욕구에는 자기 자신을 위한 시간, 자신만의 공간, 이야기를 들어줄 사람, 애정 어린 포옹, 자신의 재능을 살릴 기회가 포함될 수 있다. 정상적인 욕구가 거부당했을 때 그녀는 자신의 필요나 욕구를 채우는 활동을 할 **권리**가 없다고 느끼기 시작한다. 왠지 자신에게는 아무런 권리도 없다고 여기기 시작하는 것이다.

어떤 여성들은 배우자의 자아를 강화하거나 배우자를 보호하느라 의존적으로 행동한다. 남편이 강해지려면 아내가 약해야만 한다는 암묵적인 관계의 법칙이 있다. 이 신화는 한쪽이 자신을 약화시키면 배우자가 성공할 수 있다고 말한다. 즉, 남성의 힘이 아내의 약함을 대가로 하여 나온다는 것이다. 이 신화는 단지 이성 관계에만 해당되는 것은 아니다. 우리의 여성 영웅은 다른 한쪽—남편, 동료, 연인, 자녀—이 자기(self)를 획득할 수 있도록 '**그녀** 자신(herself)'을 포기한다. 여성이 다른 사람을 위해 이렇게 무의식적으로 자기를 희생하거나 '선물'을 주는 것은 그녀에게 자기 가치감을 주고, 기존 체제가 평형 상태를 유지할 수 있게 해준다. 해리엇 골드허 러너는 《여성 심리 치료》에서 이렇게 말한다.

많은 여성이 수동-의존적 태도를 취하는 것은, 자신의 가장 중요한 관계가 지속되도록 상대적으로 약자의 위치에 남아 있어야 한다는 무의식적인 확신 때문만이 아니라 다른 사람을 받쳐주고 보호하려는 무의식적인 동기 때문이기도 하다. 지적으로 해방된 여성들도 독립적으로 생각하고 행동하기 위해 자신의 능력을 발휘할 때 다른 사람들, 특히 남성들에게 '상처 주는' 것을 무의식적으로 두려워하고 죄책감을 느낀다. 실제로 자기 삶의 조건들을 좀 더 분명하게 규정하기 '시작하는' 여성들은 흔히 남성들을 약화시키고 아이들에게 상처를 주거나 혹은 어떤 면에서 다른 사람들의 삶을 파괴한다는 비난을 받는다.[3]

여성들은 대개 배우자가 기대하거나 원하지 않는 경우에도 '다른 사람'을 우선순위에 두는 태도를 취하겠다고 마음속으로 다짐한다. 어린 여자아이가 가족의 역학 관계를 지켜볼 때 이러한 태도가 무의식에 스며든다. 아이는 어머니가 자신의 욕구를 마지막 차례에 두는 것을 보고 배운다. 그런데 자신의 관심을 놓고 겨루는 '다른 사람'이 자기 자신의 한 부분일 때 흥미로운 상황이 펼쳐진다. 이때는 해결책을 거부하는 끈질긴 내적 갈등을 해결해야만 한다.

남편이 코카인 중독에서 회복 중인 오십 대 초반의 작가 린의 경우가 그랬다. 남편이 약물을 과다하게 복용하던 기간에 린 부부는 별거를 했다. 린은 시나리오 작가로 큰 성공을 거두면서 경력을 쌓아 갔다. 두 사람이 화해를 하고 남편이 중독에서 벗어나기 시작하자, 린은 한편으로는 계속해서 글을 쓰고 독립적으로 가족의 수입에 기여하고 싶은 욕구와 다른 한편으로는 그녀가 경력을 좇는 것이 가정을 위험에 빠뜨린다고 말하는 내면의 목소리 사이에서 끊임없이 씨름해야 했다.

린은 자신의 시간과 에너지에서 누가 더 큰 몫을 차지할 것인지를 놓고서 말싸움을 벌이고 불평을 해대는 미끌미끌하고 머리가 둘 달린 용의 손아귀에 붙들려 있었다. 그녀 안의 작가는 한 번도 만족한 적이 없으며, 모성은 모성대로 인정이나 사랑을 받지 못하는 것처럼 느꼈다. 둘의 계속되는 갈등은 린의 창조성을 고갈시키고 정신적으로나 감정적으로 그녀를 기진맥진하게 만들었다.

나는 린에게 머리 둘 달린 용이 주고받는 대화를 써보게 했다. 아래의 대화에서 모성은 부드럽고 사과하는 목소리로 말하고, 작가는 강하고 화난 목소리로 말한다. 가끔씩 서로 자기가 누구인지 혼동하기도 한다.

작가 : 글 쓰러 가. 늦었다고. 이러고 있을 시간이 없어. 게다가 넌 글

쓸 준비가 될 때까지 시간이 많이 걸리잖아. 그만해. 떨쳐버리라고. 딴 사람에게서 손 떼!

모성 : 내가 바로 그 딴 사람이야. 나라고. 내가 진짜 너야.

작가 : 그게 정말인지 잘 생각해봐. 내가 하고 싶은 말은 이게 다야.

모성 : 난 아침에 일어나는 사람이야. 그리고 침대를 정리하고 애들 아침밥을 차려주고 설거지를 하고 집을 치워. 그 일을 해야만 해.

작가 : 왜? 너 때문에 글 쓰는 데 속도가 안 나. 날 방해한다고.

모성 : 내가 없으면······.

작가 : 만약 네가 없다면, 시간이 좀 더 많아질 거야.

모성 : 내가 없었다면, 넌 포기했을 거야. 네가 계속할 이유를 주고 존재할 이유를 준 게 나였어. 나는 너의 정신적 지주야.

작가 : 넌 날 바닥까지 끌고 가. 네가 해야 할 일 속에서 질식할 것 같아. 날 완전히 고갈시킨다고. 아침에도 피곤하게 만들어. 너에 대한 생각을 멈출 수가 없어. 넌 네가 필요로 하는 것과 그들이 필요로 하는 것의 차이를 몰라. 넌 나를 완전히 바닥나게 해. 내겐 네 찌꺼기를 줄 뿐이야.

모성 : 바닥난 건 바로 나야. 난 내 시간을 충분히 가져본 적이 없어. 그들은 내가 더 필요하다며 좀 더 관심을 달라고 소리쳐. 아이들, 남편, 또 다른 사람들. 더, 더, 더. 그들을 행복하게 해주고 싶어. 한데 너무 어려워. 그들은 항상 더 많은 걸 원해. 너도 그렇고.

작가 : 난 더 많이 받을 자격이 있어.

모성 : 내가 더 많이 받을 자격이 있어. 난 살아 있을 자격이 있다고. 내가 원할 때 화장실에 갈 거야. 꼭 가야 할 때 혼자서 말이야. 신선한 공기도 좀 쐬고. 춤도 추고 싶으면 춤도 출 자격이 있다고.

작가 : 넌 그걸 할 수 없어. 내 시간을 뺏으면 안 돼. 나는 너를 살아 있게 해주잖아. 내가 너에게 신선한 공기야. 내가 아니었다면 넌 진작 무너졌을걸.

모성 : 내가 없었다면 네가 진작 포기했을 거라고.

작가 : 날 방해하지 좀 마!

모성 : 네가 **날** 방해한 거야!

작가 : 난 그러도록 되어 있어. 난 그럴 자격이…….

모성 : 난 좀 더 받을 자격이 돼. 난 원한다고. 좀 더 많은…….

작가 : 뭘? 뭘 원하는데?

모성 : 시간!

작가 : 난 시간이 더 필요해! 너에게 줄 시간 따윈 없어!

모성 : 난 기분이 좋다는 느낌을 느껴보고 싶어. 좋은 느낌을 잊어버렸어. 조금만 더 좋은 기분! 조금만 더 나아지면 어느 정도 만족할 거야!

작가 : 난 너보다 더 그걸 원한다고. 네가 좋다고 느낄 때 나도 좋다고 느껴. 그리고 어떤 것들을 잘해 나갈 수 있다고…….

모성 : 그럼 내가 좋다고 느끼게 해줘. 나에 관해서 말이야.

작가 : 그건 네 문제야. 행운을 빈다, 이 바보야.

모성 : 난 그게 필요해……. 더 많이 필요해…….

작가 : 시간? 그럼 잠을 줄여.

모성 : 하지만 난 너무 피곤해서…….

작가 : 그럼 나 좀 내버려둬. 저리 좀 가. 조용히 해.

모성 : 그럴 수가 없어.

작가 : 알아. 나도 그럴 수가 없어.

각자 **자기**를 유지하기 위해 싸워야 하는 두 여자의 진을 빼는 대화는 약간씩 변주되면서 끊임없이 반복되었다. 다른 사람이 우선순위가 되는 것은 문화적 명령과 가족 내의 명령으로 강화된다. 여성의 자율성, 성장, 발달을 고려하는 것은 두 번째나 세 번째 혹은 네 번째 순서가 된다.

의존성의 신화에 맞서려면 여성 영웅은 여성의 의존성에 관한 가족들의 암묵적 태도와 그러한 체제의 균형을 유지하도록 어떻게 그 태도를 내면화할 수 있었는지, 혹은 어떻게 내면화하지 않을 수 있었는지 파헤쳐야 한다. 자신의 어머니를 능가한 여성들은 적잖은 죄책감과 불안을 느낀다. 자신의 성공을 모녀 관계의 배신으로 느끼고 어머니를 뒤에 남겨두는 것에 죄책감을 느끼는 것이다.

현재와 과거의 인간관계에서 자신의 의존성 때문에 어떤 일이 일어났는지를 이해하고 인식하는 것도 중요하다. 자신의 자율성과 성공을 다른 사람들이 침범하지 못하게 할 필요가 있다는 것을 의식하지 못하고 있을지도 모른다. 이 필요를 깨닫는다면 자신이 꼭 성장할 수 있도록 자신에게 너그러워져야 한다. 또 자신이 충족할 가치가 있는 건강한 욕구를 느낀다는 것을 인정해야만 한다. 자신의 필요를 채워주지 않는 인간관계, 학교, 업무 환경에 처해 있다면 그곳에서 빠져나올 권리가 있다.

지난 20년 동안 남녀 역할의 재고찰과 변화하는 가족에 관한 연구가 많이 이루어졌다. 연구 결과는 "가족과 평등의 문제가 충돌한다고 보이지 않는 한, 오늘날 모든 여성들은 사실상 가정 내에서건 밖에서건 가족과 자기 자신 사이에서 중요한 것들을 공평하게 분배한다."[4]는 것을 보여준다.

우리 세대의 여성들은 이전 세대의 여성들이 검토할 필요가 없었던 모성과 경력 사이에서 선택에 직면했다. 경력을 위해 어머니가 되는 길을 연기하기로 선택한 여성들은 삼십 대 중후반에 이르러 자신이 가족을 이룰 배우자를 찾지 못했거나 또는 직장에서 성취한 지위, 권력, 경제적 보상을 포기하고 싶지 않은, 마음 불편한 상황에 처해 있음을 알았다.

여성들이 자율성의 욕구와 생산성*의 욕구라는 양립하기 쉽지 않은 문제들을 받아들이는 데는 사회의 태도 변화와 남성들의 지원이 필요하다. 이런 것을 반영하는 입법 정책과 직장이나 가정에서의 융통성 있는 역할 배분은 결국 이제까지 여성들이 경험하고 보였던 의존성을 변화시킬 것이다. 여성 영웅은 이제 다른 사람들의 성장과 발달을 위해 자신을 포기하지 않아도 될 것이며, 자율과 성취와 양육이 여성의 자질로 받아들여질 것이다.

'열등한 여성'이라는 신화

최고의 노예는
채찍질당할 필요가 없다.
그녀는 스스로 자신을 때린다.

가죽 채찍이나
몽둥이나 나뭇가지나
검은 가죽 곤봉이나
경찰봉이 아니라
혀라는 섬세한 채찍과
자신의 정신에 스스로 맞서는 그녀 정신의
교묘한 매질로.

생산성(generativity) 독일 출신의 정신분석학자 에릭 에릭슨(Erik Erikson)의 발달 단계 이론에 나오는 개념. 에릭슨에 따르면, 인간은 전 생애에 걸쳐 진행되는 발달의 8단계 중 7단계인 성인 중기에 이르러 '생산성 대 자기 침체'의 과정을 겪는다. 생산성이란 좁게 말해 자녀를 낳고 기르는 것을 말하지만, 넓은 의미로는 다음 세대에게 자신의 능력이나 가치를 전수하는 모든 활동을 의미한다. 에릭슨은 이 시기에 생산성을 제대로 발휘하지 못하면 과도한 자기 몰두, 공허, 지루함 등의 '자기 침체'가 나타난다고 보았다.

그 누가 그녀 자신을 증오하는 반만큼이라도
그녀를 증오할 수 있을까?
그 누가 그녀의 절묘한 자기 학대와 겨룰 만큼
그녀를 괴롭힐 수 있을까?

그러려면
오랜 훈련이 필요할걸.
　　—에리카 종(Erica Jong), 〈아름다운 여행에서 돌아오는 알케스티스˚〉

　사회가 여성의 자질을 폄하하기 때문에 여성은 여성으로서 자신을 가치 있게 보지 않는 것 같다. 여성은 결핍된 존재로 여겨지고 여성 스스로 자신을 그렇게 여기며 열등하다는 신화를 벗어던지지 못한다. 그녀는 주변에서 자신만큼 똑똑하거나 창의적이지도 않고 야망이 크지도 않은 남성들이 성취를 이루어내는 것을 본다. 그들의 성취는 여성을 혼란스럽게도 하지만, 지금껏 관찰해 온 문화적 관점을 다시 한 번 확인해준다. "남성이 우월해." "여성들은 자신만의 고유한 가치가 없어. 여성의 가치는 남성들이나 자녀와의 관계에서 나오는 거야." 여성은 여성이 열등하다는 신화를 받아들이고 이 결함 있는 관점으로 자신의 기량과 지

알케스티스(Alcestis) 그리스 신화에 나오는 신. 테살리아의 왕 아드메토스의 왕비. 남편 대신 죽었으나 헤라클레스가 이승으로 데려왔다고 한다.

식을 평가한다. "내가 단지 좀 더 ……을 하면, 좀 더 열심히 노력하면, 내가 착한 아이라면, 저 학위를 따면, 저 옷을 입으면, 저 차를 타면, 만일…… 만일…… 만일…… 그럼 난 괜찮을 텐데."

여성은 자기 혐오를 내면화하고 자기 증오의 목소리를 아버지와 어머니의 목소리처럼 받아들이기 시작한다. 이 내면의 비평가는 남성인 괴물 폭군이나 사악한 마녀 중 하나로 의인화되어 드러나기도 한다. 그것들은 살해당해야 할 것들이다. 여성들은 자기 자신에게 분노를 표출하게끔 사회화되어 있기 때문에, 그들이 경멸하는 첫 번째 표적은 어머니가 될 가능성이 높다.[5] 앞에서도 언급했듯이 대부분 동화에서 어머니를 어떻게 다루는지 살펴보면 이 점을 확인할 수 있다. 어머니들은 모두 비명에 가거나 섬뜩한 죽음을 맞는다. 나는 자주 여성 내담자들에게 어머니를 경멸하는 대신에 그 잔소리꾼 여성 비평가가 휴식과 기분 전환을 취할 수 있도록 하와이로 장기 휴가를 보내라고 제안한다.

괴물 폭군 죽이기

성난 군중으로부터 도망치는 꿈을 꾼다. 교황과 함께 역대 교황의 묘실에 있다. 그 방은 대리석 석관으로 가득 차 있다. 각각의 관에는 관 주인의 입상이 새겨져 있다. 교황이 칼을 꺼내서 전임자 중 한 사람의 석상의 안면을 찌른다. 모든 회랑에서 우리를 비난하는 사람들이 다가오는 소리가 들린다. 밖으로 안전하게 탈출할 통로가 없다.

이 꿈은 21년 전 내 의지와 상관없이 혼전 서약서에 서명했던 카타콤°을 떠올리게 한다. 당시 난 임신 중이었는데 어머니는 내가 체면을 잃은 것을 몹시 부끄러워하면서 우리 집이 속해 있던 교구가 아닌, 우리가 살던 주 밖에 있는 성당에서 결혼을 하라고 요구했다. 어머니는 불명예스런 일을 친척들이 목격하는 것을 원치 않았다.

약혼자와 나는 어머니의 요구를 따랐다. 그리고 한 신부가 우리에게 결혼에 아무런 '장애'가 없다는 것을 확인하는 서약서를 내밀었다. 그 당시 결혼에 장애가 되는 것 중 하나가 임신이었다. 나는 명백한 이유로 서약서에 서명하기를 거절했다.

신부는 상급자를 만나도록 성당의 지하실로 나를 데리고 갔다. 뚱뚱한 수도사는 자신의 갈색 수도복 솔기를 잡아당기며 책상을 사이에 두고 나와 마주 보고 앉았다. 그러고는 서약서에 서명하지 않으면 결혼할 수 없다고 말했다. 나는 임신했다는 걸 알면서 어떻게 서명할 수 있겠느냐고 물었다. 수도사는 그건 중요하지 않다고 대답했다. 난 두려웠고 모욕감을 느꼈다. 동시에 교회의 편의를 위해 나에게 거짓말하기를 원한다는 의심이 들었다. 나는 서약을 거부했다.

카타콤(catacomb) 초기 기독교 시대의 비밀 지하 묘지. 로마 황제의 박해를 피해 죽은 사람을 그곳에 매장하고 예배를 보기도 했는데, 소아시아·북아프리카·남부 이탈리아 같은 지역에 널리 있지만 로마 교외의 것이 가장 대표적이다.

설득하다 지친 수도사는 그의 사무실인 석실을 떠나며 내 결정을 재고하라고 했다. 몇 분이 지나고 약혼자가 지하실로 와서 이런 규칙들과 위선으로 이루어진 신의 거처를 떠날 수 있도록 그 절차에 따르라고 요구했다. 나는 그의 제안에 질겁했다. 그가 날 구해내고 그들에게 꺼지라고 말할 거라고 기대했기 때문이었다. 그러나 그는 내 기대와 달리 사제들의 압박에 가담했다. 나는 수치스럽고 기진맥진해서 결국 굴복했다.

이제 나는 옛날의 내가 아니다. 남성적 권위와 힘을 상징하는 이 고대 석상은 예전 방식으로 나를 쥐고 흔들지 못한다. 나는 교황으로부터 칼을 받아서 이 고대 석상의 얼굴을 더 깊이 찌른다. 이제는 다른 사람의 비위를 맞추거나 내 뜻과 다르게 행동할 필요가 없다. 내게는 다른 선택지들이 있고 그것을 실행할 용기도 있다.

여성이 열등함의 신화를 부수려면 분별의 숫돌에 칼날을 갈아 자신만의 진실의 칼을 지닐 필요가 있다. 여성에 관한 아주 많은 진실이 가부장적 신화 속에서 흐려졌기 때문에 여성들은 자신들의 앎을 표현하기 위해 새로운 형식, 새로운 스타일, 새로운 언어를 개발해야 한다.[6] 여성들은 자신의 목소리를 찾아야 한다.

여성 영웅이 소통의 능력을 키우면 다양한 유형의 사람들과 조화롭게 지낼 수 있다. 그녀가 용기 있게 자신의 전망을 제시할 때 다른 여성들은 그들 자신의 모습과 말을 신뢰할 수 있는 용기를 얻는다. 우리가 여성들의 그림을 더 많이 보고, 여성들의 시와 연극을 더 많이 감상하고, 여성들이 안무한 춤을 더 많이 보고, 여성들이 디자인한 환경 예술 작품을 더 많이 감상할수록 여성들의 목소리를 더욱 가치 있게 평가할 것이다. 여성 각자가 여성의 열등함이라는 신화를 떨쳐버릴 때, 그 일을 해낸 여성은 다른 여성들의 역할 모델이 된다.

여성은 자신의 여성성이 가치 있다고 주장해야 한다. 여성은 어떤 여성적 방식으로든지 자신이 이 사회와 문화에 본질적으로 가치 있는 기여를 하고 있음을 깨달아야 한다. 그것은 관계에서 더 많이 공감하는 능력일 수도 있고, 탁월하고 믿을 만한 미적 성향이나, 타인을 보살피려는 이타적 욕구를 통한 기여일 수도 있다. 이러한 종류의 자존감을 통해, 여성은 남성과 그리고 자기 내면의 아니무스와 동등한 동반자 관계를 맺을 수 있다. 남성들이 만든 제도에서 승인받기를 바라거나 남성들의 세계에 적응하기 위해 다른 여성들을 업신여기면서 남성을 모방하는 여성은, 남성들이 그저 '남성이라는 성별을 가진 인간'임을 알 필요가 있다. 남성이라는 성(gender)에는 본질적으로 어떠한 마술적 힘이나 권위도 내재되어 있지 않다.[7]

낭만적인 사랑의 신화

낭만적인 사랑의 신화에서 여성은 자신의 모든 문제를 해결해 줄 거라고 생각되는 연인이나 아버지나 구원자를 찾는 모습으로 그려진다. 그녀는 성취에 관한 잘못된 생각의 피해자이다. "이상형의 배우자를 찾는다면 행복해질 거야." "제대로 된 상사를 만나면 빨리 승진할 텐데." "권력을 쥔 남자와 함께라면 나도 권력을 누릴 텐데." "난 그의 경력, 사업, 글쓰기를 도와줄 수 있어." 이러한 생각의 이면에 숨겨진 메시지는 "나는 **내가** 뭘 원하는지 알아낼 필요가 없을 거야. 나는 **그의** 인생을 살 수 있어."이다.

사회가 기대하는 대로 남성들은 여성을 보호하고 여성이 스스로 자신의 여정을 떠나는 것을 막는다. "그녀를 완성하고 보호한다고 약속함으로써 남성들은 여성은 힘든 영웅의 여정을 떠날 필요가 없다는 믿음을 영구화한다. 남성들은 여성을 위해 용들을 죽일 것이다."[8] 남성의 자아감은 여성을 구조함으로써 고양된다. 로스앤젤레스의 '분석심리학 연구회'가 최근에 남성적 원리(masculine principle)에 관한 강연을 열었는데 그 강연 제목이 좋은 예이다. '빛나는 갑옷을 입은 기사가 곤경에 빠진 처녀를 구하러 가다 : 속셈이 따로 있는 결혼'

여성은 기다리는 사람이다. '아빠의 귀여운 딸'은 창가에 앉아 유리창에 코를 박은 채 어둠 속을 응시하며 아빠의 자동차 헤드라이트 불빛이 나타나기를 기다린다. 사춘기가 되면 그 사람이 전화할 시간을 고대하며 전화기 옆을 떠나지 않는다. 그녀는 첫 키스, 첫 데이트, 첫 오르가슴을 기다린다.

여성들은 고대하며 기다리는 사람으로 길들여진다. 그다음으로 보게 되는 여성의 모습은 남편이 직장에서 집으로 돌아오는 것을 기다리면서 새로 태어난 아이에게 젖을 먹이는 어머니의 모습이다. 남편은 그녀에게 바깥세상과 이어진 연결 고리이다. 그는 모든 것을 보살펴준다. 여성은 자신의 인생이 시작되기를 기다린다. 그녀는 이런 속삭임을 들어 왔다. "넌 너 자신만으로는 충분하지 않아." "넌 완성될 필요가 있어." "넌 다른 사람이 필요해." "넌 기다려야 해."

대부분 동화에서 여주인공은 기다림의 상태, 무의식의 상태에서 꺼내어진다. 그리고 즉시 더 멋진 상태로 극적으로 탈바꿈한다. 이 마법 같은 변화의 촉매는 대개 남성이다. 백설공주, 신데렐라, 라푼첼, 잠자는 숲속의 미녀까지, 모두가 같은 왕자에 의한 약간씩 다른 변주곡을 공유한다! 하지만 여주인공의 변화는 실제로 외부로부터 구조를 받은 결과가 아니라 오랫동안 내면에서 피나는 성장과 발달을 할 때 일어난다.

에로스와 프시케

프시케와 에로스 신화는 프시케가 환상 속의 사랑을 찾는 마법에 걸린 데서 시작해 프시케가 진정으로 낭만적인 사랑을 이루는 것으로 끝난다. 에로스는 죽음이라는 운명으로부터 프시케를 구해내면서 처음으로 그녀와 관계를 맺게 되는데, 그후 그녀에게 필요한 모든 것이 완벽히 갖추어진 자신의 왕국으로 그녀를 데려간다.[9] 에로스는 프시케에게 자신이 모든 것을 알아서 할 테니,

존 윌리엄 워터하우스, 〈에로스의 정원에 들어서는 프시케〉, 1903년.

어디에서 살 것인지 또는 어떻게 먹고살 것인지 신경 쓰지 말라고 말한다. 그 대신 밤에 자신의 모습을 확인하려 들지 말고 낮에 어디서 뭘 하는지 묻지 말라고 당부한다.

프시케는 에로스가 괴물일 거라고 확신하는 언니들의 부추김을 받아 남성의 우월함이라는 신화에 도전한다. 밤이 되어 에로스가 곁에서 잠이 들었을 때 프시케는 에로스의 명령을 거스르고 그를 보기 위해 등잔 불을 켠다. 등잔의 기름이 흘러 에로스의 어깨에 한 방울이 떨어졌고 그 바람에 에로스가 잠에서 깨어난다. 에로스의 신성(神性)을 알아본 프시케가 그에게 매달리지만 에로스는 자신의 어머니인 아프로디테에게로 달아나버린다. 프시케는 에로스의 명령에 불복종했고, 그는 이 경솔한 아내를 참을 수 없었던 것이다!

《She: 신화로 읽는 여성성》에서 로버트 A. 존슨(Robert A. Johnson)은 에로스의 모습을 보고 싶어 하는 프시케의 욕망을 '여성 안에 존재하는 남성'의 권위에 대한 여성의 도전에 비유한다.

여성은 대개 삶에서 일정 기간 동안 자기 내면에 존재하는 남성 혹은 내면의 신인 아니무스의 지배를 받는다. 의식적으로는 거의 인식하지 못하지만 내면의 에로스는 여성을 낙원에 살게 한다. 질문은 허용되지 않는다. 그와 진정한 관계를 맺을 수도 없다. 그에게 지배당하는 줄도 모른 채 완벽하게 그의 지배 아래에 놓인다. 그러다 마침내 여성이 아니무스의 지배권에 도전하면서 "이제 난 너의 실체를 들

여다볼 거야."라고 선포할 때, 이 일은 여성의 내면의 삶에서 가장 위대하고 극적인 사건이 된다.[10]

에로스가 그녀를 떠나자, 프시케는 슬픔에 젖어 스스로 목숨을 끊으려 한다. 그때 목신(牧神) 판(Pan)이 에로스를 찾으려면 사랑의 여신 아프로디테에게 도움을 청하라고 귀띔해준다. 프시케는 아프로디테를 찾아갔지만 그녀를 경멸하는 아프로디테는 프시케에게 점점 더 어려워지는 여러 시험을 치르게 한다.

첫 번째 과제로 온갖 종류의 곡물이 뒤섞인 거대한 곡식 더미를 종류별로 분류하면서 프시케는 '분별'을 배운다. 그다음 과제는 사나운 양들의 황금 양털을 가져오는 것이었다. 프시케는 갈대가 알려준 대로 나뭇가지에 걸린 황금 양털을 거두어들인다. 이 과정에서 자연의 힘에 정면으로 맞서지 않는 법을 배운다. 세 번째 과제에서 그녀는 부탁하는 법과 한계를 분명히 하는 법을 배운다. 스틱스 강의 한가운데서 가져온 물로 크리스탈 잔을 채우면서 한 번에 인생의 한 국면에 집중하는 법을 배운다. 네 번째 과제에서 그녀는 친절을 베풀고 싶은 마음을 누르는 법을 배운다. 프시케는 지하 세계로 내려가는 길에서 자신의 주의를 분산시키는 이들을 돕기를 거절한다. 지하 세계에서 그녀는 페르세포네에게서 아름다움이 담긴 상자를 구해 아프로디테에게 가져가야 한다. 이 과정에서 프시케는 자신이 인간에 불과하다는 것을 일깨워주는 실패를 경험하고, 자신이 할 수 없는 일에 분명하게 선을 긋고, 원치 않는 일에 '아니오'라고 거절한다. 그녀는 완전한 존재가 되기 위해 자신의 오랜 삶의 방식을 버려야 한다.

시련을 겪는 내내 프시케는 도움을 얻는다. 개미들이 씨앗을 분류해주고, 갈대가 황금 양털을 모을 수 있는 방법을 말해주고, 독수리가 크리스탈 잔을 채워주고, 탑이 지하 세계로 내려가는 여정을 가르쳐준다. 마지막에 에로스는 프시케를 죽음과도 같은 잠에서 구출해 그녀를 올림푸스 산으로 데리고 가 여신이 되게 한다. 자유자재로 변신할 수 있는 에로스는 프시케의 조력자들 중 한 명이다. 이때 에로스는 내면의 긍정적인 남성 안내자이다.

로버트 A. 존슨은 여성이 자율성을 찾는 과정에서 내면의 남성이 중요하다는 점을 언급한다. "에로스는 강해지고, 치유받고, 장난꾸러기 소년에서 프시케의 배우자로서 자격을 갖춘 성인 남성으로 변화하는 여성의 아니무스이다. 이 모든 것은 프시케의 노고와 에로스의 협력으로 이루어진다. 그 결과 그는 그녀를 구원한다."[11]

에로스와 프시케는 결혼한다. 그리고 '기쁨'이라는 이름의 딸을 낳는다. 프시케는 시련을 견디면서 완전히 달라졌다. 그녀는 더는 낭만적인 사랑이라는 마법의 주문 속에서 살지 않는다. 스스로 자신의 고통을 이겨내고 여신이 되었다. 프시케는 동등한 존재로서 에로스와 결혼하고 참된 사랑을 이룬다.

환상 속의 사랑을 찾으려 애쓰는 많은 여성이 융자금, 보험, 자동차 할부금, 이사 따위 잡다한 세상사 걱정을 해결해줄 수 있는 반인반신을 배우자로 원한다. 그래서 그가 잘못된 결정을 내린다면 자신들에겐 책임이 없다. 여성 영웅은 자신의 배우자에게서 신화성을 없애고 자신의 인생에서 책임감을 되찾는 용기를 내야 한다. 스스로 어려운 결정을 하고 자율성을 획득해야 한다. 자신의 성취가 연인의 손에 달려 있다는 믿음으로부터 여성이 자유로워지거나 스스로를 자유롭게 할 때, 진정으로 낭만적인 사랑을 나눌 수 있는 동등한 동반자를 찾을 수 있다.

4장   성공의 덫에 걸리다

스스로 딸을 충분히 사랑할 만큼 좋은 사람이라고 생각하지 않는 어머니들이 느끼는
자기 모멸의 그늘에서 자란 여성들은 자신을 여성이라고 여기지 않을뿐더러 자신의
어머니가 이루지 못했던, 완벽한 어머니이자 사회에서 인정받는 여성이 되려는 슈퍼
우먼의 덫에 빠지기 쉽다.
— 베티 프리던(Betty Friedan), 《두 번째 무대》

슈퍼우먼 환상

시련의 길에서 여성은 길들여진 자신의 한계를 뛰어넘는다. 이 과정은 공포와 눈물과 트라우마로 가득 찬 지독히 힘든 시간이다. 아동기와 청소년기에 여성은 부모나 교사나 친구들의 기대에 부응하는 역할에 자신을 맞추도록 빚어졌다. 그 기대를 넘어서서 나아가기 위해서는 자신을 길들이려는 이들에게서 달아나야 한다. 보호의 정원을 뒤로한 채 길을 떠나 자기 의심과 의존의 용을 죽여야 한다. 이것은 위험한 여정이다.

여성이 학문의 길을 선택한다면 어떤 학문을 전공할 것인지 초기에 결정을 내려야만 한다. 그녀는 학위를 받지만 졸업 증서가 성공의 보증 수표가 아니라는 사실을 곧 알게 된다. 모든 이들이 같은 자리를 놓고 경쟁한다. 그녀는 대학원에 진학하거나 취직을 한다. 혼자 힘으로 자신을 책임지고 자신의 결정과 성취를 바탕으로 삼아 자기 주변에 새로운 세계를 만든다.

여성이 직업의 세계를 선택한다면 출세를 향한 계단에 첫발을 내디딘 것이다. 그녀는 승진의 사다리에 올라 중간 관리자가 되거나 자신의 사업을 시작한다. 회의에 참석하고 이국적인 휴가를 즐기고 지역 사회에서 적극적으로 활동한다. 누군가를 사랑하게 되고 결혼을 한다. 하지만 배우자가 그녀 자신의 가치를 규정하지는 않는다. 그들은 구매 조건부로 집을 임대하고 출산을 계획한다. 그녀는 아이를 낳고, 일을 계속한다. 육아와 장보기와 그밖에 모든 사람과의 일정을 곡예하듯 소화해낸다. 그녀는 자기주장이 강하고 독립적이고 지적인 여성이다. 돈, 자동차, 옷, 직함 같은 노력의 대가를 즐긴다. 온 세상을 얻은 듯한 기분이다. 그녀는 이 기분을 만끽하며, 외부 세계로부터 영향력 있는 사람으로 평가받는다.

우리의 여성 영웅은 스스로 자신이 강하다고 느끼고, 자신의 능력을 알 뿐만 아니라, 자신이 찾던 보물을 발견한다. 만일 독자적인 길을 선택한다면 소설을 출간하거나 전시회를 열거나 200미터 경주에 참가해 남자들을 제친다. 자신의 연극을 후원해줄 사람을 만나고, 개업 사무실을 얻고, 첫 산악 등반을 한다. 여성 영웅은 외부 세계에서 그녀의 어머니가 단지 꿈꾸기만 했던 권력을 누리고 인정받으며 성공을 이룬다. 그녀는 해냈다.

장난감 회사 마텔의 부회장인 질 배러드는 여성들 가운데 고위 경영진으로 향하는 '유리 천장'을 뚫을 수 있었던 단 2퍼센트에 속했다. 배러드가 이런 성취를 해냈다는 것은 마텔이 기꺼이 여성을 중요한 위치에 승진시킨다는 것과 그녀의 성실성을 증명한다. 배러드는 직원 500명을 직접 관리하고 회사의 생산 라인부터 홍보에 이르는 공정을 감독한다.

1987년에 배러드는 〈블룸버그 비즈니스위크〉에서 최고 경영자가 될 가능성이 있는 50명의 여성 중역에 선정되었다.* 배러드는 열두 시간을 일해야 하는 힘든 회사 업무와 가정 생활 사이에서 적절한 균형을 잡는다. 그녀는 아이들을 키우는 데 기꺼이 자기 몫을 하는 남편과 전문 가사 도우미를 포함해서 자신을 '지원해주는 가족' 덕분이라고 말한다. 그럼에도 배러드는 희생을 해야만 했다.

한번은 배러드가 초등학교 3학년인 아들의 학부모 회의에 참석하러 교실에 들어섰을 때, 선생님이 "오, 알렉산더에게 정말로 어머니가 있었군요!"라고 말하며 인사했다. 선생님은 계속 말을 이었다. "힘드시겠지만 어머니 삶의 두 부분을 성장시키고 싶다면 양쪽 모두에 시간을 할애해야 합니다. 그리고 정말로 중요한 일에 우선순위를 두도록 노력하세요. 저는 이게 아버지들이 늘 직면하는 문제와 조금도 다르지 않다고 생각해요. 어머니가 지금 잃어버리고 있는 것들은 바로 어머니의, 어머니를 위한 순간들이지요. 그 우선순위들과 함께 살도록 애써보세요."[1]

배러드는 우리 사회에서 여전히 여성들에게 허용되지 않으며 여성들조차 완전히 받아들이지 못하는 것에 우선순위를 두었다.

---

* 실제로 1997년에 질 배러드는 마텔의 최고 경영자가 되었다.

좋은 엄마가 되는 것보다 경력을 우선시했기 때문에 아이의 선생님에게 그런 말을 들어야 했던 것이다. 어떤 여성들은 여전히 다른 여성의 성공을 시샘하고 헐뜯는다. 아무리 배러드가 성공했다 하더라도 여전히 그녀는 외부 세계가 자신의 선택에 적대적이라는 사실을 마주해야만 한다.

여성스러움 경멸하기

1980년대의 슈퍼우먼 숭배 문화는 젊은 여성들에게 높은 임금과 개인적 성취감을 주는 직업, 애정이 넘치고 동등하며 안정적인 결혼 생활, 어머니로서 느끼는 환희, 이 '모든 것을 누릴' 수 있다고 약속했다. 현대의 많은 여성이 자신의 어머니들이 1950년대에 견디거나 혹은 즐겼던 '여성의 신비'*에 대한 반작용으로 슈퍼우먼이 되었다. 그들의 어머니들은 남자들의 세계에서 경쟁을 할 선택권도 없었고 자녀 출산 선택권도 없었기 때문에 자신과 자녀를 부양하는 남자들에게 의존했다. 외부의 '남성적' 세계에서 얻을 수 없는 권력을 가족 내에서 휘두르는 권력으로 보상받았다.

여성의 신비(feminine mystique) 미국의 여성 운동가이자 사회심리학자인 베티 프리던(1921~2006)이 1963년에 출간한 책의 제목이기도 하다. 20세기 여성학의 고전으로 불리는 이 책에서 프리던은 '행복한 현모양처'라는 1950년대 미국 사회의 이상적인 여성상을 비판하고 여성들에게 스스로 삶과 의식을 변화시킬 것을 촉구해 수많은 여성의 호응을 얻었다.

남성들이 정한 보수 체계에서 자신의 기량과 능력을 시험할 수 없었던 여성들은 자신의 남편, 아들과 딸에게 비합리적으로 높은 기대감을 품었다. 이 어머니들은 자기가 스스로 성취할 수 없었던 것을 가족에게 기대했다. 다른 사람의 감정은 아랑곳하지 않은 채 가족을 통제하고 구슬리고 조종했다. 베티 프리던(Betty Friedan)은 《두 번째 무대》에서 어머니의 남성적 횡포를 이렇게 서술한다.

통제, 가정과 자녀들에게 요구하는 완벽함, 자신이 항상 옳다고 여기는 고집은 남성이 물리적 힘과 권력으로 남자다움을 과시하는 행위(machismo)의 여성적 형태이다. 그 둘은 너무나 독선적이라는 점에서 똑같다. 어머니는 이러한 권력을 휘두르며 자신의 연약함과 경제적으로 의존할 수밖에 없는 처지와 자기 모욕 혹은 사회로부터 받는 모욕감을 숨기거나 그것들에 대항했다. 그 당시에 사회에서 인정되던 유일한 힘인 남성적 힘이 결핍된 여성들은 시시콜콜하게 그리고 지독히 완고하게 자신이 옳다고 주장하는 가면 뒤에서 남성들과 자녀들과 자신의 진짜 감정을 조작하고 부정함으로써 가족 안에서 권력을 얻었다.[2]

프리던이 설명하는 이 어머니들은 자신의 외로움, 버림받은 듯한 느낌, 상실감을 직접적으로 표현할 수 없었다. 그녀들이 할 수 있는 일은 자신의 분노를 표출하는 것뿐이었다. 그 분노는 남편이나 자녀들을 향해 격렬하게 폭발하거나 알코올, 음식, 과소비에 빠져 무기력해지는 방식으로 나타났다. 딸들은 어머니의 눈치를 보며 어머니의 말에 귀 기울였다. "나처럼 살지 마라." "직업을 가져라." "너 자신의 인생을 살아라." "여자는 아무 힘이 없다." "네가 누구인지 알게 될 때까지 결혼과 출산을 늦춰라."

이런 말들은 딸들을 혼란스럽게 만든다. 어머니는 자신이 여자라는 것, 나아가 남편과 돌볼 아이가 있다는 것이 싫었던 걸까? 아이가 어머니의 삶을 망쳤을까? 여자로 태어났다는 것이 그렇게도 끔찍한 걸까? 내 인생도 내가 여자이기 때문에 엉망이 되어버리는 걸까? 어머니의 자기 모욕과 자기 혐오는 딸들에게 어머니 같은 사람이 되면 안 된다고 납득시킨다. 대신에 딸은 완벽한 사람이 될 것이다. 프리던은 계속해서 설명한다.

스스로 딸을 충분히 사랑할 만큼 좋은 사람이라고 생각하지 않는 어머니들이 느끼는 자기 모멸의 그늘에서 자란 여성들은 자신을 여성이라고 여기지 않을뿐더러 자신의 어머니가 이루지 못했던, 완벽한 어머니이자 사회에서 인정받는 여성이 되려는 슈퍼우먼의 덫에 빠지기 쉽다. 남자들은 어린 시절부터 똑같은 환경에서 성장해도 완벽하려고 애쓰지 않는다. 어머니에게서 딸로 전해지는 여성의 남성다움은 남성의 남성다움이 그러하듯 자기 혐오, 나약함, 무력감을 감춘다.[3]

불행히도 절대로 어머니같이 되지 않으려 노력한 많은 젊은 여성들이 남성처럼 되어버렸다. 생산이라는 남성 중심의 기준으로 자존감, 자기 인식, 자기 가치를 평가했다. 처음엔 성공이 여성들을 들뜨게 했다. 하지만 더 크게 성공할수록 에너지와 시간이 더 많이 필요했다. 관계와 돌봄이라는 여성적 가치는 목표 달성에 비해 덜 중요했다. 그리고 많은 여성이 자신들이 결코 '충분할' 수 없다는 것을 느끼기 시작했다.

마거릿은 사십 대 중반의 성공한 건축가이다. 마거릿은 12년 동안 복합 산업 단지를 디자인했다. 십 대 초반의 자녀들이 있고 남편은 그녀가 일을 할 수 있도록 힘이 돼준다. 마거릿은 경제적으로 성공했으며 자신의 일을 즐긴다. 하지만 충분하다고 느낀 적이 없다. "아무리 열심히 일하고 능숙해져도 항상 뭔가 부족해요. 난 오랜 시간 동안 일하고, 새로운 고객을 끌어오고, 창조적으로 일을 해내지요. 하지만 지금 이런 식의 시스템에선 나는 결코 이길 수가 없어요. 우리 아버지는 늦게까지 일하고 나면 아내가 있는 집으로 돌아오면 그만이었어요. 아내가 식사를 준비하고 옷을 챙기고 자식들과 가정을 돌봤죠. 나는 그런 아내가 없어요. 아이들은 제대로 보살핌을 받지 못하고 나와 남편은 섹스할 시간조차 없어요. 나 자신을 위해 시간을 보낸다는 것이 무엇인지조차 모르겠어요. 일을 계속하면서 가족을 돌볼 수 있는 유일한 방법은 내 몸이 둘이 되는 거예요. 난 내 일을 좋아하고 가족을 사랑해요. 그렇지만 나도 나를 돌봐줄 누군가 있으면 좋겠어요."

많은 여성 영웅이 원하는 것은 바로 그들의 아버지가 원했고 또 당연한 것으로 여겼던, 자신을 보살펴주는 누군가의 존재이다. 사랑과 힘을 주고, 고충을 들어주고, 전투에 지친 몸을 마사지로 풀어주고, 성공을 인정해주고, 상실의 아픔을 어루만져주는 누군가가 필요한 것이다. 여성 영웅은 여성성과 관계 맺기를 원한다. 내려놓고 싶어 하고, 보살핌받기를 원하고, 자신이 이룬 것이 아니라 바로 그녀 자신을 있는 그대로 보아주기를 바란다. 자신이 '잃어버렸다'고 느끼는 무엇인가를 애타게 그리워하지만 정작 무엇을 잃어버렸는지 모른다. 이럴 때 여성 영웅들은 외부 활동을 더 많이 하는 것으로 고통을 달랜다.

강한 여성의 딜레마

여성 영웅은 일을 잘 해내는 방법을 배웠기 때문에 어떤 불편한 느낌이 들면 곧장 새로운 학위, 좀 더 권위 있는 자리, 이사, 외도, 출산 따위 목표를 향해 다음 장애물로 달려든다. 좀 더 영웅적이고 높은 단계의 성취를 이루는 것으로 자신의 자아를 위로하며 공허감을 달랜다. 나아가 승리로 얻는 포상에 매혹된다. 목표를 성취할 때 아드레날린이 분출되면서 엄청난 흥분을 느끼고, 이 '황홀함'이 충분하지 않다는 느낌과 결부된 뿌리 깊은 고통을 가려준다. 여성 영웅은 목표를 이룬 후의 허탈감을 거의 알아채지 못한다. 바로 다음 목표로 향하기 때문이다.

늘 바쁘고 생산적이어야 한다는 이 강박적 욕구 때문에 여성 영웅은 커져 가는 상실감을 느끼지 못한다. 그런데 여기서 말하는 상실감은 대체 무엇일까? 분명 여성 영웅은 자신이 시작한 일들을 모두 성취했다. 하지만 그 대가로 영혼의 희생을 치렀으며, 자신의 내면 세계에서 멀어졌다.

남편과 아이들에게 자신의 성취를 의존했던 어머니에 대한 반작용으로 여성 영웅은 어떤 것이라도 성취할 수 있도록 어떤 남자보다 독립적이고 무엇이든 스스로 해낼 수 있어야 한다고 느끼게 되었다. 그녀는 아무에게도 의지하지 않을 것이다. 그리하여 탈진하기 직전까지 자기 몸을 혹사한다. 거절하는 법을 잊어버린 여성 영웅은 모든 사람의 비위를 맞추려 들면서, 보살핌받고 사랑받고 싶은 자신의 욕구는 무시한다. 통제 불능이다. 내면의 남성과의 관계는 뒤틀리고 폭력적으로 변했다. 내면의 남성은 절대로 여성 영웅이 쉬지 못하게 한다. 그녀는 억눌린다고 느끼지만 이 괴로움의 근원을 이해하지 못한다.

삼십 대 중반의 조이스는 영문학 교수이다. 미국 동부의 명문 대학에서 학생들을 가르치는 그녀는 교수로서 아주 성공적인 경력을 자랑한다. 조이스는 다른 대학에서 강의하는 교수와 결혼했다. 그는 조이스처럼 예술에 관심이 많고 조용하고 감성적인 사람이었다. 여름 방학이면 두 사람은 각자 관심 분야로 시간을 보내지만 조이스는 항상 기진맥진한 느낌이다. 그녀는 아이를 낳고 싶지만 또 다른 책임을 감당할 수 없다고 느낀다. 조이스는 자신이 '대단한 거짓말쟁이'*라고 부르는 인물에 관한 꿈을 연달아 꾼 후에야 자신의 에너지가 바닥난 원인을 비로소 조금씩 이해할 수 있었다.

"난 내가 왜 자주 다른 사람들 앞에서 탈진하게 되는지 궁금했어요. 회의를 하거나 강의를 하거나 세미나를 이끈다는 생각을 하면 정말 흥분이 돼요. 하지만 거기에 필요한 에너지가 내게 충분하지 않은 것 같아요. 내가 하고 싶다고 말한 일을 하는 데 거의 곧바로 저항감이 느껴져요. 그게 '대단한 거짓말쟁이'와 관련이 있는 것 같아요."

"난 늘 나이보다 훨씬 조숙해 보였어요. 어렸을 적 나는 아버지의 말을 잘 귀담아 듣고, 어머니를 잘 이해하고, 형제들을 잘 보살피는 아이였죠. 교과서 같은 옳은 말을 할 줄 아는 아이였고, 또래보다 의젓했어요. 학교 공부도 잘했고 선생님들이 예뻐하는 아이였어요."

"어린 시절 놀아본 기억이 많지 않아요. 너무 진지했죠. 책을 많이 읽었어요. 어머니는 어떤 이유에서인지 아버지에게 늘 화가 나 있었어요. 그래서 나는 항상 그 불을 끄려고 애를 썼어요. 아버지는 일을 하느라 가족에게 소홀했고 신문 기자로서 자신의 경

대단한 거짓말쟁이(Great Pretender) 미국의 혼성 5인조 알앤비 그룹 플래터스가 1955년에 발표한 노래의 제목. 가사 내용은, '나'는 겉보기에 늘 광대처럼 즐겁게 웃고 떠들지만 진심이 아니며, 사랑하는 사람이 떠나간 뒤 지독한 외로움을 감추기 위해 거짓으로 진심을 가린 '거짓말쟁이'일 뿐이라는 것이다.

력을 더 중요하게 생각했죠. 나는 어머니와 동생들을 돌보며 아버지 마음에 들려고 노력했어요. 아버지는 내가 강하기를 바랐고 그래서 난 강한 척했어요. 실제로 나는 의존적일 뿐만 아니라 애정과 관심을 받기 원했지만 아버지가 원하는 대로 했어요."

"내겐 감당하기 어려운 큰 짐이었습니다. 나는 영웅이 되는 과정을 배운 게 아니고 단지 영웅인 체하는 법을 배웠어요. 지금의 나는 누군가가 내게 원치 않는 일을 해 달라고 하면 완전히 탈진해버려요. 위원회, 회의, 기고 그 모든 것들이 끔찍해요. 어린 시절 나에게는 선택권이 없었어요. 그래서인지 지금은 내가 선택권이 없는 상황에 놓였다는 걸 깨닫고 나면 억울한 마음이 들어요. **남자** 동료가 자기가 자라면서 누린 선택지들을 이야기하기 시작하면 화가 나요."

조이스는 이제 부모님과 함께 살지 않아도 된다. 하지만 그녀 내면의 삶은 여전히 아버지에게 조종당하고 있다. 아버지는 계속해서 조이스의 삶을 움켜쥐고 있다. 여전히 그녀를 배신한다. 아버지는 조이스의 필요와 욕구를 부정하고 자신의 목적을 위해 그녀를 이용하는 내면의 남성이 되었다. 조이스는 자신이 필요로 하는 게 채워지지 않아 완전히 고갈된 상태이다. 조이스가 '대단한 거짓말쟁이' 역할을 그만두려면 먼저 이 파괴적인 아버지상으로부터 자신을 해방해야 할 것이다.

여성은 자신이 이룬 모든 것이 내면화된 아버지를 만족시키기 위함이었다는 것을 인정하기 전까지는 아버지의 배신에서 자유로울 수 없다. 이 아버지상의 기대에 부응하고 싶은 바람에서 그 여성은 내면의 남성과 관계를 발전시켰다. 하지만 내면의 남성이 언제나 그녀를 위해 마음을 쓰는 것은 아니다. 내면의 남성은 여성의 필요와 욕구를 완전히 무시하고 비판적으로 자기 주장만 해대는 몰이꾼인지도 모른다.

융은, 여성이 남성을 무의식적으로 모방하거나 자기 무의식에 있는 열등한 남성(inferior masculine)과 자신을 동일시하는 경우에 여성의 내면에서 일어나는 창조적 과정은 결코 결실을 맺을 수 없다고 말한다. 융은 (내면의) 남성을 목표를 알고 그 목표를 이루는 데 필요한 일을 하는 능력이라고 규정한다. 만약 그 내면의 남성이 여성의 무의식 차원에만 머물러 있다면, 내면의 남성은 여성에게 그녀 자신의 감추어진 동기를 탐색할 필요가 없다고 설득할 것이며, 그녀가 의식하고 있는 목표를 맹목적으로 추구하도록 다그칠 것이다. 물론 이로써 여성은 진짜 자신만의 관점을 발견하는 과업, 힘들고 지루한 그 과업에서 풀려나게 된다.[4]

용을 무찔러도 공허한 여자들

무의식의 남성에 붙들려 있을 때 여성은 자신이 무엇을 하건, 어떻게 하건 결코 충분하지 않다고 느낄 것이다. 그가 계속해서 또 다른 것을 추구하도록 몰아대기 때문에 한 가지 과업을 완성하는 것으로는 만족을 느끼지 못한다. 지금 이 순간과 관련된 것은 무엇이든 가치가 없다. 무의식 속의 남성은 미래를 생각하라고 다그친다. 여성은 비난받았다고 느끼지만 내면의 결핍된 부분에서 이런 반응이 나온다. "맞아. 어떤 걸 좀 더 해야 해. 이걸로 충분하지 않아." 글을 쓸 때면 내 내면의 충동은 좀 더 많은 내담자를 봐야 한다고 말하고, 내담자를 만나고 있을 때면 "책 쓰는 데 부지런을 떨어야 하지 않겠어?" 하고 딴죽을 건다.

이 내면의 폭군을 침묵시키고 여성 영웅이 만족감을 느낄 수 있도록 훈련하는 간단한 방법이 있다. 종이를 세로로 삼등분해서 접어라. 첫 번째 칸에는 오늘 한 일을 적어라. 예컨대 '정원 관리'라고 적었다면, 다음 칸에는 '만족스러움'이라고 적고, 마지막 칸에는 '이걸로 충분해!'라고 적어라. 무척 간단해 보일지 모르겠지만 이 연습을 한 달 정도 하고 나면 지금까지 한 번도 '충분한 적이 없었다'는 것을 잊을 것이다.

여성들이 한 번도 충분한 적이 없다고 느끼는 이유 중 하나는 특히 어린 자녀가 있을 경우에 시간과 에너지를 쏟아야 하는 일이 너무 많기 때문이다. 시간은 부족하고 사람의 힘에는 한계가 있는데 많은 여성들은 자신의 한계를 인정하기 싫어하고, 거절하기를 어려워한다. 나는 내담자들에게 다양한 거절의 말을 적은 메모지를 주머니에 넣고 다니라고 조언해준다. 휴대전화에 저장해 두는 것도 쓸모가 있다. "그런 자리를 제안해주신 것은 감사하지만…… 생각을 좀 해봐야겠어요." "초대해주셔서 감사하지만…… 당장은 어렵겠군요.""절 떠올리셨다니 감사합니다만…… 안 된다고 말해야 할 것 같군요." 여성들은 다른 사람을 실망시키는 것을 좋아하지 않는다. 그래서 상대의 제안이 자기 삶에 어떤 영향을 줄 것인지 생각해보지도 않고 동의하는 경우가 자주 있다.

대부분의 영웅 이야기는 인생 전반부를 다룬다. 그 전반부에서 영웅은 자신의 정체성을 형성하고 세상에서 자신의 지위를 확고히 세운다. 이 과업에는 세상 밖으로 나가고, 기술을 습득하고, 탁월하게 성취해내는 일들이 포함된다. 이 과업은 그녀 정체성의 일부가 된다. 그 일이 무엇이건 간에 의식적으로 선택했다면, 그 일은 '영혼을 빚어내는(soul-making)' 과정이 된다. "그 결과, 다른 이들에게 나눠줄 수 있는 것을 더 많이 갖고 있을 뿐만 아니라 조금 덜 강박적으로 다른 사람을 필요로 하는 성격이 만들어진다."[5] 또한 스스로 선택하고 행동하는 능력과 자기 인생을 자기 힘으로 살아가는 자율성이 생긴다.

여성들이 완전한 존재가 되려면 먼저 자율성을 찾아야 한다. 자율의 의미를 엄밀히 따지다 보면 성공에 관한 진부한 생각을 버리게 된다. 많은 여성이 성취라는 이름으로 영혼의 많은 부분을 희생했다. 외부로 향하는 모험의 보상은 유혹적일 수 있지만, 어느 순간 깨어난 여성 영웅은 자아의 영웅적 행위에 '아니오'라고 말한다. 그 영웅적 행위는 이제까지 큰 대가를 치러 왔다.

여성 영웅이 여성으로서 스스로를 충분하다고 느끼고 자신의 인간적인 한계를 인정할 때 비로소 직장에서나 집에서 슈퍼우먼의 기준을 거부할 수 있다. 여기엔 다시 '마음으로 느끼도록' 직장을 그만두거나 권력이나 지위를 포기하는 일이 포함될 수도 있다. 어쩌면 자신의 집이 이웃의 어느 집보다 깨끗해야 할 필요가 없다거나 자녀와 남편이 자기 몫을 할 수 있다고 생각할지도 모른다.

내면의 성취를 이루려면 영웅성에 관한 잘못된 관념을 버리는 것이 필요하다. 자신의 한계를 인정하고, 있는 모습 그대로 충분하다는 것을 알아차릴 때 여성 영웅은 진정한 보물을 발견한다. 이제 여성은 자아의 변덕에서 벗어나 자기 삶의 근원이자 더 깊은 힘에 닿을 수 있으며, "나는 모두의 비위를 맞출 수 없어. …… 그리고 난 충분해."라고 말할 수 있다. 또한 현실적이고 솔직해지며, 약점을 인정하고 진정한 의미의 영적 각성을 받아들일 수 있게 된다.

5장　　　아버지에게 배신당하다

강한 여성은
산소처럼 사랑을 갈망하고 아니면 숨이 막혀 파래지는 여인이다.
강한 여성은 강렬하게 사랑하고 강렬하게 울고
강렬하게 두려워하고 강렬하게 욕구하는 여인이다.
강한 여성은 말도 행동도 관계도 감정도 강하다.
그녀는 돌처럼 강한 것이 아니고
새끼를 핥는 늑대처럼 강하다.
강인함이 그녀 안에 있는 것은 아니다.
바람이 돛을 채울 때 그녀는 강인해진다.

약한 구름에서 강한 번개가 생기듯이
사람들이 자신의 강한 면과 약한 면을 같이 사랑해줄 때
그녀는 위로를 받는다.
번개는 번뜩이고 구름은 빗방울로 흩어진다.
우리를 통과해 흐르며 우리를 이어주는 물만이 남는다.
우리가 함께 만드는 것이 강하다.
우리 모두가 함께 강해질 때까지
강한 여성은 강렬하게 두려워하는 여인이다.

– 마지 피어시(Marge Piercy), 〈강한 여성들을 위하여〉

우울과 상실의 늪

지난 10년 동안 나는 스물다섯 살에서 쉰여덟 살 사이의 여성들에게서 이야기를 들었다. 그들은 직장에서 성공했지만 일을 하면서 받는 보수 이상으로 건강과 정서적 행복을 희생했다고 느꼈다. 비록 자신이 터득한 기술이나 독립을 이룬 것, 자신이 선택한 분야에서 발휘하는 영향력 면에서는 만족했지만, 피로감과 어떻게 계속 나아가야 할지 알 수 없는 데서 오는 불안감을 호소했다. "다음 단계는 뭐지?"

이 여성들은 여성지 〈굿 하우스키핑〉에서 광고하는 것 같은 단란하고 안전한 가정으로 돌아가고 싶은 생각이 없다. 대부분 여성들에게 잡지 속 가정은 그저 환상에 불과하기 때문이다. 여성들은 일을 해서 경제적 보상을 얻는 것에 익숙하다. 대부분의 일하는 여성들에게 급여는 자신과 가족을 위해 경제적으로 꼭 필요하다.

이런 현상은 퇴보가 아니다. 새로운 선택을 창조하는 하나의 방법이다. 오늘날 많은 여성이 자기 상황을 점검하면서 일종의 배신감을 토로한다. "이 모든 게 다 무엇을 위한 거지? 왜 이렇게 공허할까? 내가 스스로 세운 목표는 모두 다 이루었어. 그런데 여전히 뭔가 빠진 것 같아. 어쩐지 속은 것 같고 내가 나를 배신한 느낌이 들어. 뭐라 이름 지을 수조차 없는, 나 자신의 일부를 잃어버린 느낌이 들어."

자기 안에서 뭔가 '어긋난' 것 같은 느낌은 여성의 몸이 자신에게 더 확실한 신호를 전하기 전에 보내오는 첫 번째 경고일 수도 있다. 독감으로 애를 먹거나 불면증이 심해진다거나 위장 장애가 생긴다거나 가슴에서 멍울이 발견된다거나 월경 불순이 시작될 수도 있다. 여성에게 깊은 정신적 상실감을 주는 일들, 그러니까 이혼이나 아이들이 자라서 집을 떠나거나 사랑하는 이가 죽거나 하는 가족 내부의 변화가 생길 수도 있다. 그러나 이러한 일들을 경고로 받아들이지 않을지도 모른다. 친구들이나 가족에게 그저 '무언가 잘못된 것 같다'고 말할 것이다.

그 여성은 아주 오랫동안 열심히 자신을 영웅의 길로 밀어붙여 왔기 때문에 자기 삶에서 무언가 놓쳤다는 느낌을 떨칠 수 없다는 사실에 깜짝 놀란다. 고독감이나 절망감이 드는 것을 이해하지 못한다. 이런 느낌들은 완전히 낯선 감정이다. "네, 전에도 몇 번 '울적한' 느낌이 든 적이 있었지만 곧 극복할 수 있었어요. 내게 필요했던 건 단지 새로운 프로젝트였어요. 새로운 프로젝트를 시작하면 다시 활력을 되찾고 달릴 수 있었지요. 그런데 이번엔 뭔가 달라요."라고 마흔여섯 살의 개발 담당 공무원은 말했다. "의사는 나에게 생긴 출혈이 생리적으로 특별한 이유가 없다고 말해요. 하지만 나는 안팎으로 울고 있다는 느낌을 지울 수가 없어요." 여성들이 피가 말라붙는 것 같다는 비유를 쓴다면 의심할 여지 없이 자신의 삶이 더는 풍요롭지 않다고 느끼는 것이다.

마약에 중독된 산모의 아이들을 돌보는 마흔세 살의 간호사는 이렇게 말했다. "난 언젠가 우리 모두 아이를 낳고 서로 도우면서 자식을 기르는 때가 오기를 간절히 바라고 있어요. 아이들 생일 파티를 함께 계획하거나 서로 힘든 점을 이야기하고 들어주면서 말이죠. 요즘은 각자 일 때문에 너무 바빠서 차 한잔 같이 마실 시간도 없어요. 공동체 의식도 사라졌죠. 지금은 직장에서 만나는 여자 동료들 말고는 다른 여자 친구들과 관계를 유지하는 모임이 하나도 없어요. 동료들과 나누는 이야기라고는 인력이 얼마나 부족한지, 어떻게 해야 더 효율적으로 일할 수 있는지 같은 것들뿐이에요. 정말로 여자 친구들이 그리워요."

두 여성이 표현하는 상실감은 여성성에 대한 갈망이자, 자신의 몸과 그들이 속한 공동체 안에서 '고향 같은' 느낌을 받기를 열망하는 것이다. 오늘날 대부분의 여성들은 논리적이고 단도직입적인 사고와 분석 능력, 단기 목표 수립 같은 기술을 포함해서 언제나 남성적인 것이라고 여겨졌던 자질을 연마하며 성인기의 초중반을 보낸다. 직장에서 여성이 감정을 드러내는 순간, 바로 직장인으로서 부적절하다는 말이 뒤따른다. 비록 요즘은 많은 회사에서 감정과 직관, 관계를 중요하게 여기는, 좀 더 여성적인 유형의 리더십을 교육하고 있지만 여전히 많은 여성이 자신의 여성적인 부분이 낮게 평가되고 있는 데 불만을 표한다.

"손으로 직접 뭔가를 만들던 때가 그리워요. 20년 동안 바느질을 해보지 못했어요." "내 몸은 신발을 벗어 던지고 진흙 속에서 맨발로 뛰고 싶어 해요." "내 뼈들은 정말로 아파요. 피곤한 게 아니에요. 난 그게 어떤 건지 알아요. 아주 낯선 느낌인데, 내 뼈들은 어머니 대지(Mother Earth)와의 관계에서 상처받은 거예요." 감정이 메마른 느낌, 자신이 쓸모없다는 느낌, 영혼이 피폐해진 느낌이 들기 시작한 여성들의 이야기이다.

다행히 이 여성들은 자신의 상실감을 표현할 수 있다. 훨씬 심각한 것은 남성이 규정한 사회에서 '스트레스를 견디지' 못하고 에너지가 부족한 것을 자기 탓으로 돌리면서 병원에서 신경쇠약 치료를 받는 수많은 여성들이다. 많은 여성들이 상실감의 고통을 잊기 위해 알코올이나 마약에 기댄다. 또는 계속 침묵하다가 가슴에 멍울이 생기거나 자궁암에 걸려서 남성 영웅의 여정이 여성의 신체적 한계와 여성의 영혼이 갈망하는 것을 고려하지 않는다는 사실을 받아들이게 되는 여성들도 있다.

내면의 불꽃이 꺼질 때

남성의 역할을 해내기 위해 스스로를 소진하는 여성들은 내면의 가장 깊은 곳까지 까맣게 타들어 간다. 샌타바버라 출신의 심리학자 마티 글렌(Marti Glenn)은 여성의 내면에 있는 불꽃이 꺼지면 어떤 일이 벌어지는지 다음과 같이 묘사한다. "자양분이 공급되지 않을 때, 정신의 불꽃에 더는 연료가 공급되지 않을 때, 아주 오랜 시간 간직한 꿈이 이루어질 가능성이 사라질 때 여성은 자신의 '내면의 불'을 잃게 된다. 낡은 패턴은 더는 맞지 않고, 새로운 방식은 아직 분명하지 않다. 어디건 어둠뿐이다. 그녀는 볼 수도 없고 느낄 수도 없고 맛볼 수도 없고 만져볼 수도 없다. 어떤 것도 이제는 의미가 없다. 자신이 **진짜** 누구인지 더는 알지 못한다."

글렌은 경력을 쌓느라 기력을 소진한 기간 동안 자신이 겪은 일을 이야기한다. "지난 가을부터 나이 든 여인이 시체 운반용 부대에 담긴 채 옮겨져 언덕 아래로 던져지는 꿈을 연달아 꾸기 시작했어요. 그리고 내가 가장 잘하는 일인, 수백 명이 모이는 워크숍을 이끄는 꿈도 꾸었어요. 그런데 한쪽 바위 뒤에 숨어서 울고 있는 어린 여자아이가 있었어요. 그 꿈속에서 내 상사가 나에게 주차하는 일을 시켰어요. 그게 내 일이 되었고 나는 주차하는 일에 숙달됐어요. 죽 이어진 이 꿈들은 여성성의 죽음과 관련이 있었어요. 어느 날 밤에는 여성들의 해골이 부서지는 꿈을 꾸었어요."[1]

글렌의 내면에 있는 어린아이는 주차 같은 하찮은 일이나 하게 된 여인을 애통해하며 눈물 흘린다. 겉도는 내면의 남성성에 자신의 인생을 맡긴 여성은 남성들이 세운 기준에 맞추어 성공하려는 욕구에 휘둘린다. 그러다가 어느 순간, 건강하고 만족스러운 삶을 살려면 자신이 변해야 한다는 걸 깨닫게 될 것이다. 영웅적 여정의 보상에 관한 여성 영웅의 예상은 틀렸다. 물론 그녀는 성공과 독립과 자율 따위의 보상을 얻었다. 하지만 그 과정에서 자신의 마음이나 영혼의 한 조각을 잃었을 것이다.

이러한 여성은, 목표 지향적인 남성적 사고를 신뢰하면 보상을 받을 것이라고 말하는 문화적 사고방식뿐만 아니라 개인적 사고방식에도 배신감을 느낄 것이다. '착한' 딸이 되어라, 그러면 '아버지'가 널 돌봐줄 것이다. 그녀는 이제 위로받지 못하고 철저히 혼자라고 느낀다. 그녀는 바닥으로 추락했다. 그녀의 질서정연한 세계에 금이 간다. 한 여성 내담자는 이런 상황을 두고 다음과 같이 설명한다. "얇은 껍질이 나를 감싸고 있는데 거기에 균열이 생기고 있어요. 그 껍질은 너무 얇아서 육안으로 확인하기는 어려워요. 지금까지는 그 껍질이 모든 것이 제자리에 있게끔 고정하고 있었어요. 이제 껍질이 찢어지고 있다는 걸 느낄 수 있고 그 소리를 들을 수 있어요. 무서워요."

세상은 그녀가 짐작했던 것과 달랐다. 그녀는 배신당했다. 그녀는 자신이 소중하게 지켜 온 세계관의 상실에 분노하고, 내키

지는 않지만 혼자서 앞으로 나아가야 한다는 것을 인식한다. 이
렇게 여성 영웅은 자신이 통제할 수 없는 힘의 희생자가 되는 것
이 아니라 자신의 인생을 스스로 제어하기를 선택한다. 이피게네
이아가 바로 그런 여성이었다.

배신당한 이피게네이아

삼십 대 초반에 나는 아가멤논 왕이 자신의 딸 이피게네이아
를 배신하는 이야기를 다룬 영화를 봤다. 자신을 향한 아버지의
사랑을 맹목적으로 믿는 딸과 트로이로 가는 그리스군의 함대가
순풍을 얻도록 기꺼이 딸의 목숨을 희생하는 아버지를 보고 난
엄청난 충격을 받았다. 그때 아가멤논의 임무는 자신의 동생 메
넬라오스의 아내인 헬레네를 구하는 것이었다. 이피게네이아는
죽음을 선택함으로써 아르테미스 여신에게 구원받아 결국은 운
명의 승자가 되지만 이 부분은 영화에 나오지 않았다. 나는 기겁
한 채로 극장을 빠져나왔다.

아가멤논과 메넬라오스는 아울리스에 함대를 소집하고 트로
이 침공을 준비했다. 하지만 죽음 같은 정적이 바다를 덮었고 그
들은 돛을 올릴 수 없었다. 병사들은 인내심을 잃어 갔다. 예언
자 칼카스는 바람이 불지 않는 이유가 아가멤논이 아르테미스
여신보다 활을 더 잘 쏜다고 떠벌린 일 때문이라고 말하며, 딸인
이피게네이아를 희생 제물로 바쳐 여신의 분노를 가라앉히지 않

으면 절대로 트로이로 출정할 수 없다는 신탁을 아가멤논 왕에게 전했다. 아가멤논은 트로이의 왕자 파리스에게 아내를 뺏긴 동생과 트로이와 피의 전쟁을 앞두고 자신에게 충성을 맹세한 부하들을 떠올렸다. 한편으론 사랑하는 딸을 생각했다. 아가멤논은 이 둘 사이에서 완전히 넋을 잃고 비탄에 빠졌다. 결국, 남성의 자존심이 훼손됐을 때 여성의 목숨은 희생되어야 했다.

아가멤논은 고결한 전사 아킬레우스와 결혼을 시켜주겠다는 약속을 미끼로 이피게네이아를 속여 그녀를 아울리스로 불렀다. 이피게네이아는 결혼식을 준비하려고 어머니 클리타임네스트라와 함께 들뜬 마음으로 아울리스에 도착했다. 곧 남편의 치졸한 속임수였음을 알게 된 클리타임네스트라는 어린 딸에게 자비를 베풀어 달라고 애원했지만 아가멤논은 거절했다. 클리타임네스트라는 아킬레우스에게 도움을 요청했다. 아가멤논에 대한 신뢰를 잃은 아킬레우스는 이미 데이다메이아와 결혼한 상태였으나 클리타임네스트라를 돕기로 했다. 하지만 불행히도 칼카스가 이미 신탁의 내용을 퍼뜨린 뒤였다. 모든 군대가 이피게네이아의 희생을 강력히 요구했다. 아가멤논은 분노한 클리타임네스트라와 눈물을 쏟는 이피게네이아에게 자신의 배신을 변호했다.

"나는 미친 사람도 아니고 내 아이들을 사랑하지 않는 것도 아니다. 이것은 끔찍한 일이다. 하지만 난 해야만 한다. 이 희생이 없다면 우리가 결코 트로이에 도착하지 못할 거라고 칼카스는 단언한다. 적을 쳐부수고자 하는 모든 그리스인의 투지가 불타오르고 있다. 만일 파리스가 헬레네를 강탈해 간 대가를 치르지 않는다면 트로이인들은 그리스로 와서 더 많은 여자들—우리 아내들과 우리 딸들—을 도적질해도 될 거라고 여길 것이다. 나는 메넬라오스의 뜻에 머리 숙이는 것이 아니라 모든 그리스인의 뜻에 복종하는 것이다. 우리의 목적은 단지 헬레네를 되찾아 오는 것이 아니다. 내 의지와 상관없이, 해야만 하는 것에 복종하는 것일 뿐이다. 그리스는 어떤 개인의 슬픔보다도 훨씬 더 위대하기 때문이다. 우리는 그리스를 위해, 그리스의 자유를 지키기 위해 사는 것이다."[2]

클리타임네스트라는 이 주장에 휘둘리지 않았다. 아킬레우스도 이피게네이아를 보호하기 위해 홀로 싸우겠다고 흔쾌히 손을 내밀었다. 하지만 이 젊은 처녀는 자신의 삶에 관한 결정을 스스로 내렸다. "나는 죽음을 선택했어요. 명예를 지키겠습니다. 이로써 사랑하는 우리 조국의 자유와 여성들의 명예는 앞으로 오래도록 지켜질 거예요."[3]

신화에 따르면 이피게네이아의 가슴에 칼이 떨어지고 불이 붙는 순간, 젊은 여인을 가엾게 여긴 아르테미스가 그 자리에 사슴을 대신 두고 그녀를 낚아채 갔다고 한다. 그러고 나서 강한 서풍이 불기 시작했고 함대는 트로이를 향해 돛을 올렸다. 그리스와 트로이의 젊은이 수만 명이 전쟁 중에 죽었다.

이피게네이아는 남성적 탐색이 불러오는 영혼의 메마름을 가장 섬뜩하게 경험했고 아버지에 대한 믿음을 잃었다. 죽음에 가

프랑수아 페리에, 〈이피게네이아의 희생〉, 1633년.

까이 다가갔을 때 그녀는 여성적 원리(아르테미스)에 의해 구원받았다.

여성을 배신한 남성을 다룬 이야기와 신화는 숱하게 많지만, 신처럼 멋진 젊은이와의 결혼을 빌미로 삼아 딸을 속이고 아버지를 향한 딸의 사랑을 배신한 것만큼 통렬한 것은 없다. 이피게네이아는 자신의 아버지 아가멤논이 요구하는 것을 들어주고 싶어했다. 이피게네이아는 아버지의 사랑과 인정을 갈구했지만 아버지는 그녀의 신뢰를 저버렸고 그녀를 죽음으로 몰아넣었다. 영웅적으로 보이는 이피게네이아의 행동은 중요한 문화의 몰락을 불러왔고, 비극적이게도 그리스 전사들의 탐색의 오만과 자부심과 힘을 확고히 했다.

대부분의 여성들은 아버지의 마음에 들기 위해 무엇이든 할 것이다. 그녀들은 필사적으로 남성 신에게 관심을 받고 싶어 한다. 냉담하고 비판적인 아버지라 할지라도 아버지에게는 여전히 딸이 세상의 다른 남성들뿐만 아니라 아버지와 맺은 관계에서 어떤 역할을 할지를 결정하는 힘이 있다. 여성이 자신의 삶에서 이 첫 번째 남성이 끼치는 지속적인 영향력을 깨닫는다면, 남성성을 향한 맹목적인 충성을 버릴 수 있는 더 좋은 기회를 얻을 것이다. 그녀는 '아니오'라고 거절할 수 있다. 개신교 장로회 목사인 한 친구는 자신의 아버지와 매우 비슷한 남성 상사와 일하면서 얻은 통찰을 이렇게 설명했다.

"2년 전쯤에 나는 내가 치명적인 환경에 있다는 것을 깨닫기 시작했어. 교회에서 내가 도입한 모든 프로그램이 매끄럽게 진행되고 있었는데, 내가 잘 해낼수록 더 많은 행정적인 일이나 잡무가 떨어지는 거야. '이러려고 내가 이 먼 길을 왔던가?' 하는 생각이 들기 시작하더라고. 내가 특별한 일을 약속받을 때마다 그 약속은 깨졌고 내 재능이 과소평가되고 있다는 생각이 들었어. 주어진 일을 잘할 순 있었지만 그 일은 분명히 내가 처음에 성직에 들어올 때 받은 소명이 아니었거든. 신이 날 교묘하게 속이고 배신했다는 느낌이 들었어. 나 자신에 대한 믿음은 물론이고 에너지와 창조성마저 잃어버리기 시작했어. 이 일을 해낼 수 있는 내가 점점 더 줄어든다는 것을 알아차렸지. 나는 일이 너무 바빠서 남편이나 친구들이나 가족들에게서 보살핌을 받을 수조차 없었어. 신학 대학을 졸업할 때 동기들끼리 시간을 내 후원 단체 활동을 하기로 약속했는데 그 약속을 지키는 사람이 아무도 없었어. 게다가 내가 이미 성장해버렸기 때문에, 다시 말해 내가 다른 사람이 되어버렸기 때문에 나를 성장시켰던 것들이 더는 나를 성장시키지 않는다는 것을 알게 되었지."

"나는 내 개인적 문제가 무엇인지뿐만 아니라 남성 지배적인 교회에서 여성 목사의 역할에 어떤 문제들이 뒤따라오는지를 점검해만 했어. 나는 다음 신자들에게는 그 문제점들이 이어지지 않도록 해결해야만 한다는 걸 깨달았어. 가까이하기 어려운 상급자와 일하면서 의식적으로 '아버지'라는 쟁점이 어떤 식으로 작동하는지 고민하며 1년을 보냈지. 그리고 그 특별한 구조 안에서 내가 할 수 있는 것은 다했다는 걸 알았어. 요구받은 모든 일을 다 해냈지만 나는 그 일에서 자양분을 공급받는다고 느끼지 않았어. 내가 스스로 위기 상황을 불러올 이유가 없잖아? 그래서 내가 시작한 프로그램들이 원활하게 돌아가도록 해놓고 내 몸이 아프기 전에 그곳을 떠나온 거야. 하지만 신에게 배신당했다는 느낌을 극복하는 데는 상당한 시간이 걸리더라고."

친구는 신자들에게 도움을 주는 일뿐만 아니라 개인적인 일까지도 다 끝마쳤다는 것을 깨달았고 남성 지배적인 구조가 자신을 병들게 하기 전에 그곳을 떠났다.

신은 남성의 얼굴을 했다

캐럴 크리스트(Carol Christ)는 《아프로디테의 웃음》에서 여성이 성장하면서 혹은 '아버지 종교'를 공부하면서 신에게 느끼는 배신감의 근원을 설명한다. 히브리 성경을 연구하는 몇 년 동안 크리스트는 남성 교수에게 인정받으려 애썼다. "그 교수의 마음에 들 방법을 알아낸다면 하느님 아버지의 사랑받는 아이가 될 수 있다고 생각했다. 나는 딸들이 신의 거처에서 아들들과 동등한 위치에 설 수 있을지 의문을 품은 적이 없었다. 아버지들(생물학적 아버지와 영적인 아버지)과 나의 관계에는 병적인 요소가 있었지만 그들의 지지를 통해서 나 자신의 지성과 능력에 대해 자신감을 얻었다. 여성적인 것 너머에 있는 자아의 핵심을 상상하며 전통적인 여성 역할로부터 어느 정도 자유를 얻었다. 내가 공부하려고 한 신의 말씀은 성경의 성 차별적 언어를 초월해 존재할 거라 생각했다. 나는 내가 남자 교수들과 똑같이 될 수 있을 거라고 여겼다. 지적인 삶을 사랑하고 종교적 의문에 관심이 있다는 점에서 공통된 인간성을 공유한다고 생각했기 때문이었다."[4]

크리스트는 남자들처럼 생각한다는 말을 들으면서 우쭐해했다. 그리고 전통적인 여성 역할에 만족하며 살아가는 여성들을 경멸한 적도 있었다. 자신은 특별하며 편애를 받는 딸이라고 느꼈다.

크리스트는 이러한 태도가 여성으로서 자신을 배신하게 한다는 것을 알게 됐다. 하느님 아버지와 남성 멘토들을 모델로 삼았지만, 그들은 가부장 사회에서 여성으로서 자신의 위치를 인정하면서 어떻게 여성의 몸을 가진 여성처럼 생각할 것인지, 어떻게 다른 여성들과 자신을 동일시할 것인지 따위의 문제를 해결할 수 있는 실마리를 주지 않았다.

크리스트와 아버지들의 관계는 대학원 과정 중에 변했다. 서부에 있는 남녀공학 대학교에서 동부의 남자 대학으로 옮긴 일이 그 변화에 부분적으로 영향을 끼쳤다. 하지만 크리스트가 이제는 유망한 학부생이 아니라 잠재력 있는 동료였다는 점과 그녀가 좀 더 현실적으로 자신의 미래를 그려보려고 애쓰기 시작했다는 점도 변화의 이유였다. "대학원에서 같이 공부하는 남성들에게 내가 여성으로 먼저 보인다는 것을 알게 됐다. 내가 동료로서 받아들여지지 않는다는 사실이, 딸들이 아버지들의 집에서 받아들여질 수 있는지 없는지 의문을 품게 만든 촉매였다."[5] 이 시점에서 크리스트는 "인간으로서, 여성으로서, 학자로서, 교사로서 (그녀가) 자신의 가치를 깨닫기 위해 아버지 신(the Father)이나 생물학적 아버지(father)에게 의존하지 않는 법을 배울 필요가 있다."[6]는 것을 알게 되었다.

폴란드 출신이며 가톨릭을 믿는 미국인 가정에서 자란 마흔다섯 살의 한 여성은 아버지 신의 영향력에서 벗어나지 못하는 자신의 삶을 붙들고 싸우는 중이다. 어떤 일을 하건, 얼마나 많은 성취를 이루어내건, 그녀는 자신이 결코 '신의 형상을 한 사랑받는 아들'이 될 수 없기 때문에 충분해질 수 없을 거라고 느낀다.

"나는 조형 예술가예요. 신은 항상 남자로 그려져 왔죠. 이 말이 대수롭지 않게 들릴지도 모르겠지만 나에게 신은 **남성이에요.** 그런데 신이 남성이라면 어떻게 내가 남자들과 동등할 수 있겠어요? 내가 엄청나게 스트레스를 받는 이유가 여성으로서 내 가치를 스스로 낮게 평가하기 때문에 일을 하는 네 시간을 다 보내서 그런 것 같아요. 나는 항상 '사랑받는 아들'의 기준에 맞추려고 애를 써 왔어요."

길들여진 딸들, "나는 항상 가면을 쓰고 있었어요."

지난 5천 년 동안 대체로 생산 지향적이고 권력 지향적인 관점과 지배-피지배의 방식으로 삶에 접근한 남자들이 우리 문화를 규정해 왔다. 삶에 경의를 표하는 것, 그리고 자연의 순환과 한계, 그 산물에 경의를 표하는 것은 우선순위가 아니었다. "남성들은 고대 이집트에서 위대했고, 그리스와 로마에서 위대했고, 르네상스 시대에 위대했다. 한때 남성들이 모든 것의 척도였다는 것을 확인하려면 단지 예술의 역사를 살펴보기만 하면 된다. 그들의 신체 비율은 이상적이었다. 지혜, 정의, 균형, 인내라는 개념은 근본적으로 남성의 영역이었고 남성 지향적이었으며 남성이 관장한 것이었다."[7]

지난 30년 동안 여성들은 대부분 영역에서 남성들이 규정하고 관리하는 환경에서 일해 왔다. 여성들이 엄청난 진보를 이루었고 분명히 모든 남성들이 지배적이지는 않지만, 여전히 대부분의 직장에서—여성이 대표인 경우에도—여성들이 남성적 방식을 따르는 것이 현실이다. 개인적 인간관계를 배제하는 데서 생기는 이익과 장시간 노동을 강조하는 것은 예외적인 경우가 아니라 원칙이다. 여성이 '이 모든 게 다 뭘 위한 거지?'라는 느낌이 들기 시작해도 상사나 동료들에게 그런 생각을 비치지 않는 게 낫다. 아주 최근까지도 '잠깐, 새로운 선택을 할 시간이야.'라고 분명히 밝히는 여성들을 위한 모델이 거의 없었다. 몇몇 여성들이 새로운 선택을 했지만 그들은 해도에 없는 바다를 여행하는 셈이었다.

팸은 8년 동안 저널리스트로 일해 온 삼십 대 중반의 여성이었다. 상담실로 나를 찾아왔을 때 팸은 최고의 직장으로 불리는 곳이지만 자기에게 심한 스트레스를 주었던 직장을 그만두고 프리랜서로서 연예·오락 잡지에 칼럼을 쓰기로 결정한 직후였다. 그 결정을 하면서 어떤 느낌이었느냐고 묻자 팸은 이렇게 대답했다.

"직장에서 내가 얼마나 불행한지 아무도 몰랐어요. 그래서 그만두고 싶다고 말했을 때 직속 상사는 깜짝 놀랐죠. 동료들은 내가 어떤 사람인지 몰랐어요. 나는 나를 그대로 드러내서는 안 된다고 생각했거든요. 기자로 일한다면 자신의 감정과 의견을 드러낼 수 없어요. 그래서 나는 항상 가면을 썼어요. 내 감정이나 내가 어떤 사람인지를 드러내고 싶지 않았어요. 나라는 사람은 거기 있고 싶지 않은 사람이었거든요. 난 정치·경제·국제 문제 같은 딱딱한 뉴스를 전혀 좋아하지 않았어요. 사람들이 누설하고 싶어 하지 않는 것들을 말하도록 압력을 넣거나 끊임없이 조작하고 남을 조종하는 일 따위에는 흥미가 없었어요."

"지난 6년 동안 나는 내 감정에 귀를 기울이지 않았어요." 그녀는 말을 이었다. "대신에 경제적인 상황 때문인 것처럼 스스로 속였어요. 실패의 두려움이 그 일을 계속하게 하는 자극제였죠. 어떤 실수도 하고 싶지 않았거든요. 사람들에게서 인정받는 것은 내게 아주 중요한 일이었어요. 그래서 다른 사람들의 평가가 전부인 대중 매체와 관련된 직업을 선택했던 거죠."

"그러다 내가 꽤 괜찮은 작가이고 해설자라는 걸 알게 됐어요. 글 쓰는 일이 내게 삶의 에너지를 주었죠. 작년에 시간제로 재택 근무를 하며 자유롭게 기고할 기회가 있었어요. 그때 내 안의 목소리가 말하더군요. '여기가 내가 있고 싶어 하는 곳이야. 이곳이 내가 정말로 있고 싶어 하는 곳이라고.' 하지만 난 그 소리에 귀 기울이려 하지 않았어요. 대신에 난 '그건 내 알 바 아냐. 우린 그저 전진하는 거야.'라고 말했죠."

"올해 난 내가 맡은 모든 일을 성공적으로 해냈다는 것을 깨달았어요. 관리자로서도 훌륭했고, 글도 잘 썼고, 매주 모든 사람들이 읽고 인용하는 평론가이기도 했고, 여러모로 주목을 많이 받았죠. 하지만 행복하지 않았어요. 거기에 있고 싶지 않다는 내 마음의 소리에 귀를 기울여본 적이 없었거든요. 나는 동료들이 종종 '신경질적인 여자'라고 수군거리는 그런 여자가 되고 싶지 않았어요."

"그러고는 사람들에게 인정받는 것에 대해 진지하게 생각하기 시작했어요. 나는 정말로 〈로스앤젤레스 타임스〉의 하워드 로젠버그(Howard Rosenberg) 같은 평론가가 되고 싶은 걸까? 물론 난 그렇게 될 수 있었어요. 하지만 정말로 그걸 원했던 걸까요? 마감 시간에 쫓기며 글을 쓰고 싶지 않아요. 내가 정말로 관심 있는 일을 글로 써서 자유롭게 기고하는 편이 더 좋아요. '이게 바로 나야.' 하고 내 한계를 받아들여야만 해요. 내 창조성을 활짝 열어젖힐 시간을 만들어낸다면 내 생각만으로도 재미있고 읽을 만한 글을 쓸 수 있어요."

"그래서 직장에 사표를 냈죠. '난 글 쓰는 일을 좋아해. 비록 예전만큼 많은 돈을 벌지 못하고 예전 같은 지위를 누리지 못한다 해도 내가 좋아하는 글을 쓰는 일이 더 즐겁고 만족스러울 거야.'라고 생각했죠. 상사는 내게 이렇게 말했어요. '이건 이런 식으로 처리할 문제가 아니야. 자넨 결국 그동안 쌓아 올린 경력을 모조리 잃은 채 되돌아오게 될 거야.' 그의 말은 일생 동안 싸워 왔던 목소리, '그건 이런 식으로 해야 해. 이게 삶의 진실이니까.'라고 말하며 날 지배해 온 목소리였어요. 이런 식의 절대적 권위가 늘 나를 괴롭혔는데, 난 오랫동안 그 소리에 귀를 기울여 왔어요."

"결국 직장을 그만뒀어요. 지금 하는 일이 정말 좋아요. 어제 밤에 글을 한 편 썼는데 너무 재미있어서 편집장에게 전화를 걸어 읽어줘야만 했다니까요. 난 항상 무명에서 스타가 되기를 기다려 왔어요. 하지만 이제는 그럴 필요가 없다는 걸 알게 됐죠. 나는 나 자신을 내가 지닌 조건 그대로 인정할 수 있게 되었어요."

프리랜서로 일하면서 팸은 자신이 내린 결정에 후회를 한 적도 있었다. 그렇지만 여섯 달이 채 되기도 전에 처음 세웠던 경제적 목표를 이루었으며, 다양한 주제에 관해 글 쓰는 일을 즐기고 있다. 이런 결정을 내리는 데에는 큰 용기가 필요하다.

가짜 목소리 거부하기

여성이 자신을 지배하는 내면의 목소리, "그가 옳아. 네 경력에 손해가 될 거고 결국 되돌아오게 될 거야."라고 말하는 목소리를 거부할 때, 여러 가지 복잡한 감정을 동시에 경험하게 된다. 공허감, 혹은 어쩐지 확실한 출세의 길을 밟지 않는 것 같은 느낌, 다른 사람을 실망시키진 않을까 하는 두려움, 당신을 어떤 사람이라고 규정한 그들의 선입견을 깨뜨리는 데 두려움을 느낀다. 하지만 '아니오'라고 말하고, 자신을 보호하고, 자신의 **진짜** 목소리를 듣고, 내면의 폭군을 침묵시키면서 우리는 강해진다.

나는 지난봄에 그런 경험을 했다. 집 근처 식당에서 두 남자의 이야기를 열심히 들었다. 그들은 학문의 평원으로 사기충천한 군대를 이끌고 가서 내 칼로 직접 비효율적인 교직원들의 목을 자르고 왕과 참모들의 신성한 방에 앉아 잔 다르크가 될 기회를 주겠다고 제안했다. 이 관리직을 내가 받아들인다면 어떤 짜릿한 도전이 나를 기다리는지도 이야기했다. 비록 참관인 자격이었지만 남자들만의 모임인 '엘리트 사교 클럽'에 초대받은 것 같은 기분을 느끼며 집으로 돌아왔다. 하지만 나는 결코 클럽의 정회원이 되지 못할 터였다. 두 사람은 그 점을 분명히 했다. 그들은 내가 자신들의 학교를 관리해주기를 원했지만, 나는 권력의 고삐가 여전히 그들 손에 있을 거라는 점을 잘 알았다.

이와 비슷한 경험이 떠올랐다. 업무상 거래에 관한 이야기를 해주는 아버지의 말을 경청할 때와 똑같은 느낌이었다. 권력의 비밀스러운 세계를 공유하는 것은 허용되지만 실제로는 드라마 속 배우일 뿐이라는 느낌, 거기 서서 그들의 시중을 들고 비위를 맞추고 경청하는 시종이 된 듯한 느낌, 내가 그 일을 한다면 나 자신을 배신하는 것이라는 기분 나쁜 느낌. 그러자 이런 생각이 들었다. "난 이 느낌이 싫어. 물론 나는 학생들과 교직원들을 관리하는 일을 잘 해낼 거야. 대단한 도전이 되겠지만 난 그 대가를 지불하고 싶지 않아. 이제야 글쓰기에 전념할 수 있을 만큼 충분한 시간을 어렵사리 확보했어. 그리고 난 이 길을 선택해서 글쓰기를 통해 무엇을 얻을 수 있는지 확인하고 싶어." 나는 제안을 거절했다.

내게 남은 이 느낌은 뭘까? 깊은 슬픔과 해방감이라는 두 개의 다른 느낌. 어딘가에 속하지 못한 외톨이라는 점과 남들이 기대하는 대로 하지 않았다는 점과 더는 내가 아끼는 공동체의 일부가 아니라는 점이 슬펐다. 한편으로 나는 다른 사람들의 기대로부터 해방되어 새로이 얻은 자유와 내면의 탐색에 충실했음을 축하했다. 내가 이기적이었나? 그 제안을 거절한 것이 나 자신을 기만한 행동이었을까? 그렇게 생각지 않는다.

여성 영웅은 영웅적 과업의 다음 단계에 '아니오'를 외치면서도 몹시 불편한 마음이 든다. 영웅적 행위가 아닌 것은 수동성, 하찮음, 방종으로 보일 뿐이다. 그것은 우리 문화에 죽음과 절망의 마법을 건다. 우리 문화는 더 높고 훌륭한 지위를 빠르게 획득하는 일에 가치를 둔다. 대부분의 사람들은 이러한 오만 (hubris)의 반대말이 '존재감 없음(invisibility)'이라고 여기며 두려워한다. 그리고 무엇을 해야 할지를 모른다.

여성이 어떤 **행위**를 하는 것을 멈추었을 때는 그저 **존재하는 법**을 배워야 한다. 존재함은 아무 일도 하지 않는 신선놀음이 아니다. 존재함은 훈련이 필요한 행위이다. 여성 영웅은 자신의 내면에서 들려오는 진짜 목소리를 주의 깊게 들어야 한다. 이 일은 그녀에게 무엇이든 하라고 말하고 싶어 안달하는 목소리들을 침묵시키는 것을 의미한다. 새로운 형태가 분명히 떠오를 때까지 긴장을 유지해야 한다. 설익은 것은 성장을 멈추고, 변화를 거부하고, 변형을 번복하게 한다. 그저 존재하는 일에는 용기와 희생이 필요하다.

희생을 헛되이 하지 않으려면 낡은 방식과 결별해야 한다. 비록 이러한 행위가 외부 세계에서 받은 갈채의 상실을 의미한다 할지라도, 여성들은 자신들이 진정으로 원하지 않는 직위를 거절하기 시작해야 한다. 물론 대개는 갈채를 잃는다. 또한 새로운 길이 분명해지기 전에는 치유가 필요한 커다란 상처가 남는다.

결정을 내리고 며칠 후 해변을 걸으면서 나는 사오 개월쯤 된 아기가 누워서 발을 차는 환영을 보았다. 아기는 벌거벗은 채 태양 아래 누워 까르륵거리며 구속에서 풀려난 자유를 즐기고 있었다. 내 커다란 상처가 말끔히 치유되었다.

왕은 죽어야만 한다

선택을 받는다는 것은 무척 기분 좋은 일이기 때문에 여성들은 거절을 어려워한다. 특히 왕에게 선택받았다면 더욱 그렇다. 우리 여성들은 아빠, 상사, 동료, 연인을 기쁘게 하기를 좋아한다. 우리는 다른 사람을 실망시키고 싶어 하지 않는다. 그래서 우리는 다른 사람을 행복하게 하는 데 자아상(self-image)의 많은 부분을 쏟아붓는다. 우리 내면의 여자아이는 배제되거나 홀로 남겨지기를 원하지 않는다. 재미있는 일에 끼지 않겠다는 선택은 몹시 고통스러운 일이다. 그리고 우리는 소득이 필요하다.

여성이 남성 역할 모델들을 만족시키는 정신적 딸의 신분 상태에서 벗어나려고 할 때 '위대한 아빠(Big Daddy)'는 "잘했어." "이게 내가 원하던 거야." "계속 너의 길을 가도록 해."라고 말해주지 않는다. 그 대신, 대개는 이렇게 반응한다. "이 자리를 선택하지 않고 그동안 쌓은 경력을 버리겠단 말이야?" "어떻게 나를 실망시킬 수가 있니?" "넌 단지 집중하는 법을 모를 뿐이야." "넌 아직 그 도전을 할 때가 아닌 것 같구나." 이런 책망을 듣는 것은 누구에게나 힘든 일이다. 특히나 남들을 실망시키는 것을 좋아하지 않는 여성들이나 인정받으려고 남성에게 의존하는 여성들에게는 괴로운 일이다.

하지만 우리가 정말로 성장할 수 있는 때는 지독히 상처받는 이런 순간이다. 융 심리학자이자 정신과 의사인 진 시노다 볼렌

(Jean Shinoda Bolen)은 이렇게 말한다. "남들이 기대하는 행동을 하거나 다른 사람을 기쁘게 하기 위해서 혹은 다른 사람이 두려워서 어떤 행동을 할 때, 우리는 진정으로 살아 있다는 느낌으로부터 멀어진다. 만일 우리가 그저 잘 아는 역할만을 수행하면서 산다면 집단 무의식으로부터 차츰 단절되는 대가를 치러야 한다. 집단 무의식은 우리에게 자양분을 주기도 하고, 혹은 정서적인 문제를 일으키는 원료를 제공하기도 한다. 과도기—정확히 이 용어로 불린다.—에는 그 시간을 모두 겪은 후 다시 우리의 길을 찾아내기 전에, 길을 잃고 숲 속을 헤매며 한동안 혼돈의 시간을 보내면서 변화하는 경우가 아주 흔하다."[8]

가부장제를 거부한다면 어떤 일이 벌어질까? 우리는 남성성과 새로운 관계를 발달시키기 위한 새로운 공간을 우리 내면에 창조하는 시간을 보내게 된다. 새롭게 관계를 맺을 남성은, 우리 문화에서 많은 남자들이 그랬던 것처럼 수 세기에 걸쳐 여성성과 분리되어 있던 남성적 목소리가 아니라, 우리를 위대한 어머니에게 데려다 줄 창조적인 남성이다. 위대한 어머니를 만남으로써 우리는 여성적 본성에서 분리된 상태를 치유할 수 있다. 가부장제를 거부하면서 우리는 "5천 년 동안 추방된 여성성의 힘과 열정이 잠들어 있는 땅속 깊숙한 곳, 여신의 정신을 향해 하강"[9]을 시작한다.

처음 이 장을 쓰기 시작했을 때 나는 내가 '키친맨(kitchen man)'이라고 이름 붙인—처음에 주방 바닥을 쓸고 있는 그를 우연히 만났기 때문에—긍정적인 내면의 남성에 관한 꿈을 꾸기 시작했다. 그는 부드러우면서도 바위처럼 단단하고, 커다란 곰 같은 남자이다. 이 글을 쓰면서 새로운 분야를 다루는 것이 자신 없을 때마다 나는 나를 안내해 달라고 그에게 부탁했다. 그는 나를 보호하고 한 번에 한 발자국씩 내게 보조를 맞추어 움직였다. 내가 키친맨을 불러서 그가 내게 올 때마다 나는 놀랐고 힘을 얻었다. 예전에 나는 나를 돌봐줄 인물이 남성일 거라고는 예상하지 못했다. 또한 이 내면의 남성적 인물이 나를 '위대한 어머니'에게 이끄는 안내자라는 사실이 경이로웠다. 아래 글은 키친맨이 나를 낯선 바다 속 깊이 헤엄치러 데리고 가는 이야기이다.

"지금 난 중간에 끼인 상태에 있는 것처럼 느껴진다. 귀를 누르는 물의 압력을 느낄 수 있다. 소리가 들리지 않는다. 우리는 아직 바닷속으로 충분히 깊이 들어가지 않았다. 아니면 지금 이 순간이 어떤 것을 느끼는 방법일 수도 있다. 나는 지금 이 순간에 머무는 것을 잊지 말아야 한다. 나는 아직은 이해할 수 없는 새로운 영역으로 나아가고 있다. 다른 사람들의 언어에 갇혀 있는 내 언어가 보인다. 그것들은 내 말들이다. 내 말들을 풀어주고 싶다. 그런데 그 갇혀 있는 말들은 어떤 말들일까?"

"우리는 이제 대양의 밑바닥에 있다. 나는 많은 여성들이 따뜻한 물속에서 유영하는 모습을 보았다. 우리는 바다의 리듬에 몸을 맡겼다. 거대하고 아득한 사랑이 느껴진다. 나는 바닷말이 만든 대성당을 올려다본다. 나는 이곳에 영원히 머무르고 싶다. 바닷물 속에서 어미 고래와 새끼들의 숨소리가 들린다."

"키친맨과 나는 함께 거대한 포유류의 모습을 한 존재를 향해 헤엄친다. 그 포유류는 대양의 밑바닥에 앉아 있다. 애벌레처럼 생긴 그녀에게는 커다란 유방이 여럿 달려 있다. 에페수스°의 디아나° 여신을 연상시킨다. 나는 젖꼭지 중 하나를 빤다. 젖이 아니라 물이 나온다. 나는 깜짝 놀란다. 그녀가 나를 기르고 있는 것이다. 그녀는 미소 짓고 있지만 한편으론 내게 거리를 두고 있다. 내가 그녀를 사랑한다거나 그녀가 날 사랑한다거나 하는 느낌은 들지 않는다. 하지만 그녀는 바로 지금, 아주 가까이에 존재한다. 그녀는 인격적 존재가 아니지만 분명 **거기에** 존재한다. 나는 키친맨에게 그녀에 대해 묻는다. 그가 나에게 말한다.

'둘 사이는 개인적(생물학적) 어머니와의 관계와는 다르지요, 이분은 '위대한 어머니'랍니다.'"

에페수스(Ephesus) 고대 그리스의 도시 유적. 터키의 소아시아 반도 서쪽 기슭 이즈미르 남쪽에 있으며, 세계 7대 불가사의인 아르테미스 신전이 있다.
디아나(Diana) 달의 신이자, 숲의 신이자, 사냥의 신이자, 임신과 출산을 돕는 신으로 로마 신화에 등장한다. 그리스 신화의 아르테미스를 계승했다.

6장

내면의 여신을 만나다

어쩌면 땅 속 깊은 곳에
아니면 신성한 산 위에
당신이 조용히 숨어 있다고들 한다.
우리의 방종한 모습을 경고하고, 경고의 징조를
허공과 모래 속에 쓰면서
애타게 하지만 서두르지 않으며
당신이 (소리 없이) 사람들 사이를 걷고 있다고들 한다.
조심하세요. 당신은 컵 사이를 걷는다. 크리스털 컵 사이를 지나 걸어 나간다.
당신의 검은 눈의 성스런 빛으로 치유한다.
당신이 정글에서 녹색의 베일을 벗고
흰 눈 속에서 파란 베일을 쓴다고들 한다.
해산을 돕고, 우리의 죽음 위에서 춤을 추고,
우리의 지친 몸을 달래주고 껴안아준다.
당신은 여기 조용히 숨어 동굴 속에서 속삭이고,
경고하고 경고하며 희망의 날실을 짜고
사악한 기운에 맞서 손을 맞잡는다.
오, 깨끗이 먹어 치우는 산성비,
그 유독한 비가 우리의 머리 위로 내려
악몽에서 깨어나는 아이들처럼 우리를 깨어나게 하소서.
대지의 살을 으깨어 늪을 만들면서
우리의 골수를 짓밟는 냉혹한 인간들,
이름 부를 수 없는 그 탐욕스러운 자들을 막아주소서.
- 다이앤 디 프리마(Diane Di Prima), 〈지모신에게 바치는 기도〉

하강, 자발적 소외의 시간

하강은 영혼의 어두운 밤, 고래의 뱃속, 암흑의 여신과의 만남, 지하 세계로 가는 여정으로 여겨지거나 또는 그저 우울증으로 치부되기도 한다. 하강은 대개 삶을 통째로 바꿔놓는 상실에서 비롯된다. 자신의 삶이나 정체성과 단단히 얽혀 있는 아이나 부모나 배우자의 죽음을 경험하는 것이 지하 세계로 향하는 여정의 시작이 될 수도 있다. 여성들은 흔히 딸, 어머니, 연인, 배우자 같은 특정한 역할이 끝났을 때 하강을 한다. 또 생명을 위협하는 질병에 걸리거나 사고를 당했을 때, 생계 수단이나 자신감을 잃었을 때, 지리적으로 멀리 떨어진 곳으로 이주했을 때, 학위를 끝내지 못하는 데서 오는 무력감과 벗어날 수 없는 중독 또는 실연의 아픔을 겪을 때 절단과 하강의 공간이 열린다.

지하 세계로 가는 이 여정은 혼돈과 비탄, 소외와 환멸, 분노와 절망으로 가득 차 있다. 여성은 발가벗겨져 드러나고, 메말라 부서지고, 피부가 벗겨져 쓰라리고, 안팎이 뒤집혔다고 느낄 수도 있다. 나는 결혼 생활이 파경을 맞는 동안, 중증 자궁경부이형성피증과 싸우는 동안, 그리고 예술가로서 나 자신에 대한 확신을 잃어버렸을 때 그런 감정을 느꼈다. 보고 싶지 않았던 나 자신과 내 세계의 진실을 대면해야 할 때, 그리고 변형의 불길로 단련되고 정화될 때마다 그 감정은 나를 찾아왔다.

지하 세계에는 시간 감각이 없다. 시간은 무한하고 그곳을 서둘러 떠날 수도 없다. 아침도 없고 낮도 없으며, 또는 밤도 없다. 칠흑같이 어둡고 혹독하다. 온통 암흑뿐인 지하 세계는 축축하고 차갑고 뼈가 시리다. 지하 세계에는 쉬운 해결책이 없다. 빠져나가는 지름길도 없다. 울부짖음이 그친 그곳엔 침묵뿐이다. 여성은 벌거벗은 채 죽은 자들의 뼈 위를 걷는다.

바깥 세상에서 볼 때, 하강을 시작한 여성은 뭔가에 사로잡혀 있거나 슬픔에 빠져 있어서 다가갈 수가 없다. 소리쳐 울부짖건, 숨죽여 흐느끼건 대개는 까닭 모를 눈물이 끝없이 흐른다. 위로받지 못하고 버려졌다고 느낀다. 그녀는 해야 할 일을 잊어버리고, 친구들도 만나고 싶어 하지 않으며, 소파에 공처럼 둥글게 몸을 웅크리고 앉아서는 방 밖으로 나오려 하지 않는다. 그녀는 땅을 파헤치거나 숲 속을 걷는다. 흙과 나무가 그녀의 동료가 된다. 그녀는 가족들이나 친구들이 볼 때 감각을 상실한 것처럼 보이는 자발적 소외의 단계로 들어간다.

몇 년 전, 캘리포니아 주립대학 롱비치 캠퍼스에서 여성 영웅에 관한 강의를 하면서 자발적 소외를 언급하자 강당 뒤쪽에 앉아 있던 한 여성이 참을 수 없다는 듯이 손을 들고 강의에 끼어들었다. 그녀는 놀란 목소리로 "자발적 소외!"라고 소리쳤다. "내가 지난 아홉 달 동안 겪었던 상황이 바로 자발적 소외였군요."

모든 사람이 고개를 돌려, 위엄 있게 의자에서 일어선 사십 대 후반의 여성을 바라보았다. 그녀는 말을 이었다. "아홉 달 전에 나는 연 20만 달러 이상을 버는 규모가 큰 디자인 회사의 소유주이자 대표 이사였어요. 평소처럼 출근한 날이었는데, 갑자기 내가 누구인지 모르겠더라고요. 거울을 들여다보며 거울 속에서 나를 보고 있는 여인이 누구인지 알아보지 못했어요. 난 완전히 혼란에 빠져서 집으로 돌아왔어요. 그리고 다시는 직장으로 복귀하지 않았죠."

"처음 한 달 동안은 내 방에만 있었어요. 십 대 아들과 남편은 겁을 먹었죠. 그런 내 모습을 전에는 한 번도 본 적이 없었거든요. 나는 아침에 옷을 갈아입을 힘조차 없었어요. 장을 보거나 요리를 하거나 빨래를 할 수도 없었어요. 선생님이 말한 자발적 소외의 단계로 들어간 거죠."

그녀가 말하는 동안 몇몇 여성이 동의하며 고개를 끄덕였다. "난 평생 정원을 가꿔본 적이 없었는데, 이제는 정원을 가꿔요. 그 일이 지금 내가 할 수 있는 유일한 일이에요. 흙이 좋거든요. 하지만 가족들은 날 걱정해요. 내가 정신과 의사에게 상담을 받

고, 다시 일을 하고, 다시 웃기를 바라죠. 내 수입도 아쉬워하고
요. 가족들은 내가 정상이 아니라고 생각하지만 난 그들의 말이
들리지도 않아요. 나는 흙을 뒤집을 때마다 땅속에 있는, 나 자
신에게로 돌아가는 길을 찾고 있어요."

그 여성은 하강을 경험한 모든 여성이 깨달은 진실을 정확히
이야기했다. 위로 올라가고 빛을 향해 밖으로 나아가는 남성들
과 달리 여성들은 그들 존재의 근원 아래로 깊이 내려가 자신에
게 돌아가는 길을 찾는다. 자신에게 돌아가는 길을 찾기 위해 땅
을 판다는 비유는 여성의 입문 과정을 표현한 것이다. 여성에게
영적인 경험은 자아의 바깥이 아닌 자아의 내부로 더 깊이 들어
가는 것이다.

많은 여성이 이 자발적 소외의 기간 동안 '남성 왕국'에서 자신
을 끌어낼 필요가 있다고 말한다. 예술가이자 심리 치료사인 퍼트
리샤 라이스(Patricia Reis)는 자발적 소외에 관해 이렇게 말한다.

내가 해체와 죽음, 내면에 씨를 뿌리고 결실을 얻는 재생의 모든
과정을 통과하는 데는 4년이 걸렸다. 이 기간에 내가 했던 아주 중요
한 일은 '남성 세계'의 모든 외부 경기장에서 완전히 물러났다는 것이
다. 다시 말해 나는 재탄생을 완수하기 위해서 남성의 세계와 나 자
신을 의식적으로 분리해야 했다. 이 일은 나를 안으로 끌어당기거나
나의 여성적 모체를 창조하는 신중한 과정이었다. 이 과정을 거치며
나는 나 자신의 여성성의 토대인 내면의 힘을 찾을 수 있었다. 다른

방식으로는 이 과정을 완수할 수 없었을 것이다.[1]

어머니를 거부하면서 여성성의 거울이 산산조각 난 여성은 분리된 자신의 부분들을 되찾기 위해 땅속 깊이 내려간다. 이 여행 중에 여성은 어쩌면 태어나서 처음으로 **자신의 몸**, **자신의 감정**, **자신의 성적 취향**, **자신의 직관**, **자신의 이미지**, **자신의 가치**, **자신의 마음**을 알게 될 수 있다. 이것들이 그녀가 그 깊은 곳에서 찾는 것들이다.

나는 이 과정에 깊은 경의를 품고 있으며, 이를 평범하게 취급하고 싶지 않기에 두려움에 떨면서 하강에 관해 쓴다. 하강은 신성한 여정이다. 하지만 우리 문화에서는 대개 약물 치료를 받아서 되도록 빨리 없애버려야 할 우울증으로 분류한다. 아무도 우울한 사람 옆에 있고 싶어 하지 않는다. 우리가 자신을 완전히 알기 위한 탐색에서 이 하강을 신성하고 필요한 것으로 여기고 존중했다면 우울증, 알코올, 학대 관계, 약물에 빠진 여성이 더 적었을 것이다. 또한 부끄러움 없이 자신의 느낌을 경험하고 자신의 고통을 여실히 드러낼 수 있었을 것이다.

여성은 하강을 할 때 발거벗겨진 느낌이나 사지가 절단된 느낌, 분노에 삼켜진 느낌이 들기도 한다. 정체성 상실을 겪고, 익숙한 역할 반경이 점점 줄어들고, 가까운 사람을 잃을지도 모른다는 두려움을 느낀다. 또 완전히 메말라버렸다거나 살갗이 벗겨졌다거나 성적 욕구가 전혀 없다고 느낄 수도 있고, 창자가 뒤

왕가의 계곡에 있는 세티 1세의 무덤에서 발견된 이시스 여신의 벽화. 기원전 1360년경.

집히고 비틀려 끊어지는 고통을 겪을 수도 있다. 삶이 나아지기를 기다리면서 오랜 시간 어둠 속에서 보내기도 한다.

　그녀는 고대 수메르에서 하늘과 땅의 여신으로 숭배되던 여신 이난나를 말뚝에 매달아 썩어 죽게 한 암흑의 여신 에레슈키갈을 만날지도 모른다. 여성은 하강할 때마다 이 암흑의 여신을 두려워하고, 자기 내면에 존재하는 이 암흑의 여신이 자신에게 무슨 일을 저지르진 않을까 전전긍긍한다. "난 암흑의 여신이 날 완전히 갈아서 가루로 만들어 먹어 치우고 뱉어버리진 않을까 겁이나. 하강을 할 때마다 처음 시작했을 때보다 점점 더 나 자신이 되어 간다는 것은 알지만 하강은 지독히 고통스러운 경험이야."

　하강은 강박 행동이다. 우리는 모두 하강을 피하려고 애쓰지만 삶의 어떤 순간에는 내면 깊은 곳으로 여행을 떠난다. 하강은 매력적인 여정은 아니지만 반드시 여성을 강하게 하고 여성이 자아감을 분명히 하게끔 한다. 오늘날 몇몇 여성들은 하강 과정을 꿈속에서 암흑의 여신을 만나는 것으로 표현하기도 한다. 이 여성들은 노기등등하고 게걸스러운 힌두 여신 칼리를 만날지도 모른다. 고대 문명에서 칼리 여신은 자신의 권력과 영광이 남성 신들에게 넘어갔던, 그 원초적 배신 때문에 분노로 가득 차 있다.

　칼리 여신과 다른 여신들의 **창조** 원리(creatrix principle)는 아버지 신들(father gods)에게 자리를 빼앗겼다. 스스로 자신을 아버지라 칭하는 성경의 야훼도, 난나, 닌후르사그, 마미로 불리던 수메르와 바빌로니아 어머니 신의 고대 마술을 모방해 손으로 진흙을 빚어 자신의 아이들을 만들었다.[2] "힌두교 신자들은 태초에 피의 바다와 대양이 있었다고 말한다. 이 대양은 창조주 여신인 칼리 마야*의 정수였다."[3] 이집트인들은 창조주 여신을 시간이 생겨날 때부터 함께 존재했던, 오래된 것들 중에서도 가장 오래된 존재, 이시스라고 불렀다. "이시스 여신은 만물의 생명의 근원이었다."[4] 비옥한 대지의 창조자라는 여성 신의 상징성은, 기독교가 어머니 원형을 성공적으로 제거하고 창조주 아버지와 구세주 아들로 대체하면서 완전히 뿌리 뽑혔다.[5]

잃어버린 나의 조각들을 찾아서

무슨 말을 해야 할지 모른 채
그녀를 만나려고 준비한다.
그녀를 배신한 건
남자들만이 아니었다.
나 또한 그녀를 배신했다.

나는 어머니를 거부한
아버지의 딸이었다.
나는 항상

---

* 마야(Maya)는 인도에서 '어머니'라는 뜻으로 쓰인다.

의식을 잃을까 봐

나의 목소리

나의 시각

나의 평정을 잃을까 봐

어둠 속으로 내려가는 게 두려웠다.

진짜 나의 것은 얼마나 되는가?

나의 말은 다른 이들의 언어 속에 둘러싸여 있다.

내 이미지는 다른 이들의 예술을 모방한 것이다.

무엇이 나인가?

나는 잃어버린 나의 조각들을 찾고 있다. 어쩐지 지모신을 만나기 전에 그 조각들을 찾아야만 할 것 같다. 아버지의 딸이 되어 아버지를 기쁘게 하고 성공하려고 애쓰면서 난 무엇을 잃어버렸는가? 아버지 편을 들면서 무엇을 잃었는가? 전체의 모습을 보는 데 필요한 진실의 조각을 잃어버렸다. 추한 것들, 정상이 아닌 것들, 거부당한 것들, 사라진 것들.

여기저기 둘러보던 나는 어머니들—내 어머니, 전 남편의 어머니, 내 어머니의 친구들인 줄리아, 캐서린, 베티—의 눈 먼 머리를 발견한다. 그들은 나에게 무엇을 말하려고 하는가? "우리를 꺼내서 우리 몸에 다시 붙여줘. 우리를 제대로 묻어줘. 우린 내내 여기 진흙 속에 버려져 있었어. 우린 움직일 수가 없어. 볼 수도 없어."

그들이 속삭인다. "이 어둠을 다시 가져가."

어머니들과 함께 다른 어떤 것들이 묻혀 있는가? 그곳에는 꿈을 꾸는 능력, 환상을 보는 능력이 묻혀 있다. 내 상상의 세계—내가 수집한 상상의 생물, 동화, 나무집—가 이 흙바닥 어딘가에 흩뿌려져 있다. 그것들은 내가 되찾으려는 나의 일부이다. 나는 내 일부를 되돌려 받는다. 나는 하고 싶은 것은 무엇이든 할 수 있고, 구체적인 이미지로 상상하는 것은 무엇이든 현실화시킬 수 있다는 예전의 느낌을 되찾는다. 한때 나는 그 방법을 알고 있었는데 마치 마법 같았다. 나는 이따금 집의 한쪽 구석에 앉아서 장미가 자라는 것을 보았다. 그렇게 **고요히** 있을 수 있었다. 나는 생명이 고동치고 향기를 내뿜고 소리 내는 것을 느낄 수 있었다. 나는 늪을 알고 있다. 이것은 새로운 경험이 아니다. 이전에 나는 여기에 있었고 보호받는다고 느꼈다. 늪과 숲은 나의 어머니이다. 나는 나무, 진흙, 풀, 나뭇잎과 연결되어 있음을 느낀다. 나는 결코 혼자라고 느끼지 않는다. 나는 다시 연결되었다. 아주 깊이.

나는 지금 늪 속으로 가라앉는다. 이 진흙 속에 하얗고 아름답고 도자기 같은 뼈들이 있다. 나는 내 팔뼈와 갈빗대를 움켜쥔다. 이 뼈들이 뼈대이다. 나는 잃어버린 나의 부분들을 발굴하려고 점점 더 깊이 파 내려간다. 나는 잃어버린 내 뼈들을 생각하며 깊이 애통해한다. 대체 어디로 가버린 걸까?

나는 뼈들을 주워 들면서 얼핏얼핏 흙바닥 아래에서 지모신을 본다. 그녀는 딸을 껴안고 있다. 내가 예상했던 모습이 아니다. 분노에 차 있지도 않고, 늙지도 않았으며, 추하지도 않다. 밝은 갈색 머리카락을 가진 젊은 여성이다. 그녀는 딸을 위로하고 보호해준다. 딸을 품에 안은 채 가만히 이야기에 귀 기울인다. 종소리 같은 목소리로 웃고 노래한다.

하지만 난 아직 그곳에 있지 않다. 나를 아래로 데려가 달라고 안내자에게 부탁한다.

안내자는 우리가 이전에 갔던 곳보다 더 깊이 나를 데려간다. 익사할까 봐 정말 무섭다. 우리가 더 깊이 내려가는 동안 나는 많은 물을 삼키고 연신 푸푸거린다. 안내자는 내 손을 꼭 붙들고 무서워하지 말라고 말한다. 그는 나를 동굴 아래로 안내한다. 그곳에서 나는 고래를 닮은 거대한 무언가를 마주한다. 고래를 닮은 그녀는 릴리퍼트 왕국(《걸리버 여행기》에 등장하는 소인국)의 소인들이 세운 가설물에 둘러싸여 있다.

소인들이 그녀를 제압하고 있다.

그런데도 그녀는 자신의 거대하고 검은 꼬리를 움직일 수 있다. 강하고 우아한 리듬으로 꼬리를 앞뒤로 흔든다. 그러나 그녀의 몸은 움직일 수 없게 붙잡혀 있으므로 앞으로 나아가지 못하고 꼬리가 일으킨 물보라가 가설물 위를 덮칠 뿐이다. 그녀는 전혀 위협적이지 않다. 나는 그녀의 깊은 슬픔을 느낀다. 안내자가 나를 그녀에게 더 가까이 데려간다. 나는 그녀의 힘에 겁이 났다.

"넌 날 도울 수 있어." 그녀가 내게 말한다. 나는 뒤로 물러선다.

"아뇨, 못 해요."

"넌 할 수 있어." 그녀는 울리는 소리로 말한다.

"네가 나타났기 때문에 그들은 나를 더 붙들고 있지 못해. 내 딸들이 각자 자유 의지로 내게 오면 난 풀려나거든."

그녀가 이 말을 하는 동안 가설물의 발판이 무너져 내린다. 굵은 막대의 힘도 환각이었다. 이제 그녀는 등을 활처럼 구부린다. 거대한 꼬리는 대양의 가장 깊은 곳까지 구석구석 파도를 일으킨다. 그녀가 헤엄을 치고 우리도 함께 헤엄을 친다. 그녀의 몸이 점점 작아진다. 이제는 기괴하게 부풀어 있는 모습이 아니다. 우아하고 자유롭다. 인어처럼 우아하게 물속을 헤엄쳐 간다.

소인들은 우리 만드는 일을 계속한다. 어쩐지 그녀가 풀려났다는 것을 알아채지 못한 것 같다. 우리는 그 동굴을 떠나고 바다는 변한다. 점점 따뜻해지고 우유처럼 뿌옇게 변한다. 그녀는 멈춰 서서 내 쪽으로 몸을 돌린다. 길고 아름다운 그녀의 금발이 눈에 들어온다.

"내 딸들이 내게 왔을 때 내 딸들은 치유가 되고 나는 속박에서 풀려나." 그녀가 말한다. 그녀는 물고기 꼬리를 가진 바다의 어머니 아프로디테-마리이다. 그녀는 신들을 낳은 '위대한 물고기'이다.

나는 이제 그녀가 두렵지 않다. 대부분의 여성들처럼, 깊은 곳에 있는 이 여성은 단지 그녀의 에너지가 사슬에 묶이고, 갇히고 표현이 거부되었을 때만 두려운 존재이다. 그녀가 자유롭게 움직이게 되면 육지와 바다의 모든 창조물은 그녀에게로 온다. 그녀와 함께 있을 때 우리는 생기를 되찾고 새로워진다. 여성들은—남성들 또한—그녀를 발견하는 방법을 기억해야 한다.

데메테르와 페르세포네

어머니에게서 딸의 상실과 딸에게서 어머니의 상실은 여성의 근원적인 비극이다.
  – 에이드리언 리치(Adrienne Rich), 《더이상 어머니는 없다》

나는 항상 데메테르와 페르세포네와 헤카테 여신의 신화에 깊은 감동을 받았다. 그 신화는 사랑을 갈망하는 젊은 여성으로서, 맹렬하게 아이를 보호하는 어머니로서, 지혜의 나이로 접어드는 중년 여성으로서 나를 감동시켰다. 바버라 워커(Barbara Walker)의 《신화와 비밀에 관한 여성의 백과사전》에서 우리는 데메테르 여신에 관해서 배울 수 있다.

그리스어로 '메테르(meter)'는 '어머니'라는 뜻이다. '데(De)'는 그리스 문자의 델타(△), 또는 삼각형을 뜻하며 인도의 '요니 얀트라(Yoni Yantra)'처럼 성스러운 문자로서 '외음부를 본뜬 글자', 즉 여성의 생식기를 뜻한다. …… 이렇게 데메테르는 아시아에서 '신비로운 여성성의 통로이자, …… 하늘과 땅에서 튀어나온 뿌리'로 여겨졌다. 미케네 문명에서 초기 데메테르 여신의 신전인 **톨로스** 무덤(원형 무덤)은 삼각형의 문과 질 같은 짧은 통로와 둥근 지붕으로 이루어졌는데, 이는 다시 태어날 수 있는 여신의 자궁을 상징했다.

모든 가장 오래된 〔인도-유럽 여신의〕 모습처럼 데메테르는 처녀와 어머니와 노파, 혹은 창조자와 수호자와 파괴자의 모습으로 나타난다. …… 데메테르의 '처녀' 형상은 '처녀'나 '소녀(Kore)', 또는 때때로 코레의 납치에 관한 고전적인 신화에서처럼 데메테르 자신의 '딸'로 등장했다. 이는 데메테르의 '처녀'와 '어머니'라는 두 가지 모습이 '코레'와 '데메테르'라는 두 개별적 존재로 나뉜 것이다. 데메테르의 어머니 형상은 다양한 이름과 호칭으로 불렸다. '여왕'을 뜻하는 데스포에나(Despoena), '여신'을 뜻하는 다에이라(Daeira), 보리 어머니(Barley-Mother), 땅과 바다의 현명한 자, '풍요로움'을 뜻하는 플루토(Pluto)…….

파괴자 페르세포네라는 데메테르의 노파 모습은 후기 신화에서 처녀와 동일시되었다. 그래서 지하 세계로 납치된 그 젊은 처녀는 때로는 코레, 때로는 페르세포네가 되기도 했다.[6]

데메테르 숭배는 기원전 13세기에 미케네에서 확립되어 이후 미트라(Mythra, 페르시아의 빛과 진리의 신) 숭배와 그리스도 숭배로 대체되기 전까지 거의 2천 년 동안 그리스 전역에서 이어졌다. 엘레우시스에 있는 데메테르 신전은 그리스에서도 손꼽을 정도

로 큰 신전이며 공들여 지은 신비 종교의 중심이었다. 데메테르
는 중세 내내, 심지어 19세기까지도 엘레우시스의 '여신'으로서
그리스 농부들에게 숭배받았다. 그때 데메테르는 '땅과 바다의
여왕'이라 불렸다.[7]

그들의 목적이 '갱생과 죄의 용서'였음에도 공공연한 성행위 때문
에 초기 기독교 신자들은 엘레우시스 의식에 적대적이었다. 아스테리
우스(Asterius, 초기 기독교의 순교 성인)는 이렇게 말했다. "엘레우
시스는 단둘이 어둠 속으로 내려간 사제와 여사제가 엄숙하게 성행
위를 하는 현장이 아니냐? 거기에 모인 셀 수 없이 많은 회중이 횃불
이 꺼지고 암흑 속에서 두 사람이 한 행위에 구원이 있다고 믿지 않
느냐?"[8]

암흑 속에서 우리는 다시 태어난다.

엘레우시스 종교 의식의 기초가 된 신화는 호메로스의 장편 서
사시 〈데메테르 찬가〉[9]에 기술되어 있다. 이 찬가는 제우스의 형제
인 지하 세계의 신 하데스에게 페르세포네가 납치당했다고 짐작
하면서 데메테르가 보인 반응을 자세히 묘사한다.

페르세포네는 어머니가 없는 처녀인 자신의 친구들 아르테미
스 여신과 아테나 여신과 함께 풀밭에서 꽃을 꺾고 있었다. 그때
특이하게도 송이가 백 개인 아름다운 수선화가 페르세포네의 시
선을 끌었다. 그녀가 수선화를 꺾으려고 손을 내밀자 땅이 갈라

요제프 하인츠, 〈하데스에게 납치되는 페르세포네〉, 1600년경.

져 열리면서 땅속 깊은 곳에서 검은 말들이 끄는 황금 마차를 탄 하데스가 나타났다. 하데스는 페르세포네를 와락 낚아채 지하 세계로 데려가버렸다. 페르세포네는 몸부림치고 저항하면서 아버지 제우스에게 도와 달라고 비명을 질렀다. 하지만 제우스는 그녀를 도와주지 않았다. 어두운 달과 교차로의 여신인 헤카테는 자신의 동굴 속에서 페르세포네의 비명을 들었다.

데메테르도 페르세포네가 울부짖는 소리를 듣고 뛰쳐나왔다. 납치당한 딸을 찾아서 횃불을 들고 아흐레 밤낮을 산을 넘고 바다를 건넜다. 데메테르는 먹지도 않고 자지도 않고 씻지도 않고 미친 듯이 딸을 찾아다녔다. 많은 여성이 아이를 낳거나, 연인과 헤어지거나, 어머니를 잃고서 사지가 절단되는 듯한 경험을 하면서 자신의 잃어버린 일부를 찾기 시작하는데, 이때 데메테르와 같은 경험을 한다.

열흘째 되는 날 새벽에 헤카테가 데메테르를 찾아와 페르세포네는 납치된 거라고 말했다. 하지만 헤카테는 누군가 페르세포네를 납치해 가는 소리를 듣기만 했을 뿐 **보지는** 못했다며 태양신 헬리오스에게 함께 가보자고 했다. 헬리오스는 하데스가 페르페포네를 자신의 신부로 삼으려고 강제로 지하 세계로 데려갔다고 말해주었다. 그는 페르세포네의 납치와 강간은 하데스의 형제인 제우스의 허락을 얻은 일이라며 데메테르에게 그만 울고 이미 벌어진 일을 그냥 받아들이라고 했다.

데메테르는 격분했다. 비탄과 분노뿐만 아니라 배우자인 제우스에게 배신감을 느꼈다. 데메테르는 아무도 알아보지 못하게 노파로 변장하고 올림포스 산을 떠나 도시와 시골을 헤매고 다녔다. 데메테르가 비통해하는 동안 땅 위에서는 그 어떤 생명도 자라나지 않았다. 땅은 황량한 불모지가 되었다. 엘레우시스에 이른 데메테르는 완전히 지치고 슬픔에 잠겨 우물가에 앉아 있었다. 마침 우물에 온 엘레우시스의 왕 켈레오스의 딸들이 데메테르의 아름다움과 기품에 마음이 끌렸다. 데메테르가 유모로 일할 자리를 찾고 있다고 말하자 그들은 어린 동생 데모폰을 돌보도록 어머니 메타네이라에게 그녀를 데리고 갔다.

데메테르는 아기를 불사의 몸으로 만들기 위해 암브로시아*를 먹이고 몰래 불 속에 넣어 담금질했다. 어느 날 밤 메타네이라가 데모폰을 담금질하는 데메테르를 보고서 공포에 질려 비명을 질렀다. 데메테르는 노기를 띤 채 자신의 정체와 신성한 아름다움을 드러내며 여신의 자태로 메타네이라의 어리석음을 꾸짖었다. 황금빛 머리칼을 어깨까지 늘어뜨린 데메테르의 존재는 온 집 안을 빛과 향기로 가득 채웠다. 데메테르는 자신이 누구인지 기억해냈다.

데메테르는 메타네이라에게 자신을 위한 신전을 지으라고 명령했다. 그러고는 페르세포네를 잃은 슬픔으로 가득 차 그 신전

암브로시아(ambrosia) 그리스 신화에서 신들이 먹는다고 하는 식물. 꿀보다 달고 좋은 향기가 나며 불로불사의 효력이 있다고 한다.

에 홀로 앉아 있었다. 데메테르는 곡물의 여신이었기 때문에 그녀가 슬퍼하는 동안에는 땅 위의 어떤 것도 자라지 않고 열매를 맺지 못했다. 기근이 온 세상에 퍼졌다. 올림포스의 신들이 공물과 희생물을 전혀 받지 못하게 되자 마침내 제우스가 사태를 파악했다. 제우스는 처음에 전령의 여신인 이리스를 사자로 보내 데메테르에게 돌아오라고 애원했다. 데메테르가 거절하자 올림포스의 모든 신들이 선물을 들고 그녀를 찾아왔다. 여전히 화가 식지 않은 데메테르는 페르세포네가 돌아오기 전에는 다시는 어떤 곡물도 자라기를 원하지 않는다는 자신의 뜻을 신들에게 알렸다.

제우스가 움직였다. 그는 데메테르가 분노를 거두고 만물을 생장시키는 비옥한 땅으로 되돌려놓도록 신들의 사자인 헤르메스 신을 하데스에게 보내 페르세포네를 돌려보내라고 명령했다. 페르세포네는 돌아가도 좋다는 말을 듣자마자 떠날 준비를 했다. 그때 하데스는 페르세포네에게 석류 몇 알을 주었다. 서둘러 돌아나오던 페르세포네는 석류 알을 먹었다.

헤르메스는 페르세포네를 데메테르에게 데려다주었다. 데메테르는 딸을 보고서 기뻐 어쩔 줄을 몰랐다. 페르세포네는 어머니의 품에 뛰어들었고 둘은 하나가 되었다. 그러고 나서 데메테르는 페르세포네에게 지하 세계에서 먹은 음식이 있는지 물었다. 페르세포네는 그동안 아무것도 먹지 않았는데, 어머니에게 돌아간다는 사실 때문에 흥분한 나머지 하데스가 준 석류를 몇 알 먹었노라고 대답했다.

데메테르는 석류를 먹지 않았다면 항상 자신과 함께 있을 수 있었을 테지만 먹어버렸기 때문에 '일 년의 3분의 1'은 지하 세계로 돌아가야만 하고 그동안 세상은 황무지가 될 것이라고 말했다. 페르세포네는 일 년의 3분의 2를 데메테르와 함께 지낼 수 있었고, 그 기간 동안 땅은 열매를 맺었다. 어머니와 딸이 재결합한 후에 헤카테 여신이 다시 찾아와 페르세포네에게 키스를 퍼부었다. 그날 이후로 헤카테는 '여왕의 동료'가 되었다. 봄이 다시 돌아왔고 데메테르는 대지를 다시금 비옥하게 했다.[10]

이 신화에서 우리는 분리되고 재결합하는 여성성의 세 측면을 본다. 소녀/처녀인 페르세포네와 위대한 어머니인 데메테르와 노파인 헤카테. 페르세포네는 하데스에 의해 일상의 순진무구함(무의식 세계)에서 빠져나와 자아의 더 깊은 의식 세계로 들어간다. 페르세포네는 성적인 비밀 의식에 입문하여 하데스의 배우자가 되면서 그에게 몸을 허락한다. 페르세포네는 자신의 소녀 시절과 처녀성, 그리고 에스터 하딩(Esther Harding)이 '처녀성의 정수'라고 지칭한 본질적 자아(in-one-selfness)를 잃는다. 그녀는 지하 세계의 여왕이 된다. "여성이 비약적으로 성장하는 순간은 많은 경우 압도적인 힘에 아무런 저항도 하지 못하고 당하는 강간으로 비유된다. 성장하려면 반드시 거쳐야 할 과정이다."[11]

페르세포네는 어머니의 딸이라는 존재로부터 끌어내져 자신의 영혼 깊숙이 들어간다. 이전의 자아감을 잃고서 상실감과 혼란을 느끼고, 한편으로는 깊은 우울 속에서 새로운 자아감을 발견하는 이 경험은 여성들에게 보편적일지도 모른다. 붕괴는 돌파구가 된다. 엘레우시스 제의에서 하데스의 신부인 페르세포네는 우리의 삶에 절대적으로 필요하고 삶을 깊이 들여다보는 계기가 되는, 삶의 가장 두려운 순간을 대면할 수 있게 해준다.[12]

자신의 새로운 자아감을 발견한 후 페르세포네는 자신을 어머니와 동일시하는 이전의 상태로 되돌아갈 생각이 없다. 그래서 그녀는 석류 알을 삼키고 그 깊은 곳의 경험을 자기 것으로 흡수한다. "그녀는 하데스의 음식을 먹고 암흑의 씨앗을 자기 안에 받아들임으로써 새로운 존재로 태어날 수 있다. 또한 그녀의 어머니도 새로 태어날 수 있다."[13] 페르세포네는 자신이 어머니가 된다. 그리고 결국 그녀의 딸은 어머니 페르세포네를 버리고 나서 새로 태어난다. "모든 어머니는 자기 안에 딸을 품고 있고 모든 딸은 자기 안에 어머니를 품고 있다. 모든 여성은 뒤쪽으로는 어머니와 이어지고 앞쪽으로는 자신의 딸과 이어진다."[14]

페르세포네가 납치되었을 때 데메테르 여신은 비탄에 압도당하고 슬픔에 굴복한다. 그녀는 9일 밤낮(9는 아홉 달의 임신 기간을 상징하는 숫자이다)을 먹지도 않고 마시지도 않고 자지도 않는다. 딸을 잃는 것은 자신이 젊고 근심 없던 시절의 상실이다. 이 상실의 시간은 외부로 향하는 마음과 외부 세계에 기울였던 관심을 돌려 내면의 여정과 남은 인생의 나머지 절반 동안 어떤 일을 할 것인지에 집중하는 방향으로 초점을 바꾸는 시간이다.

딸을 잃은 어머니의 슬픔

내 딸 헤더가 대학에 들어가 집을 떠났을 때 나는 데메테르 여신의 위로할 길 없는 슬픔을 경험했다. 헤더가 내 곁에 없자 나는 죽은 것만 같았다. 매일같이 헤더를 보면서 느끼는 기쁨을 잃어버렸을 뿐만 아니라 어머니로서 나의 죽음을 본능적으로 경험했다. "보거나 이해하는 것이 아니라 어둠 속에서 귀로 듣고 여성 안에 있는 영매의 직관을 지닌 어두운 달의 여신 헤카테처럼."[15]

나는 그 깊은 고통의 이유를 **이해할 수 없었다.** 2년 전에 아들 브랜든이 대학에 입학해서 집을 떠났을 때도 슬펐다. 하지만 이번에는 달랐다. 훨씬 더 심각했다. 나는 딸이 떠난 후 두 달 동안 잠을 이루지 못했다. 일은 계속할 수 있었지만 헤더의 빈 방을 볼 때마다 눈물이 났다. 딸이 돌아오기를 바랐다. 함께 노래하고, 농담하고, 특별한 행사를 함께했던 그때로 돌아갔으면 싶었다. 돌아와서 나를 못살게 굴었으면 하고 바라기까지 했다!

헬렌 루크(Helen Luke)는 모자와 모녀 경험의 엄청난 차이를 다음과 같이 설명한다. "원형적 차원에서 아들은 어머니 자신의 내적 탐색의 이미지를 전달한다. 반면에 딸은 바로 어머니 자신의 확장이다. 딸은 어머니를 어머니 자신의 과거와 젊음으로 되돌아가게 하고, 자기 인식과 새로운 존재로의 재탄생을 약속하며 미래로 이끈다."[16] 새로운 탄생을 경험하기 전에 나는 죽음의 차가운 냉기를 느꼈다.

이 시기에 나는 꿈을 꾸었다. 나와 함께 가던 부대의 군인들이 해 질 무렵, 나를 산꼭대기 동굴에 남겨 두고 떠난 꿈이었다. 눈이 내리고 있었는데, 어두워지기 전에 그들은 산을 내려가야만 했다. 내가 부상을 입었기 때문에 그들은 나를 그곳에 남겨 두었다. 대장은 떠나면서 자신의 장갑을 나에게 주었다.

다음 날 아침, 나는 무의식이 내게 무엇을 말하는지 알아내려고 그 꿈을 되짚어보았다. 나는 그곳에 무엇이 있었는지 확인하고자 상상을 통해 꿈속의 동굴로 되돌아갔다. 다음은 그 기록이다.

"나는 여기저기를 둘러보았다. 동굴 안에는 칼, 새의 빈 둥지, 세 개의 돌, 빈 권총집, 물병, 휴대 식량 따위의 물건들이 있다. 아, 내가 깔고 앉은 침낭도 있다. 나는 오른쪽 넓적다리에 부상을 입었고 바지에는 피가 묻어 있다. 바깥 날씨는 춥지만 공포의 한가운데서 나는 평화로움을 느낀다. 나는 불을 피울 줄 안다. 그리고 쇠고기 육포를 먹는다."

"사흘 동안은 여기에서 버틸 체력이 있다는 걸 안다. 사흘 후에는 그들이 나를 찾아 돌아올 것이다. 대장은 내 친구이다. 나는 그를 믿을 수 있다. 하지만 지금 나는 무시무시한 공포를 느낀다. 새의 빈 둥지를 발견한다. 이런 고지에서 갓 만들어진 새 둥지를 보는 것은 드문 일이다. 둥지는 부서질 것만 같다. 내 마음도 무너질 것만 같다. 하지만 겉으로는 용감한 군인인 척해야 한다."

"이 동굴 안에 있는 물건들은 남자아이가 갖고 노는 장난감이다. 어린 내가 한때 숲 속에서 나의 동료라고 느낀 물건들이다. 내가 지금 느끼는 외로움은 나의 동반자인 헤더와 브랜든이 태어나기 전, 그 시절의 외로움과 황량한 느낌이다. 그애들은 내 삶의 동반자였다. 이제 그들은 가고 없다. 함께 놀 사람이 아무도 없다. 나는 빈 둥지로 돌아간다."

"나는 혼자이고 싶지 않다. 더는 동굴에 있고 싶지 않다. 내 아이들이 다시 내게 돌아오기를 원한다. 내 젊음이 돌아오기를 원한다. 내 동반자들이 돌아오기를 원한다. 하지만 이제는 그럴 수가 없다. 나는 앞으로 나아가야 한다. 일어나서 동굴 밖으로 나가 언덕 아래로 기어 내려가야 한다. 그게 목숨을 거는 일이라 할지라도."

어머니가 됨으로써 내 인생에서 해야 할 많은 일들이 분명해졌다. 어머니 역할을 포기하면 커다란 구멍이 생겼다. 나는 내가 영웅적 탐색으로서 엄마 노릇을 하고 있었다는 것을 깨닫지 못했다. 그전에는 아버지, 교회, 학교, 직장에서 인정받기를 바라며 어머니에게—어머니의 좌절과 분노에—반응했다.

나는 "난 지금 발가벗고 있는 느낌이다."라고 썼다. "나는 이제는 속임수로서 '완벽한 어머니 역할'을 하지 않는다. 또한 나는 '완벽한' 심리 치료사나 작가나 미술가가 되려는 열정이나 에너지도 없다. 그저 평범한 인간이 되고 싶다. 영웅과는 거리가 먼, 그저 조용히 내면을 탐색하는 사람이고 싶다. 나는 칼, 물, 돌 세개, 새 둥지, 음식, 침낭을 가지고 있다. 내가 살아남을 수 있다는 걸 안다. 부모님, 아이들, 남편에게 의지할 필요가 없다. 나는 나의 삶을 살 수 있다."

데메테르처럼 나도 늦지 않게 나의 개인적 상실을 극복할 수 있었지만 상실감에 빠져 있는 것이 분별력 있는 행동이 아니라고 판단하는 데는 상당한 시간이 걸렸다. 슬픔과 비관에 빠져 있는 동안에는 데메테르 원형(archetype)에 사로잡혀 있었다는 것을 깨닫지 못했다. 이 꿈을 꾼 지 얼마 지나지 않아 헤더가 할로윈 데이를 맞아 집으로 돌아왔다. 헤더도 역시 힘든 시간을 보내고 있었다. 집을 끔찍하게 그리워했으며, 편안하게 어울릴 친구들도 아직 사귀지 못했다. 그때, 나는 '빵 상자보다 작은'이라는 제목이 붙은 전시회에 작품을 출품해 달라는 요청을 받았다. '빵 상자보다 작은'이라는 주제에 맞게 작가들에게 마분지로 만든 빵 상자가 제공되었다. 나는 헤더에게 그 상자에 그림 그리는 일을 도와 달라고 했다. 우리는 함께 다양한 그림을 그리기 시작했다. 어떤 까닭인지 나는 곡물의 여신을 그리기 시작했다. 헤더는 내가 그리는 여신을 보고는 왜 그녀가 눈물을 흘리는지 물었다. 나는 반사적으로 마음이 아프기 때문이라고 대답하고는 울음을 터뜨렸다.

이 일이 있은 후에야, 둘이서 그린 곡물의 여신을 데메테르와 연결하고 헤더와 떨어지면서 느낀 나의 상실감을 페르세포네와 연결하여 생각했다. 나는 아무런 의욕 없이 꿈을 꾸고, 글을 쓰고, 일상의 활동을 계속했다. 하지만 밤에 잠을 자기 시작했다.

"전혀 새로운 관점이 탄생하고 인격의 완전한 변형이 이루어지는 때에는 어쩔 수 없이 **의식**이 상황의 심각성을 인식하고서 **무의식**이 옳다는 것을 받아들일 때까지 모든 것이 내적으로나 외적으로 말라버리고 삶은 점점 더 황폐해진다."[17] 나는 마침내 헤더와 분리되면서 느낀 슬픔에서 빠져나오고 이제 내 안의 딸을 찾아 나서야 한다는 것을 깨달을 수 있었다.

어둠으로 하강하는 이난나 여신

하늘의 여신 이난나는
땅속 가장 깊은 곳으로 내려가기로 마음먹고는
하늘에서 지하 세계를 향해 몸을 돌렸다.
"하지만, 당신의 안전은요?" 걱정하는 목소리가 그녀를 뒤쫓아 왔다.
"내가 만일 돌아오지 않으면 아버지 신들에게 가렴." 이미 첫 번째 관문에 들어선 이난나가 소리쳐 대답했다.
"장례식에 가는 길이오." 문지기에게 설명하자 사암으로 된 빗장이 열렸다.
그리고 귀에 걸린 황금 귀고리를 떼어내는 진흙을 통과하며 이난나는 아래로 내려갔다.
가슴의 셔츠를 찢는 화강암의 팔을 지나서 아래로
머리칼을 그슬리는 불을 거쳐서 아래로 (……)

여신의 피를 마시는 텅 빈 곳을 지나 점점 더 아득한 아래로 던져
졌다.

마침내 지하 세계의 여신 에레슈키갈과 대면하게 될 때까지.

그 무자비한 눈빛은 이난나의 심장을 얼어붙게 했다.

정신이 혼미해진 이난나는 텅 빈 심연으로 점점 더 깊이 떨어질 때,

살이 다 발려진 자신의 뼈들을 주렁주렁 달고 있는

에레슈키갈의 눈동자 속으로 걸어 들어갔다.

  - 재닌 캐넌(Janine Canan), 〈내려가는 이난나〉

자신이 가부장제 사회에서 정신적으로 '아버지의 딸'로서 살
아왔음을 깨달을 때, 우리에겐 몇 가지 캐내야 할 것이 있다. 문
화라는 의복으로 덮어 감추기 전에 우리들 것이었던 우리의 일
부를 되찾아야 하는 것이다. 실비아 브린턴 페레라(Sylvia Brinton
Perera)는 획기적인 자신의 저서 《여신에게로 내려가기》에서 두
여신 이난나와 에레슈키갈의 이야기를 다룬 고대 수메르의 시를
통해, 여성이 남성과의 동일시나 남성성에 맞서는 방어적 태도를
벗어버리고서 낡은 존재 방식을 버리고 재탄생을 기다릴 때 겪
는, 사지가 절단되는 듯한 고통을 들여다본다.[18]

고대 수메르의 하늘과 땅의 여신인 이난나는 어느 날 지하 세
계의 여신인 언니 에레슈키갈의 남편 구갈라나의 장례식에 참석
하려고 지하 세계로 내려간다.

하늘과 땅을 떠나기 전에 이난나는 충실한 시종 닌슈부르에게

만일 자신이 사흘 안에 돌아오지 않으면, 에레슈키갈이 자신을 확실히 풀어주도록 엔릴, 난나, 엔키 같은 아버지 신들에게 도움을 청하라고 지시한다. 이난나는 내려가기 시작한다. 지하 세계의 첫 번째 관문에서 문지기가 이난나에게 신원을 밝히라고 요구한다. 문지기 네티는 에레슈키갈에게 이난나가 구갈라나의 장례식에 참석하려고 '돌아갈 수 없는 땅'에 들어오는 데 허락을 청한다고 보고한다. 이 보고를 들은 에레슈키갈은 무릎을 탁 치며 입술을 깨문다. 그리고 자신의 왕국에 들어오는 누구에게나 똑같이 적용되는 법과 절차에 따라 이난나를 대하라고 지시한다. 이난나는 여왕의 옷을 벗고, 머리를 숙여 정중히 인사하고 지하 세계에 들어가야 했다.

문지기는 명령에 따라 일곱 개의 관문을 지날 때마다 하나씩 하나씩 이난나의 휘황찬란한 의복을 벗긴다. 그녀는 발가벗겨지고 일곱 개의 관문을 지날 때마다 심판을 받는다. 그리고 마지막 관문을 지났을 때 이난나는 자신을 응시하는 에레슈키갈의 죽음의 눈을 마주한다. 에레슈키갈은 이난나를 향해 분노의 말을 쏟아내고 그녀의 머리를 쳐서 죽인 후에 시체를 대못에 매달아 썩도록 내버려 둔다. 사흘이 지나도 이난나가 돌아오지 않자 닌슈부르는 북을 치며 신들의 신전을 빙빙 돌면서 이난나를 애도하기 시작한다. 닌슈부르는 하늘과 땅의 최고 신인 엔릴과 달의 신이면서 이난나의 아버지인 난나에게로 간다. 하지만 둘 다 지하 세계의 법칙에 간섭하지 않으려 한다. 이난나를 향한 닌슈부르의 애통한 마음과 끈질긴 탄원이 마침내 바다와 지혜의 신인 엔키의 마음을 움직인다.

엔키는 자기 손톱 밑의 흙으로 남자도 아니고 여자도 아닌 두 생명체를 만들어 이난나를 구하는 일에 착수한다. 엔키는 지하 세계로 가지고 갈 음식과 음료를 그들에게 주며 에레슈키갈의 슬픔을 함께 나누도록 명령한다. 그들은 아무도 눈치채지 못하게 지하 세계의 문을 통과해 들어간다. 그리고 죽은 남편을 애도하면서(다른 판본에서는 남편의 죽음이 아니라 출산의 고통 때문에 에레슈키갈이 괴로워한다고 말하기도 한다) 괴로워하는 에레슈키갈을 위로한다. 에레슈키갈은 자신의 고통을 알아주는 것이 고마워 선물을 주겠다고 한다. 그들은 자신들이 음식과 생명수를 뿌린 이난나의 시체를 달라고 한다. 에레슈키갈은 되살아난 이난나에게 지상으로 돌아가려면 그녀 대신 지하 세계에 남을 사람을 내놓아야 하는 지하 세계의 법칙을 상기시킨다. 이난나가 일곱 개의 문을 지나면서 자신의 것이던 여왕의 옷을 되돌려 달라고 하자 악귀들은 희생양을 내놓으라며 이난나를 물고 늘어진다.

신화의 마지막 부분에는 이난나가 자신을 대신할 배우자 두무지를 찾는 이야기가 나온다. 두무지는 아내의 죽음을 슬퍼하기는커녕 그녀의 왕좌를 차지하고 있었다.

이난나는 모성을 넘어선 완전한 여성성의 전형이다. 그녀는 땅의 풍요를 상징하는 존재이다. 샛별과 저녁별의 여신이며 전쟁의 여신이고 사랑과 치유와 감정과 노래의 여신이다. 이난나는 방랑자이다. 지하 세계의 문턱을 넘으면 돌아올 수 없다는 금기를 깨뜨린다. 각 일곱 개의 문에서 이난나는 자신의 정체성의 여러 면을 포기한다. "베일을 벗는 이 행위는, 지상에서는 의미가 있지만 지하 세계에서는 중요하지 않을지도 모르는 오래된 착각과 거짓된 정체성을 버린다는 것을 상징한다."[19]

자연이나 몸과 관계 있는 모든 것들이 그러한 것처럼 에레슈키갈은 남성 신들에게 강간당하고 지하 세계로 추방당했다. 그녀는 지하로 가버린 여성성의 일부이다. 격노, 탐욕, 상실의 공포를 상징한다. 원초적이고 거친 성적 에너지이다. 의식의 세계와 분리된 여성적 힘이다. 무시당하고 조롱받는 여성의 본능과 직관이다. "그녀는 태어나기 전의 잠재적 생명이 출산의 진통 속에서 움직이지 않고 있는 장소이다."[20]

나는 에레슈키갈에게 경외감이 든다. 나의 본질까지 할퀼 힘이 있다는 것을 알기 때문이다. 그녀가 지닌 자연의 힘은 파괴적일 뿐만 아니라 변형시키는 것이기도 하다. "마치 부패와 잉태처럼. 이 파괴와 변형의 힘은 자신의 의지와 상관없이 피할 수 없으며 공격적으로 작용한다. 이 자연의 힘은 한 치의 용서도 없이 무자비하게 집어삼키고 파괴하고 품고 탄생시킨다."[21]

에레슈키갈은 불가피한 파괴와 치유의 장소이자, 죽음과 새 생명이 휴면 상태로 함께 존재하는 장소이다. 에레슈키갈을 만나면서 여성은 권력을 쥔 아버지들의 마음에 들려고 애쓰며 보낸 시간 동안 드러나지 않고 남아 있던 자신의 어두운 측면, 욕망,

분노와 대면하게 된다. 한 내담자는 이러한 감정을 두고 자기 가슴을 긁어 먹는, 우울증이라는 이름의 쇠로 만든 공이라고 표현했다.

에레슈키갈은 정신과 육체와 본능이라는 여러 층의 작용을 여성이 어떻게 받아들이는지를 상징한다. 그녀는 우리에게 숭배와 존경을 요구한다. 우리가 보고 싶어 하지 않는 것을 보면서 죽음의 눈으로 우리를 응시한다. 우리가 분리해버린 우리 자신의 부분들을 볼 것을 요구한다.

지독히 적대적인 눈빛만으로 그녀는 모든 생명체를 얼어붙게 만들 수 있다. 한 내담자는 자신의 어머니가 '악마의 눈'으로 자신을 노려봤던 것을 묘사한다. "나한테 화가 날 때마다 어머니는 증오로 가득한 악마의 눈빛으로 날 쏘아보고는 일 주일씩 말을 하지 않곤 했어요. 그 시간은 블랙홀 같았죠. 어머니는 날 투명 인간 취급했어요. 날 보지도 않고, 내 말을 듣지도 않고, 나에게 말을 걸지도 않았어요. 난 존재하지 않는 사람이었고 완전히 어머니와 분리되었어요. 난 더는 살아갈 수 없을 것만 같았죠. 제발 그만하라고 간청했지만 절대로 내 말을 들어주지 않았어요."

에레슈키갈은 이난나를 대못에 꽂아 두었다. 그리고 "모든 걸 수용하는 여성성의 빈 공간을 여성적인 양(陽)의 힘으로 채웠다. 이 과정을 통해 여성은 완전함에 이를 수 있다. 단순히 남성이나 자녀에게 의존하지 않을 뿐만 아니라 충만하고 독립된 개별적 인간으로서 자기 자신이 될 수 있다."[22] 이제 여성은 어떤 것에

'예' 하고 어떤 것에 '아니오' 하고 싶은지 안다. 여성이 자기 의견을 주장하기 시작하면 상대하기 까다롭고 심술궂은 불평꾼으로 보인다. 더는 흔쾌히 웃지 않고, 감정을 삼키지도 않는다. 예전처럼 다른 사람의 기분을 풀어주거나 유쾌하게 해주지 않는다. 그래서 불쾌한 여자로 보인다. 하지만 여성이 완전한 존재가 되려면 자기 안의 암흑의 어머니를 회복해야만 한다.

암흑의 어머니 만나기

하강하는 동안 여성은 안으로 움츠러들거나 우울에 빠져 시간을 보낸다. 그 시간은 자아 의식과 함께 자신의 정체성을 철저히 내려놓고, 언어가 아닌 몸과 마음으로 인식하던 상태로 되돌아가는 더디고 고통스러운 자기 임신(self-pregnancy)의 시간이다. 그녀는 자신이 버려지고, 소외당하고, 홀로 남겨지고, 무가치하다는 지독한 공허감을 느끼기도 한다. 어쩌면 중간에 끼인 노숙자나 고아 같은 느낌이 들지도 모른다. 데메테르와 이난나처럼 어떤 열매도 맺지 않고 어떤 것도 생산해내지 않을 것이다. 발가벗겨지고 메마르고 쓰라리게 느낄지도 모른다. 터널, 지하철, 자궁, 무덤의 이미지나 뱀에게 삼켜지거나 요나처럼 고래의 뱃속에 있는 꿈을 꾸기도 한다. 만일 이 하강 과정에 정신을 집중한다면 암흑 속에서 길을 잃지 않아도 된다.

한 내담자는 지하철 안에서 암흑의 어머니를 만나는 꿈을 꾸었다. "나는 다섯 살짜리 딸아이와 또 다른 아이 하나와 남편과 함께 지하철 안에 있어요. 열차가 역으로 들어서고 우리는 열차에서 내리려 해요. 내 딸 마라야가 먼저 달려 나가요. 아이의 모자가 열차 뒤로 바람에 날려가요. 아이가 그걸 잡으러 뛰어가요. 아이를 뒤쫓아 갔는데 아이가 보이지 않아요. 열차 선로 저편에 뭔가를 좇아서 달리고 있는 아이들이 보여요. 마라야는 보이지 않지만 나는 그 아이에게 별일이 없고, 아이가 선로에 떨어지지 않았다는 걸 알고 있어요. 나는 황급히 열차 안으로 뛰어 들어가 내 짐과 카메라 가방, 지갑을 챙겨 나와 남편에게 건네줘요. 뭔가를 더 하려고 다시 열차 안으로 들어가는 순간 열차가 출발해버려요. 나는 짐도 돈도 카메라도 없이 지하철 안에 있어요. 가족을 놓쳐버린 지하철역의 이름도 몰라요. 열차 안에는 두 여자가 있는데, 몸을 비스듬히 기대고 있는 사람은 아픈 것처럼 보이고 다른 사람은 그녀를 돌보고 있어요. 나는 그들에게 우리가 방금 출발한 역의 이름을 물었지만 그들도 몰라요. 다만 다음 역까지 최소한 사십 분이 걸릴 거라고 대답하네요. 나는 그들에게 내 곤란한 상황을 말하기 시작해요. '정말 곤경에 빠졌군요.' 하지만 그들은 내게 도움을 주려고 하지는 않아요. 난 가족에게 돌아가려고 그들에게 1달러만이라도 줄 수 있는지 물어봐야겠다고 생각해요. 하지만 나는 그 역이 어딘지도 모르는 데다 내 가족이 거기서 날 기다리고 있을지 어떨지도 몰라요."

나는 내담자에게 지하철 안에 있는 여자들과 대화해보라고 요청했다. "그들은 나의 어머니와 나예요. '지금 이 지하철 안에서 날 어쩔 셈이에요?' 하고 내가 물어요. 그들이 대답해요. '열차에서 내리기 전에 넌 우리를 똑바로 봐야 해.' 나는 그들을 똑바로 바라봤어요. 비스듬히 기대어 있는 인물인 어머니는 힘이 있고 딸은 그녀를 보살펴요. 어머니는 게으르고, 명령하고 비꼬기 좋아하는 사람이에요. 어머니와 함께 있을 때 난 움츠러들지만 그녀를 성실히 돌봐줘요. 하지만 할 수만 있다면 어머니를 죽이고 싶어요."

"어머니는 병약하고 의존적이에요. 어머니의 힘은 의존성에 있어요. 어머니는 나에게 의존하면서 날 계속 옭아매요. 난 멍해졌어요. 열차가 어디로 가고 있는지도 모르겠어요. 목적지는 모르지만 이 지하철 안에 어머니와 함께 갇혔다는 것은 느낄 수 있어요. 나는 어머니에게 일어나서 걸으라고 말하고 싶어요. 그러면서도 어머니가 나에게 의존하는 것을 끊으면 어머니가 날 처벌할까 봐 두려워요. 어머니는 날 진실로 사랑하지 않아요. 난 그걸 알아요. 그런데 난 스스로 어머니가 날 필요로 한다고 가장해요. 나는 오래도록 고통받는 순교자인 척했고 그리고 순교자가 되었어요. 나 착하지 않아요? 어머니를 돌봐준다고요."

"나는 다음 역에서 일어나 어머니를 두고 홀로 지하철에서 내려야 해요. 그럼 난 아주 자유로워질 거예요. 내 맞은편 여자는 아주 자유로워요. 아무것도 가지고 있지 않아요. 짐도 없고, 가족도 없고, 돈도 없어요. 비록 두려워하지만 아무 제한이 없어요.

난 심지어 이곳에 존재하지도 않는 것들인 낡은 정체성, 아픈 어머니의 딸이라는 위치, 내 자신의 가치를 입증하는 것 따위에 묶여 있어요. 아무 일 없는 듯 조용히 일어서서 걸어 나간다면 무슨 일이 벌어질까요? 어머니를 잃겠지요. 어머니를 보살피는 착한 딸 이미지도 잃겠죠. 하지만 더는 부정적인 어머니를 돌보지 않아도 돼요. 그리고 콤플렉스를 극복할 테죠."

"난 더는 어머니를 돌보면서 살 수 없어요. 숨을 쉴 수가 없어요. 환한 대낮의 빛을 보고 싶어요. 어머니가 지하철 안에 머물러 있기를 원하더라도 그건 어머니가 선택한 여정이에요. 나는 신선한 공기를 마시고 싶어요. 열차가 다음 역에 도착하면 내리겠다고 말하자 어머니는 완전히 쪼글쪼글 오그라들어요."

이 여성은 그 후 폐렴 때문에 사십 일 동안이나 침대에 누워 있었다. 고통과 소외의 시간이었다. 또한 정화와 변형의 시간이었다. 이제 더는 어머니에 대한 분노로 숨이 막히지 않는다는 것을 알았다. 그녀는 이난나와 에레슈키갈의 신화를 읽었다. 그리고 폐렴이 거의 나아갈 때쯤 내게 상담을 받으러 왔다. 그리고 이렇게 말했다. 닌슈부르에게 '지하로 내려갈' 거라고 말하는 것을 잊었노라고.

자기 치유의 순간

사흘이 지나도 이난나가 지하 세계에서 돌아오지 않자 그녀의 충실한 시종 닌슈부르는 하늘과 달의 신들에게 도와 달라고 호소한다. 많은 여성들처럼 이난나도 "부적절한 곳에서 사랑을 찾는다." 이난나는 아버지를 바라보지만 모든 권력을 쥔 것처럼 보이는 아버지는 도움을 주는 데 인색할 뿐만 아니라 사실은 도와줄 만큼 능력이 있는 것도 아니다. 이런 일은 딸을 있는 그대로 보기를 거부하는 아버지로부터 인정받고 도움받기를 기대하는 가부장제 속의 많은 딸들과 나 자신에게서 반복되는 주제이다. 여성들은 자신을 인정해주는 진짜 원천이 어디에 있는지를 알아야 한다.

닌슈부르는 물과 지혜의 신이자 바닷물과 강물의 흐름을 지배하는 지혜의 신 엔키에게로 간다. 엔키는 생명을 만들어내는 능력이 있고, 상상력이 풍부하며, 장난치기 좋아하고, 감정 이입을 할 줄 아는 남성이다.[23] 자신의 손톱 밑에 든 흙과 점토로 필요한 것을 즉석에서 만들어낸다. 엔키는, 겸손하고 공감할 줄 아는 데다 에레슈키갈의 감정을 고스란히 느끼는 능력을 지닌, 남성도 아니고 여성도 아닌 생명체를 창조한다.[24] 에레슈키갈은 깊은 슬픔에 잠겨 있다. 남성도 여성도 아닌 이 생명체들은 그녀의 고통에 진심으로 공감한다. 그들은 그녀에게 무언가 **하라**고 간청하지 않는다. 그저 그 고통 속에 **머물러 있도록** 해준다. 그들은 에레슈키갈과 함께 비탄의 애가를 부른다. 에레슈키갈은 그들이 자신의 고통을 이해한다고 느낀다. 그리고 그들은 에레슈키갈 내면에 있는 여성성이 "삶의 자연스러운 과정의 일부로서 자신의 고통을 있는 그대로 받아들이게끔" 해준다. 에레슈키갈은 다른 이를 비난할 필요가 없다. 그저 고통과 함께하면서 자연스럽게 스스로를 치유할 수 있다.

감정 이입이나 고통과 **함께 있어주는** 이 자질은 다른 누군가가 고통을 극복하는 데 도움을 준다. 불확실성 때문에 일어나는 긴장의 고통을 견디기 어려워 지나치게 일찍 어떤 조치를 취하는 것을 방지한다. 이 고통의 시기를 견딜 인내심이 있다면 진정한 치유가 가능하다. 이 과정을 서둘러 끝낸다면 자신을 치유하는 일을 매듭지을 수 없다. 여성과 남성은 자연 속 생명의 순환처럼 죽음, 부패, 잉태, 재탄생으로 이어지는 여성의 순환을 존중하도록 서로 도울 필요가 있다.

에레슈키갈은 무성의 생명체인 칼라투라와 쿠르가라가 자신의 고통을 들어준다고 느꼈을 때 이난나를 다시 살릴 수 있도록 허락한다. 이난나는 자신의 내부에서 생명력이 꿈틀거리는 것을 느낀다. 그녀는 음식과 물을 섭취하고 천천히 의식을 되찾으며 소생한다. 그리고 자신을 대신할 사람을 찾으려고 지하 세계에서 돌아온다. 이난나는 암흑의 여신을 만나고 나서 "모든 변화와 생명은 희생을 요구한다는 것을 알게 된다. 이것이 바로 가부장제의 도덕률과 아버지들의 영원한 소녀인 딸들이 독립된 유일한 존재로 새로워질 때 겪어야 하는 고통을 피하고 싶어서 모르는 척해 온 진실이다."[25]

지하 세계에서 돌아온 이난나는 마냥 상냥하고 유쾌하지만은 않다. 여성이 홀로 자기 안에서 진짜 자신을 만나는 자발적 소외의 시간에서 빠져나왔을 때와 같다. 그녀가 이전의 모습으로 되돌아가기를 원하는 가족이나 친구들을 조심해야 한다. 그녀는 이제 남들의 마음에 들려고 애쓰면서 얼마나 자신을 희생했는지 알고 있다. 그래서 예전 방식으로는 일을 처리할 생각이 없다. 그녀는 자신이 원하는 모습을 지지하지 않는 사람들이나 상황을 가차 없이 쳐낸다.

이난나는 자신과 동등한 자, 자신의 배우자인 두무지가 아내의 곤경엔 관심도 없이 자신의 옥좌 위에 앉아 있는 것을 발견한다. 이난나는 두무지에게 들이닥쳐 그를 지하 세계로 끌고 가라고 명령한다. 이난나는 자신에게 가장 소중했던 것을 희생한다. 사랑하는 두무지는 그녀가 오랫동안 섬긴 왕, 특히 좋아하는 아니무스적 태도이다. 그에게서 자기 존재를 인정받고 그를 통해 자신의 정체성을 규정해 왔다. 이제 여성의 영혼은 그를 죽여 자기(the Self)에게 바쳐야 한다.[26] 달리 말하면, 두무지는 우리가 인정을 받으려고 바라보던 그 부분이다. 나는 많은 여성 내담자들로부터 박사 논문을 쓰는 중에 자신이 그 특별한 통과 의례에 들어간 이유가 단지 아버지의 인정을 받기 위해서였다는 것을 깨달았다는 말을 들었다. 이 사실을 알고 나서는 많은 이들이 박사 학위 대신에 수료(박사 과정은 똑같이 마치지만 논문을 제출하지 않는다)를 선택했다.

이난나 여신은 사랑의 상실을 슬퍼한다. 그리고 이난나의 슬폼이 인간 여성의 마음에 전달된 시점이 바로 그때다. 두무지의 누이인 게슈티난나는 오빠의 죽음을 애통해한다. 오빠를 사랑하는 마음에서 게슈티난나는 이난나에게 두무지 대신에 자기를 데려가라고 호소한다. 이난나는 그녀의 확고한 자기 희생 의지에 마음이 움직여 두무지가 지하 세계에서 보내야 하는 시간을 반으로 나누도록 허락한다. 두무지와 게슈티난나는 지상 세계와 지하 세계에서 6개월씩 번갈아 가며 지내게 된다.[27]

게슈티난나는 새로운 여성성이다. 겸손하며 자신의 감정을 잘 알고 **자신의 희생을 의식하는** 현명한 여성이다. 게슈티난나는 기꺼이 하강-상승-하강의 순환을 견딘다. 그녀는 여성성의 깊은 곳뿐만 아니라 자신의 남성적 본성과도 분리되어 있지 않다. 그녀는 "여신이 겪은 고통스런 순환의 전 영역을 인간의 몸으로, 그리고 한 개인으로서 기꺼이 직접 겪으려는 사람들에게 하나의 본보기이다."[28] 게슈티난나는 스스로 지하 세계와 대면하기를 선택함으로써 희생양의 반복을 끝낸다.[29] 그녀는 아무도 비난하지 않는다.

게슈티난나는 현대의 여성 영웅에게 많을 것을 가르쳐준다. 그녀는 갈채와 인정을 받기 위해서가 아니라 자신의 여성적 본성의 완전한 순환을 경험하려고 하강한다. 여성의 강인함, 용기, 생명을 재확인하는 자연의 순환적 변화의 밝고 유쾌한 측면뿐만 아니라 고통과 죽음에서 의미를 찾도록 도와주는 어둡고 본능적인 측면까지 모든 것을 받아들이면서 그녀는 지혜를 얻는다.

7장

여신, 돌아오다

소녀는 월경을 하면서 여성이 된다. 피는 신비롭고 신성한 것이다. 여성은 임신할 때까지 매달 피를 흘린다. 그리고 아홉 달 동안 출혈을 멈추고 새로운 생명을 담는 그릇이 된다. 여성은 아기를 만들기 위해 몸 안에 피를 품고 있다고 여겼다. 아기를 낳은 후에 또다시 매달 피를 흘리다가 완경이 되면 출혈이 멈춘다. 이 또한 경외감을 불러일으켰다. 왜냐하면 이제는 아기를 만들기 위해서가 아니라 지혜를 만들기 위해서 피를 품고 있다고 여겨졌기 때문이다.

- 진 시노다 볼렌(Jean Shinoda Bolen)

내 안의 어린아이 만나기

나는 꿈 속에서 아기를 낳았다. 아기는 무척 작아서 거의 창백한 애벌레 같았다. 나는 루시언과 밖으로 나가 중심가를 따라 산책했다. 불현듯 아기 생각이 났다. 우린 집으로 달려갔고 현관 계단 앞 유모차에서 아기를 발견했다. 아기는 거의 아사 직전이었다. 부랴부랴 젖을 먹이려 하다가 문득 먼저 아기를 변화시켜야 한다는 것을 깨달았다. 루시언에게 "당신이 아기한테 말을 걸어서 우리가 아기를 사랑한다는 걸 느끼게 해줘."라고 말했다. 그렇게 나는 아기를 변화시켰다. 아기는 몹시 작고 울 힘조차 없어 안쓰러워 보였다. 고양이 소리 같은 가냘픈 소리만 낼 뿐이었다. 요구하는 것도 없었다. 그저 애처로워 보일 뿐이었다. 내가 아기를 낳았다는 걸 기억하지 못했기 때문에 아기가 살아날 수 있을지 걱정스러웠다. 아기가 울자 내 왼쪽 가슴에 젖이 돌았다.

이 꿈을 되짚어보니, 애벌레 같은 아기는 조지 루커스의 영화

〈제다이의 귀환〉에 나오는 다스 베이더의 가면 벗은 모습을 연상시켰다. 아버지의 가면을 벗긴 루크 스카이워커는 전사 왕의 미성숙한 머리를 보고는 충격에 빠져 슬픔에 잠긴다. 전사 왕은 전쟁터에서 사는 동안 인간성을 발달시키지 못했다. 나는 아버지의 가면을 벗겼을 때, 자신을 꼭 안고 쓰다듬으며 있는 모습 그대로 사랑한다는 말을 해주길 바라는 슬픈 어린 소년을 보았다. 내 안의 아버지, 그 영웅적 모습의 가면을 벗기면서 나는 나의 깊은 여성적 본성을 보았다. 이 여성적 본성은 인정받고, 함께 이야기를 나누고, 정화되고, 변화하고, 양육되기를 갈망한다. 하지만 이 연결고리가 너무 약해서 때때로 나는 이러한 점을 잊어버린다. 나에게는 분명히 이 새로 태어난 여성성을 양육하기에 충분한 젖이 있다. 단지 기억해내기만 하면 된다.

여성이 하강을 하고 가부장제의 정신적인 딸이라는 정체성을 끊어버릴 때, 그 대상이 여신이든 어머니든 내면의 어린아이든지 간에 다시 여성성과 연결되고 싶은 강한 열망이 생긴다. 영웅적 탐색을 하는 동안 지하 세계로 내려가버린 자신의 육체, 정서, 영혼, 창조적 지혜 같은 측면을 발달시키고 싶은 욕망을 느낀다. 아버지의 미성숙한 부분들과 맺은 관계에서 자신의 진정한 여성적 본능에 관한 단서를 찾을 수 있을지도 모른다.

만일 여성이 자신의 몸이 미묘하게 감지하는 것을 무시하고 오랫동안 물질 세계에 관한 지식과 지적 능력만을 갈고 닦았다면, 이제는 육체와 정신이 하나라는 것을 생각해낼지도 모른다.

만일 그녀가 가족이나 사회의 요구에 응하느라 자기 감정을 무시해 왔다면, 이제는 조금씩 여성으로서 느끼는 법을 회복하기 시작할 것이다. 여성의 왕국의 신비는 꿈속에서, 동시에 일어나는 사건들 속에서, 여성의 시와 그림과 춤 속에서 드러날 것이다.

학대받고 모욕당하는 몸

역사적으로 육체와 영혼의 연결은 지모신의 권위가 땅에 떨어지면서 파괴되었다. '어머니 대지'가 대대적인 파괴의 위협을 느끼는 지금에 와서야 관계가 회복되고 있다. 인류가 대지의 신성함을 잊고 숲이나 언덕이 아닌 교회나 성당에서 신에게 예배하기 시작했을 때 자연과 맺은 신성한 '나와 너(I-Thou)'의 관계는 잊혀졌다. 우리는 어머니 대지의 모든 종(種)과 서로 연결된 대지의 자손이라는 것을 잊어버렸다. 우리는 모든 생명체, 나무, 바위, 태양, 짐승, 조류, 아이들, 남자, 여자로 구현된 신성함의 의미를 잃어버렸다. 이렇게 자연의 성스러움을 무시하는 것이 육체의 신성함을 부정하는 것으로 이어졌다.

항상 이랬던 것은 아니었다. 여성의 육체가 여신의 육체와 동등했을 때 여성은 생명의 기적을 담는 그릇이었다.

일찍이 과학적 지식 대신에 은유와 원형으로 만물의 운행 방식을 설명하던 때에는 여성을 향한 경외감이 있었다. 이 경외감은 여성의 몸이 겪는 변화와 관계가 있었다. 소녀는 월경을 하면서 여성이 된다. 피는 신비롭고 신성한 것이다. 여성은 임신할 때까지 매달 피를 흘린다. 그리고 아홉 달 동안 출혈을 멈추고 새로운 생명을 담는 그릇이 된다. 여성은 아기를 만들기 위해 몸 안에 피를 품고 있다고 여겨졌다. 아기를 낳은 후에 또다시 매달 피를 흘리다가 완경이 되면 출혈이 멈춘다. 이 또한 경외감을 불러일으켰다. 왜냐하면 이제는 아기를 만들기 위해서가 아니라 지혜를 만들기 위해서 피를 품고 있다고 여겨졌기 때문이다. 오늘날 여성들은 세상 만물의 신성함을 느끼는 감각을 회복하면서 자신들의 경험을 전혀 다른 방식으로 보는 법을 되찾고 있다.[1]

중세 시대 내내, 그리고 특히나 산업 혁명과 기계의 신격화 이래로 어머니 대지와 마찬가지로 남성과 여성의 몸은 성적으로나 육체적으로 학대를 받았다. 몸은 견딜 수 있는 힘을 넘어서도록 내몰리고 인간의 욕망에 이용되면서 크기, 몸매, 매력의 문화적 기대치에 따르도록 압박을 받았다. 월경, 출산, 완경은 문화적으로나 종교적으로 금기의 대상이 되었고 여성의 몸은 모욕당했다.[2] 이 점은 성폭행, 근친상간, 포르노의 통계 수치 증가로도 알수 있다. 여체를 신성시하는 것은 아버지 신을 숭배하면서 사라졌다. 한때 월경을 하는 여성에게 부여되었던, 풍요로움과 신성함은 여신들과 함께 지하로 내려가버렸다.

여신이 사라지면서 여성들은 여성의 몸에 담긴 지혜와 여성성의 신비를 잃어버렸다. 여성들은 몸으로 **깨닫는다**. 진 시노다 볼렌은 이렇게 말한다. "정신과 마음뿐만 아니라 몸을 통해 어떠한 것을 알게 될 때 비로소 우리는 우리 자신을 깊이 알게 된다. 기독교 문명과 기독교의 영향을 받은 심리학은 바로 이 점에서 균형 감각을 잃었다. 이것들은 아버지 신학이며 아버지 심리학이다. 아버지 신학과 아버지 심리학의 정신과 해석과 이야기는 변형된 경험이며, [여성들에게는] 사실이 아니다."³

신성한 여자는 왜 요부가 되었나?

생식(生殖)에 남성이 역할을 한다는 사실을 남성이 발견한 이래로 모든 문화권에서 여성은 성과 관련된 권력을 상실했다. 부계 혈통을 보호하기 위해 남성들은 오랜 세월 여성의 성생활을 통제하려고 애써 왔다. "남성에게 여성이 필요한데도 남성들은 여성이 자신의 성을 자유롭게 사용하지 못하게 법으로 금지함으로써 여성의 힘을 통제하려 든다. 취약하지만 끈질기게 이어지는 가부장제 사회 구조를 여성이 위태롭게 만들지 못하게 하려는 것이다.⁴ 부계 혈통을 보호하려면 그의 아들은 어머니의 아들이 아니라 아버지의 아들이어야만 한다."⁵

모계 혈통을 따랐던 켈트족 사회에서조차 여성의 성적 권력은 위험하고 병적이고 두려운 것으로 여겨졌다. 켈트 신화의 권위자인 장 마르칼(Jean Markale)은 켈트인의 '위대한 어머니' 리아논이 지하 세계로 밀려났을 때, 흰 멧돼지와 암돼지의 형상이었다고 말한다. 웨일스 지역에 전해 오는 다음의 이야기에 따르면 아서 왕과 그의 기사들은 분명 암돼지 여신 헨웬이 두려워서 박해하고 그녀의 명예를 훼손했다. 헨웬이 지닌 다산의 힘은 그들의 가슴에 엄청난 공포를 불러일으켰다.

브리튼 사람들이 헨웬 자손들의 손에 고통받을 거라는 예언이 있었다. 그래서 헨웬이 임신한 채로 발견되었을 때 아서 왕은 그녀를 없애려고 브리튼 섬의 군대를 소집해 정벌에 나섰다. 헨웬은 새끼를 낳은 후 자신을 공격하는 군대에 쫓기자 바다로 뛰어들었다. 새끼들도 그녀의 뒤를 따랐다. 귄트의 매스 궈니스('밀밭'이라는 뜻)에서 헨웬은 밀과 꿀벌을 낳았다. 펨브룩의 로니언에서는 보리와 밀을 낳았다. 아번에 있는 리우-기버수치에서는 새끼 늑대와 새끼 독수리를 낳았다. 그리고 란베어에서 돼지치기들이 바위에서 바다로 던져버린 고양이를 낳았다.[6] 밀, 보리, 꿀벌, 고양이는 모두 고대 여신의 상징이다. 가부장제가 헨웬의 뒤를 쫓고 있을지도 모른다. 하지만 그녀의 후손들은 계속 번성할 것이다.

암돼지 여신은 여러 고대 문화에서 다산과 풍요의 체현이었다. 메소포타미아에서 돼지는 여신을 상징했고, 고대 유럽에서 데메테르와 페르세포네에게 숭배 의식을 치를 때에도 돼지는 중요한 의미를 띠었다. 엘레우시스인들의 종교 의례는 초목 의식으로 지냈는데, 데메테르와 페르세포네에게 올리는 의식에서만은 신성한 돼지를 사용했던 것이다. 축제 의식이 끝난 후, 풍작을 기원하기 위해 여성들은 밭고랑에서 남성들과 육체 관계를 맺었다. 이 의식은 농사의 풍요와 인간의 성행위의 직접적 연결을 설정한 것이다.[7] 아마도 지상에 생명을 가져오는 능력 때문에 여성의 성은 당연히 받아야 할 숭배를 받고 명예를 누렸을 것이다. 영혼과 몸은 하나였다.

대부분의 여성은 자신의 성과 연결된 그 힘의 감각을 잃어버렸다. 그리고 남성은 여성을 요부, 사악한 유혹자, 탐욕자라고 부르며 비하했다. 여신의 원초적인 성과 다산의 에너지에 담긴 원시적 힘은 남성의 권위에 엄청난 위협으로 보였다. 또한 우리 문화의 노동 윤리에 어긋나게 보였다. "자유로운 성 관계는 여성과 남성의 본능적 욕망을 완벽하게 충족시켜서 열반의 희열에 가까운 무력감의 상태를 불러와 모든 삶의 의지를 사라지게 만들 가능성이 있다는 점에서 위험하다. 달리 표현해서, 항상 축축하고 자양분이 풍부한 어머니 자궁의 실제적인 보호나 상상의 보호를 받는 진정한 낙원으로 복귀, 즉 '자궁으로 퇴행(라틴어로 regressus ad uterum)'하게 될지도 모른다."[8]

오랫동안 정복자들과 기독교 사제들은 여성의 성기를 찬미한 고대 여신상(像)들의 외관을 훼손해 왔다. 켈트족 여신의 탐욕스러운 어머니 측면의 상징인 실라나히그(sheela-na-gig)는 아일랜드와 브리튼 섬 여기저기에 세워진 신전과 성의 돌에 조각되어 있다. 실라나히그의 조각상은 "구부린 다리와 양손으로 벌리고 있는 거대한 생식기가 특징이다. 그 모습은 제한 없는 성적 자유

실라나히그. 고대 켈트인들은 생명을
낳는 여성의 생식기를 찬미했다.

의 환상과 함께 우리의 기원을 희극적으로 상기시킨다. 실라나
히그 조각상은 수수께끼 같은 탄생의 은밀하고 경이로운 장면을
표현하고, 피 묻은 태반이 잘리며 새로운 생명이 떨어져 나오는
순간을 상징한다."[9] 현존하는 실라나히그 조각상은 대부분 생식
기가 떨어져 나가고 원래의 이목구비를 알아볼 수 없을 정도로
훼손되었다.

여성의 생식력을 표현한 이런 상징물들을 마구잡이로 파괴한
가부장 문화의 오랜 지배 탓에 오늘날 여성들이 자신의 생식기를
부끄럽게 여기고 콘딜로마, 헤르페스 같은 성적 '질병'을 키우는
것은 놀라운 일이 아니다. 그들은 더럽다고 여겨질까 두려워 가
족이나 친구들에게 비밀로 한다. 이차 성징이 나타나면서 변화된

자신의 모습을 남들과 비교하고 자신의 음순과 질이 무언가 결핍되었다고 여긴다. 자기 몸의 어떤 부분도 제대로 된 게 없다고 생각한다. 사춘기 소녀들은 아기를 낳고 수유할 수 있는 능력이 생긴 것을 축하하는 대신에 커진 엉덩이와 가슴을 못마땅해한다. 월경을 경멸하는 발언도 서슴지 않는다. 월경을 정화의 시간, 꿈과 통찰과 직관의 시간, 회복되고 존경받는 거대한 힘의 시간이라고 여겨 '자신의 달(月)이 되는 것'이라고 부르는 아메리카 원주민들과 달리 우리 문화에서는 사춘기 소녀들에게 그들의 시간이 되었다고 이야기해주는 사람이 없었기 때문이다.

자기 학대, 몸을 거부하는 여자들

서른다섯 살의 한 여성은 이렇게 말한다. "여성이라는 것이 어떤 건지 말해주세요. 나는 체중이 90킬로그램이 넘는 몸 안에 갇혀 살아요. 내가 여자라는 생각이 전혀 들지 않아요. 엄마가 된다는 것이 어떤 느낌일지는 알아요. 나는 아이들을 돌보고 고객들에게 서비스하는 일을 좋아하거든요. 하지만 나 자신을 **성적으로** 여성적인 존재라고 생각하지 않아요. 섹스를 하고 임신을 하게 된다면 집에서 쫓겨날 거라고 생각했던 것 같아요. 그래서 열세 살 때 나를 보호하려고 살을 찌우기 시작했어요. 중학교 1학년 때 학교 댄스 파티가 열렸는데, 학교에서 가장 인기 많은 남자애가 나한테 와서 춤을 추자고 했어요. 그런데 그애가 내 몸에 손을 대는 것이 몹시 두려워서 그애에게 키가 너무 작다고 말해 버렸어요. 그러고 나서부터 바로 먹어대기 시작했죠."

많은 여성이 여성의 몸으로 사는 것이 힘들어서 여성이라는 불편한 느낌을 없애려고 음식, 알코올, 마약, 과로, 지나친 운동으로 몸을 학대한다. 만일 딸이 아버지의 마음에 들려고 자신을 남성과 동일시하게 되면 정신적이고 지적인 발달에 치중하면서 자신의 여성적 몸은 거부하게 된다. 이러한 여성은 몸이 원하고 몸에 필요한 것을 듣는 법을 잊어버린다. 몸은 똑똑하다. 언제 배가 고프고 목이 마른지, 언제 휴식이 필요한지, 언제 운동을 원하는지, 언제 섹스를 원하는지를 알고, 몸의 균형이 깨졌는지 아닌지도 안다. 하지만 우리 중 많은 이들이 몸과 소통하는 것을 무시하고 거부하도록 훈련받았다.

오늘날 낙태 문제를 놓고 벌이는 뜨거운 논쟁이 분명하게 증명하듯이 여성의 몸은 공공의 영역이다. 모든 사람이 여성이 자기 몸으로 무엇을 해야 하고 무엇을 하지 말아야 하는지 의견을 낸다. 취업 문제와 관련해서는 많은 아버지들이 좋은 직장을 구할 수 있도록 딸들에게 몸무게를 줄이고 외모를 가꾸라고 말한다. 바로 이 딸들이 많은 권력과 높은 지위를 누리는 관리직을 원하는지도 모를 일이다. 하지만 그들은 보조자 역할인 여성은 적절한 신체적 기준을 따르라는 말을 듣는다. 생리와 출산을 하기 때문에 여성은 남성만큼 업무를 잘 수행하지 못한다는 말을 오랫동안 들어 왔다. 지난 20년 동안 여성들이 이룬 발전에도 불구하고 여전히 여성의 출산 휴가나 육아 휴직이 승진이나 임금 인상에 불리하게 작용하는 것은 비밀이 아니다.

만일 어떤 여성의 어머니가 여성으로서 자신의 몸을 전혀 언급하지 않거나 자신이나 다른 여성의 성을 멸시하는 말을 한다면, 아마도 딸은 여성으로서 자신의 몸을 소중히 여길 수 없을 것이다.[10] 어떤 여성들은 딸에게 자신이 처음 관계를 맺었을 때 느낀 삽입 통증이나 출산의 고통을 끔찍하게 전달한다. 그래서 많은 여자아이들이 성을 두려워하며 자신의 몸을 혐오하고 본능으로부터 천천히 자신을 차단한다. 만일 "가족들이 그녀가 아이라는 것을 제대로 인식하지 못한 채 아이답게 자라는 것 대신 어떤 일을 완벽하게 해내기를 강조한다면, 그 아이는 본능적인 반응이 받아들여질 수 없다는 것을 아주 일찍부터 알게 될 것이다. 그리하여 그 아이는 화, 공포, 심지어 기쁨 같은 감정조차 몸의 근육 조직 속으로 밀어 넣어 자연스레 본능적 반응을 숨기고 일상에서도 표현하지 않을 것이다. 진짜 감정이 본능으로부터 차단될 때 갈등은 무의식 속에 머물러 있거나 신체 증상으로 나타난다."[11]

몸이 느끼는 감정으로부터 여성이 분리되는 가장 두드러진 이유는 근친상간, 성폭행, 육체적 학대이다. 여자아이가 아버지, 오빠, 삼촌, 할아버지, 가족의 친구, 교사, 의사, 성직자, 상사 같은 권위 있는 남성에게 성적으로 학대를 당하면, 아이는 그 성적인 트라우마를 연상시키는 치욕적인 고통을 잊으려고 자신의 몸을 무감각하게 만든다. 이 고통은 직접적인 원인이 없어져도 사라지지 않는다. 그 경험은 입술, 가슴, 음순, 질, 자궁 경관 같은 상처 입은 부위에 각인되고 긴장, 육체적 고통, 감각 마비, 질병을 일으키거나 쾌감과 혼동되기도 한다. 어린 나이에 성적으로 학대를 당한 내담자들 중 많은 이가 놀라울 정도로 예민한 신체 치료사(body-worker)거나, 아니면 정반대로 자신의 육체적 한계에 전혀 감각이 없었다. 그들은 상처를 고통과 혼란이 몸에서 어떻게 억압되고 또 해방될 수 있는지 깊이 이해하는 계기로 바꾸거나, 혹은 자신들의 본능과 직관을 마비시켜 상처 입은 가련한 육체에 갑옷을 입힌다. 자신의 몸에 귀를 기울이는 것이 원치 않는 기억과 느낌을 불러일으키기 때문에 그들은 더는 자신의 '직감'을 믿지 않는다.

하강을 끝내고 돌아올 때 여성은 자신의 몸을 되찾는다. 그 결과로 그녀는 **자신**의 건강한 몸 상태를 되찾을 뿐만 아니라 우리 모두를 위해 여성성의 신성함을 구체적인 행위로 표현한다. 그녀는 이 표현의 필요성을 분명히 의식하기 시작한다. 의식적인 영양 섭취, 운동, 목욕, 휴식, 치유, 섹스, 출산, 죽음을 거치며 그녀는 우리에게 여성성의 신성함을 일깨워준다. 나 자신을 포함해서 많은 여성에게 가장 신성한 순간은 사랑하는 이에게 안기고, 섹스하고, 아이에게 젖을 먹이는 몸의 시간이다. 나에게 출산보다 성스러운 황홀경에 더 가까이 가도록 하는 것은 없다. 그 성스러움이 물질 세계에서 구체적으로 드러나지 않고 육체의 명예도 회복되지 않는다면 사회와 문화뿐만 아니라 개인의 정신도 진보할 수 없다. 자신의 직업과 일상의 삶에서 여성 몸의 신성성을 드러내는 여성을 생각할 때면, 나는 캘리포니아 오클랜드 출신의 조산사 아리시카 라자크를 떠올린다. 라자크는 여성의 성을 찬미하는 '음문 춤(vulva dance)'을 만들었다.

라자크는 말한다. "조산사인 나는 질이 열리고 아기의 머리가 나오는 것을 지켜봐야 하기 때문에 여성들의 생식기에 시선을 고정하고 많은 시간을 보냈어요. 진찰용 침대에 올라갔을 때 자신의 몸을 부끄러워하지 않고 자랑스러워하는 여성은 손가락으로 셀 수 있을 만큼 적어요. 대부분은 자신의 외음부를 가리고 의무적으로 얼마나 냄새가 심한지 말하죠. 난 이러한 부끄러움과 더럽다는 느낌을 여성들이 항상 느껴 왔던 게 아니란 걸 알아요. 여성의 외음부는 한때 아름다움과 신성함과 초월의 상징이었지요. 모든 인간은 우리 몸의 그 관문을 통해 세상에 나오죠."

"나는 몸을 위한 전사예요. 나는 출산의 숭고함을 주장하지 않거나 혹은 요청하지 못하는 불쌍한 여성들과 함께 일해요. 안타까운 일이지요. 내가 하는 일 중 하나가 그들이 언제고 '아니오'라고 말할 수 있다는 것을 일깨워주는 거예요. 나는 여성들에게 인간관계에서 '예'와 '아니오'를 분명히 하라고 격려해줘요. 또 성이란 일생 동안 존재하는 것이며 자신의 몸을 좀 더 잘 돌봐야 한다고 말해주죠. 성은 정신의 영역으로 들어가는 몸의 통로이기 때문에 나에게 아주 중요해요. 그래서 음문 춤을 추며 일하는 것, 몸과 일하는 것이 내가 여신에게 올리는 예배예요."[12]

내 몸의 주인 되기

우리는 무의식중에 자연스럽게 꿈이라는 방식으로 상징을 만들어낸다. 오늘날 많은 여성과 남성이 여신에 관한 꿈을 꾼다. 여신은 우리 문화에서 회복해야 할 여성적 원리가 투사되어 나타난 것이다. 여신은 다양한 형태로 나타나는데, 종종 개인이 물려받은 풍부한 상징들로 구체화된다. 사십 대 후반의 캐서린은 엄격한 아일랜드 가톨릭 집안에서 자랐다. 그녀는 최근에 성작(聖爵)에 관한 꿈을 연달아 꾸었다. 성작은 가톨릭에서 미사 때 사용하는 포도주 잔인데, 이 잔에 담은 포도주는 성화(聖化)되어 그리스도의 피로 변한다고 한다. 기독교 이전의 문화에서 잔 혹은 그릇은 여성의 신성함을 상징했다.

첫 번째 꿈에서 캐서린은 그림 속에 있는 자신의 모습을 보았다. 그림 아래에는 다음과 같은 글귀가 새겨져 있었다. "성혈이 든 성작을 마시는 사람은 바로 그녀다." 한 달 후에 캐서린은 다시 성작이 나오는 꿈을 꾸었다. 캐서린은 성작을 들이켰고 열두 방울의 피가 목으로 흘러들었다. 그때 그녀의 귀에 다음의 말이 들려 왔다. "너는 위대한 어머니의 피로 길러졌다." 캐서린은 일기에 이렇게 썼다. "피는 생명의 이미지이다. 재생과 부활의 이미지이다. 그것은 여성성, 그릇, 자궁, 깨끗이 씻어내고 정화하는 생리혈의 강력한 이미지이다. 여신의 피를 마시는 것은 여성성의 신비에 입문하는 성스러운 의식이다."

두 달 후 캐서린은 자신의 몸이 성작으로 보이는 꿈을 꾸었다. 그리고 이 말을 들었다. "이는 내가 사랑하는 딸이다. 내가 그를 좋아한다."* 캐서린은 불길에 휩싸인 듯 놀라서 일어났다. "나는 기운이 넘쳐 몸이 떨렸다."라고 그녀는 일기에 썼다. "침대에 그대로 있을 수가 없었다. 내 몸이 터져버릴 것만 같았다. 가슴이 벅차올랐다. 한밤중이었는데 미술 도구를 전부 꺼내 먼저 찰흙으로 기본적인 형태의 성작을 빚었다. 차가운 진흙이 나를 얼마간 차분하게 가라앉혀주었다. 하지만 그걸로 충분하지 않았다. 내가 느낀 것을 다채로운 색으로 표현하고 싶었다. 마커펜을 모두 꺼내서 강렬한 색채와 넘치는 에너지로 약동하는 성작을 그렸다. '이것은 내 몸이다, 이것은 내 피다.'라는 말이 머릿속에서 맴돌았다. 그 순간 **내**가 **나의** 몸과 **나의** 피인 영혼을 그리고 있다는 것을 알았다. 교만을 떠는 게 아니다. 구체화된 영혼으로서 여신의 화신이 나다. 신 또는 여신은 나와 분리되어 있지 않다. 나는 여신의 화신이다. 나는 여신의 힘을 느낀다."

슬픔과 무력감을 어누르는 여자들

하강은 쉽지 않다. 그것은 소동을 일으킨다. 심연에 도사리고

---

* 마태복음 3장 17장의 "이는 내가 사랑하는 아들이다. 내가 그를 좋아한다."라는 구절을 차용했다.

있는 위험한 감정에 압도당하지 않도록 우리는 슬픔과 무력감을 느끼지 않으려고 가능한 한 중요하고 바쁜 일로 삶을 채워 왔다. 일상의 의식의 표면 저 아래 영역으로 내려가는 용기를 지닌 여성은 그곳에서 일찍이 경험한 적이 없는 것을 선택했다는 것을 느끼게 된다. 이제 그 여성은 오랫동안 아버지들에게 보여주었던 가면, "전 괜찮아요. 무엇이든 하고 싶은 대로 하세요."라는 식의 착하고 예의 바르고 순종적이며 싹싹한 태도의 가면을 벗는다. 이와 동시에 아마도 그녀는 자신의 시간을 희생했던 것에 대한 분노, 스스로 자신에게 등을 돌리고 투명 인간 취급한 것 때문에 느낀 혼란스러움, 너무 오랫동안 자신을 방치했다는 슬픔, 다음 단계로 나아가지 못하는 무력감에서 비롯된 적의를 발견하게 될 것이다.

자녀를 열 명이나 길렀다는 오십 대의 한 매력적인 여성은 웃으며 이렇게 말한다. "난 오랫동안 아주 행복했어요. 단지 아이들, 남편, 나 자신과 한 번도 대화를 나눠본 적이 없다는 게 아쉬워요. 할 일이 너무 많았고 실망할 일도 많았기 때문에 감정을 느끼지 않으려고 억눌렀어요. 별다른 문제가 없다고 느끼는 상황에서 군이 평지풍파를 일으키고 싶지 않았어요."

할 일이 너무 많다. 할 일이 너무 많고 자기 내면의 소리를 경청할 시간이 없다는 이유로 얼마나 많은 여성들이 자기 자신을 헐값에 내어주고 있는가! 부모, 배우자, 형제자매, 자녀, 동료와 맺은 관계를 통해 자신을 규정하는 여성들은 **자신의** 진짜 감정을 돌아보는 데 필요한 에너지가 남아 있지 않다. 게다가 자기 자신을 고려하는 건 이기적이라는 말을 듣는다. 혹은 지나친 자만심 탓에, 자신이 동반의존*으로 다른 사람들과 결탁해 있음을 보지 못하기도 한다. "내가 나서야 일이 제대로 되지."

수 세기 동안 여성들은 '히스테리'를 부리지 말라는 말을 들어왔다. 어떤 것을 강렬하게 느끼면 열정적으로 몰두한다는 칭찬 대신 호들갑스럽다는 말을 듣고, 화를 내며 불만을 표현하면 자제력을 잃었다는 말을 듣는다.

감정을 표현하는 걸 불편해하는 부모들은 딸들에게 이렇게 말한다. "그런 식으로 느끼지 마라." 또는 이렇게 비웃는다. "여기 '눈물의 여왕' 좀 봐라!" "고장 난 수도꼭지냐? 아무 때나 울게." 이런 가족들 사이에선 기쁨도 적당히 표현해야 할 뿐만 아니라 아주 행복하다고 표현하는 것은 '너무나 바보 같은 짓'이라고 여겨진다. '지나치다'라는 말을 반복해서 듣고 자란 아이는 마음 놓고 감정을 표현해서는 안 된다고 생각하게 된다. 아이는 슬픔, 실망, 화 또는 신나게 들뜨는 것조차 부모나 교사에게 받아들여지지 않기 때문에 모두 소용없는 것임을 금방 알아챈다. 인정받지 못한 감정은 없어지지 않는다. 지하에 잠복해서 우리를 과거

동반의존(codependency) 심리학 용어이며, '상호의존' '공동의존'이라고도 부른다. 보살핌이 필요한 사람과 베푸는 사람 사이에 간혹 나타나는 지나친 정서적 의존성을 가리킨다. 이런 문제를 지닌 사람은 지나치게 수동적이거나 과도하게 보살피는 방식으로 행동하는 경향이 있다.

에 묶어놓는다.

우리는 내가 꿈에서 본 애벌레 아기의 슬픔, 따뜻하게 안겨서 소중하게 보살핌을 받지 못하는 슬픔을 경험하고 싶지 않기 때문에 감정을 고립시키려 한다. 우리는 우리 내면의 작은 여자아이가 내는 분노에 찬 울음소리, "네가 어떻게 나를 버릴 수 있어?"라고 묻는 그 무언의 요구에 귀 기울이려 하지 않는다. 제임스 힐먼(James Hillman)은 이것을 **근친상간적 모성 회귀**라고 부른다. 어머니와의 이러한 근친상간적 재결합은 "가장 어둡고 지독한 정열과 안아주고 업어주고 쓰다듬어주기를 바라는 실존적인 갈망과 강렬한 분노를 표출할 수 있게끔 한다. 이것은 우리 마음이 어디에 있어야 하는지 그리고 어떻게 느껴야 하는지가 아니라, 비록 그곳이 주먹이나 내장이나 생식기라 할지라도, 우리가 실제로 느끼는 곳, 즉 우리 마음이 진짜로 있는 곳으로 가는 것을 의미한다."[13] 어쩌면 우리는 몸 전체로 이 특별한 슬픔을 고통스럽게 느끼는지도 모른다.

내면의 슬픔 마주하기

여성 영웅의 여정에서 가장 큰 도전은 자신이 여성성과 분리되어 있다는 데서 깊은 슬픔을 느끼는 것과 어떤 식이든 자신에게 적당한 방식으로 이 상실에 이름을 붙이고 애도하는 것, 그런 다음에 그 슬픔을 발산하고 나서 새로운 단계로 넘어가는 것이다. 여성 영웅이 슬픔과 절망에 빠진 상태에서 그러한 감정을 표출하는 동안 그녀에게 나쁜 일이 생기지 않도록 어머니나 자매 같은 인물—남성이든 여성이든 상관없이—이 보여주는 긍정적인 여성성의 지지가 필요하다. 슬픔의 강도는 그녀가 자신을 얼마나 제대로 볼 수 없고 알 수 없다고 느끼는지 그 정도에 따라 달라진다. 그리고 그녀가 잃어버린 보물을 되찾는 데 얼마나 많은 시도를 해야 하는지에 따라 달라진다. 그녀는 어떤 것은 너무 많이 가졌고 어떤 것은 충분히 가지지 못했다는 단순한 이유로 슬퍼할 수도 있다. 즉, '물건들'이나 공허한 칭송은 넘치도록 많은데 자기애나 자존감이나 자기 내면과의 유대는 부족하다는 것 때문에 슬퍼할 수 있다. 슬픔을 두고 그저 다른 사람을 비난하는 데 집중할 것이 아니라 그 원인을 철저히 따져보고 스스로 자기 치유의 책임을 맡는 것이 중요하다.

이십 대 후반인 앤절라는 가족 성폭력의 생존자였다. 앤절라는 계부에게 성폭행을 당하던 자신을 보호해주지 못한 어머니의 무능력에 지독한 실망감과 분노를 표출했다. 하지만 어머니는 그저 무슨 일이 일어나는지 몰랐다는 말만 되풀이하면서 자신에게 책임이 있다는 것을 받아들이지 않았다. 딸의 무력감과 비통한 마음에 귀 기울이려 하지 않았다. 두 사람은 10년이라는 시간을 쓰라린 상처 속에서 보냈다. 10년이 지나고 어느 날 어머니가 딸에게 말했다. "내가 잘못했다. 널 보호하지 못했던 것이 너무 끔찍하구나. 어떻게 해야 할지를 몰랐기 때문에 무슨 일이 일어나고 있는지 보려고 하지 않았어. 그때 내가 할 수 있는 최선을 다했다는 것만은 알아줬으면 한다. 하지만 충분하지 못했지. 난 네게 도움이 못 됐다." 앤절라는 처음으로 어머니가 자기 말을 **들어주었다**는 느낌을 받았다. 이 일이 앤절라가 느끼는 성폭행의 고통과 치욕을 뿌리 뽑지는 못했지만, 자신의 감정을 표현하고 인정받으면서 상처가 치유되기 시작했다. 슬픔에서 벗어나면서 앤절라가 어머니를 동정하는 마음도 커졌다.

"슬픔은 존재의 가장 핵심에 놓여 있다. 당신이 마음에서 다른 모든 감정을 걷어내면, 이제 막 움트는 씨앗처럼 푸른 잎을 내려고 그 자리에서 준비 중이던 슬픔이라는 감정과 반드시 맞닥뜨릴 것이다."[14] 하지만 슬픔을 붙들고 있을 필요는 없다. 슬픔을 놓아버리는 일은 심호흡처럼 훈련의 일종이다. 숨을 들이쉬면서 슬픔을 느끼고, 숨을 다시 내쉬면서 슬픔을 풀어놓는다. 숨을 들이쉬면서 뺨 위로 흐르는 눈물을 느끼고, 숨을 내쉬면서 그 따뜻한 느낌에 감사함을 느낀다. 숨을 들이쉬고 웃어보자.[15] 당신 자신에게 너그러워져라. 작은 것부터 시작하라.

'거미 할머니'의 지혜

여성은 자신이 뼈가 가득 든 가방을 끌고서 지하 세계에서 돌아올 때, 누군가 자신을 위로해주고 안아주고 돌봐주기를 갈망한다. 어머니 같은 사람의 무릎에 누워 그 품에 안겨서 위로를 받으면서 "모든 것이 다 잘될 거야."라는 말을 간절히 듣고 싶어 한다. 아메리카 원주민 테와 푸에블로족은 자신들이 평상시에 경험하는 여행을 이렇게 이야기한다. "이 여행은 땅을 파는 두더지와 함께 가장 깊은 암흑의 땅속에서 땅 위로 올라오는 여정이다. 사람들은 땅 밖으로 나올 때 빛 때문에 눈이 부셔 다시 땅속으로 돌아가고 싶어 한다. 그때 여인의 작은 목소리가 들려와 참을성 있게 아주 천천히 눈을 가린 것을 벗기만 하면 된다고 일러준다. 마침내 그들이 눈을 떴을 때 그들은 대지와 모든 생명체의 할머니인, 허리가 굽고 자그마한 늙은 거미 여인과 마주한다. 그녀는 싸우고 싶은 유혹과 무기를 갖추고 싶은 유혹과 그 유혹이 불러올 슬픔에 대해 그들에게 경고한다. 또한 옥수수를 심고 키우는 방법도 가르쳐준다."[16]

우리는 연민을 느끼고 자상하게 일러주는 여성적 자질을 갈망한다. 여성적 자질은 우리 자신을 보살피는 방법을 알려주고, 지배욕과 사소한 다툼에 사로잡히지 않도록 경고해준다. 거미 여인은 사람들에게 관심을 기울인다. 그녀는 생명을 보호하고 거미줄을 짜는 여인이자, 하강의 여정에서 힘겹게 버둥거리는 사람들을 위한 멘토이고 조력자이다. 거미 여인은 인내가 무엇인지를 안다. 조급하게 빛으로 나아가지 않는 법과 긴장을 유지하면서 적절한 시기에 상황을 전개하는 법을 안다. 그녀는 새로운 씨앗을 뿌리고 키우는 법도 안다. 여성이나 남성 안에 깃든 이러한 여성적 자질은 자신의 진정한 인간성을 발견할 수 있도록 도와준다.

호피족(미국 애리조나 주의 북동부에 사는 푸에블로 원주민의 일족)
의 창조 신화에서 거미 할머니는 사람들을 도와주고 삶의 의미를
발견할 수 있도록 이끌어주는 핵심적인 역할을 한다.

태양신이 첫 번째 세계를 창조하고 생명체들을 그곳에서 살게 했
다. 그는 자신이 해놓은 일이 만족스럽지 않았다. 피조물들이 삶의
의미를 이해하지 못하는 것처럼 보였기 때문이다. 태양신은 거미 할
머니를 불러 피조물들이 한 단계 더 높은 세상으로 나아갈 수 있도록
준비하게끔 했다. 거미 할머니는 지시대로 따랐다.

거미 할머니는 피조물들이 다음 세계로 올라갈 수 있도록 이끌어
주었다. 피조물들은 얼마 동안은 진보했다. 태양신은 다시 거미 할머
니를 보내 피조물들에게 설명하고 그 다음 단계의 세계로 이끌고 가
도록 했다. 그곳에서 피조물들은 마을을 이루고 곡물을 키우며 평화
로이 모여 살았다. 그러나 빛은 희미하고 공기는 차가웠다. 거미 할
머니는 그들에게 옷감을 짜고 솥을 만드는 방법을 가르쳤다. 그들은
오랫동안 잘 지냈다.

그러다 갈등이 생겼다. 거미 할머니는 성장하고 변화하기를 원하
는 사람들은 더 높은 곳으로 가야 한다고 일러주었다. 그들이 어렵사
리 '하늘 문' 바로 밑에 도착했는데 아무도 위로 올라가는 길을 발견
하지 못했다.

바로 그 순간 거미 할머니와 전사의 신인 거미 할머니의 손자들이

나타났다. 그들이 뿌린 씨앗이 크게 자랐다. 거미 할머니는 사람들에게 멈추지 말고 계속 노래를 부르도록 격려했다. 그러자 마침내 대나무가 하늘 높이까지 자라더니 '하늘 문'을 통과했다. 거미 할머니는 사람들에게 그 문에 도착하기 전에 어떤 것이 바뀌어야 할지 깊이 생각해야 한다고 말했다. 그러고는 다시 돌아오겠다고 했다. "지상의 세계에서 당신들은 진짜 인간이 되는 법을 배워야 합니다."[17]

거미 할머니와 그녀의 손자들이 먼저 지상의 세계에 들어갔다. 사람들이 이 새로운 세상에 정착했을 때 거미 할머니는 그들을 지켜주었다. 사람들 가까이 있으면서 그들에게 필요한 것은 무엇이든 만드는 방법을 가르쳐주었다. 그리고 그들에게 세상에 빛과 온기를 가져오는 의식을 보여주었다.

이 모든 것을 마치고 난 후에 거미 할머니는 사람들이 통과한 구멍 위로 호수를 만들고, 그들이 여정을 어떻게 준비하고 무엇을 미리 예측해야 하는지 말해주었다. 그녀는 "왜 이 세상에 왔는지를 잊어버린 사람들은 삶의 길을 잃을 것이다."[18]라고 말하며, 그들의 기원을 상기시키고 그들이 신성한 의식을 계속 지킬 것을 당부했다.

이 최초의 인류처럼 우리에게도 여성적 자기 성찰과 전인(全人)이 되기 위한 지혜가 필요하다. 거미 할머니는 우리에게 우리가 누구인지, 또 이 행성의 청지기로서 우리의 책무가 무엇인지를 기억하도록 도와준다. 거미 할머니는 자연의 순환과 연결된 우리 자신을 존중하도록 우리를 일깨우는 의식과 노래를 알려주고 가르침을 준다. 만일 우리가 모든 생물 종과 연결되어 있음을 분명히 느낀다면 다른 종들을 지배하거나 파괴하지 않을 것이다.

몇 년 전에 '변화하는 여성 : 현대 여신의 얼굴'이라는 제목으로 준비 중이던 사진 프로젝트 때문에 뉴멕시코 주 출신의 예술가 콜린 켈리(Colleen Kelley)을 만나 인터뷰를 했다. 켈리는 내게 거미 할머니를 떠올리게 하는, 환각 속에서 만난 어떤 늙은 여인에 관해 말해주었다. "애리조나 주에 있는 성지를 순례하던 중에 그랜드 캐니언에서 아주 늙은 여인의 환영이 나타났어요. 그녀는 내게 많은 것을 보여주었어요. 그때 본 것들 중에 막 끊어지려고 하는 영혼의 거미줄이 있었어요. 수천 년 동안 이어져 온 의식(儀式)과 제물로 만들어진 거미줄이었죠. 그 나이 든 여인이 내게 준 메시지는, 이러한 전통을 지켜 온 여성들이 생명의 거미줄을 유지하기 위해 지금 이 의식에 공명하는 전 세계 여성과 남성들을 향해 텔레파시를 보내고 있다는 거였어요. 이 거미줄이 유지되지 않는다면 삶이 위협받을 거예요."[19]

수호하는 여성

여성에게서 나타나건 남성에게서 나타나건 생명의 보호자는 긍정적인 여성성의 한 측면이다. 긍정적인 여성성은 함께 공동선

(共同善)을 추구할 수 있도록 공동체들을 연결하고 서로 협력하게 만드는 데 관심을 기울인다. 여성성은 모든 존재들 사이에서 유사성을 찾아내고 연민과 자비를 보인다. 또한 어린아이들과 불행한 사람들을 보호할 것을 요구한다.

독일 화가 케테 콜비츠(Käthe Kollwitz)는 착취당하고 보호받지 못하는 노동자, 모성의 기쁨과 슬픔, 전쟁의 공포를 그려 보호자로서 여성성을 구체화했다. 〈독일의 아이들이 굶주리고 있다!〉, 〈전쟁은 이제 그만!〉, 〈씨앗이 짓밟혀서는 안 된다!〉 같은 작품을 통해 제1차 세계대전과 제2차 세계대전 중에 저질러진 무분별한 인명 살상에 항의했다. 〈어머니들의 탑〉이라는 콜비츠의 조각 작품은 어린아이들을 위협하는 폭력에 격렬하게 저항하며 보호하는 여성성을 보여준다. 그녀는 자신의 아들이 제1차 세계대전 중에 죽은 이후에 〈부모들〉이란 작품을 통해 사람들의 비탄을 표현했다.

나치 독일 시기의 고통과 공포 속에서 콜비츠는 인간관계의 따뜻함을 떠올리게 하는 어머니들과 아이들을 그려 인간과 삶에 대한 믿음을 잃지 않도록 자신과 다른 사람들을 격려했다.[20] 그녀는 "사람들이 무력하게 도움을 기다리는 시대에 유용하게"[21] 쓰이는 것이 자신이 작품 활동을 하는 목적이라고 느꼈다. 콜비츠의 작품을 두고 '현대 독일의 가장 위대한 문학 작품'이라고 평가한 프랑스 소설가 로맹 롤랑(Romain Rolland)은 콜비츠에 대해 이렇게 말한다. "강인한 마음을 지닌 이 여성은 [가련한 사람들에

케테 콜비츠, 〈독일의 아이들이 굶주리고 있다〉, 1924년

게) 관심을 보였다. 엄숙하고 애틋한 연민의 마음과 어머니와 같은 자애로운 팔로 그들을 끌어안았다. 콜비츠는 희생된 사람들의 침묵을 대신하여 그들의 목소리가 되었다."[22] 여성성의 화신인 관세음보살처럼 콜비츠는 사람들의 울음소리에 귀를 기울였다.

창조하는 여성

하강을 한 여성은 여성성의 탐욕스러운 파괴자 양상을 경험한다. '지상의' 삶에서 분리된 이 기간 중에 자신이 쓸모없다거나 자기 삶이 메말라버린 느낌을 경험하고 나서 여성은 창조적인 여성성의 촉촉하고 푸르고 물기 많은 측면을 갈망한다. 자신의 여성성과 단절되었다고 느끼는 여성은 창조성이 솟아나기 시작한다는 것을 느낄 때 천천히 자기 정체성을 되찾기 시작할 것이다. 정원에서, 주방에서, 집을 꾸미면서, 인간관계 속에서, 뜨개질을 하면서, 글을 쓰면서, 춤을 추면서 재생이 이루어질 수도 있다. 여성의 심미적이고 관능적인 감각은 색깔, 냄새, 맛, 촉각, 소리로 새로운 활력을 얻으면서 되살아날 것이다.

서아프리카의 사랑과 예술과 관능의 여신인 오순(Oshun)은 아름다움과 창조성에 관해 가르쳐준다. 오순 신앙의 여사제인 루이사 티시는 나이지리아 남부에 사는 요루바족의 전통 신앙에 나타나는 오순의 모습을 이렇게 묘사한다. "오순은 강물이 대양과 만나는 곳이다. 오순은 연인 사이의 관능적 사랑일 뿐 아니라, 창조를 위한 원초적 충동을 불러일으키는 사랑이다. 오순은 모든 칼라꽃과 모든 폭포, 모든 아이들의 눈 속에 있다. 오순 덕분에 우리가 두려움 없이 세상에 존재할 수 있다. 오순은 인생을 견딜 만한 것 이상으로 만들어준다. 오순은 모든 아름다운 것들의 체현이다. 그녀는 사람들이 풍부한 상상력을 발휘해 아름다운 예술 작품을 창조할 수 있도록, 사람들이 자신의 감각을 온전히 발휘할 수 있도록 영감을 불어넣어주는 모든 것을 상징한다. 황홀경에 들어가 사람들을 일깨우는 어떤 것을 창조할 때마다 나는 그곳에 오순이 있다는 것을 안다. 아름다운 돌들이 있는 강 근처에 갈 때마다 나는 아주 분명하게 오순의 목소리를 듣는다."[23]

아메리카 원주민인 나바호족 신화에 등장하는 '변화의 여인'은 창조주이다. 그녀는 식물과 바다의 여왕이고, 대지이자 하늘이다. 아기를 낳아주는 어머니라는 존재 그 이상이다. 그녀는 여성 창조주이다. 자신의 몸 여기저기에서 피부를 긁어내 최초의 인간을 만들었다. 그녀는 영원히 변화하고 진화한다. "여신의 우주적 순환 운동—겨울이면 나이를 한 살 더 먹고 봄이 되면 젊고 아름다운 처녀가 되는 것—은 여신을 생명의 끊임없는 복원과 회복의 신호, 죽음과 재탄생의 정수로 만든다."[24] "남성적 창조성이 언제나 앞으로 나아가려는 경향이 있는 데 비해 여성적 창조성은 자기 안에서 원형이라기보다는 나선형으로 돌고 도는 경향이 있다."[25]고 한다. 여성의 창조성은 끊임없이 변화한다. '변화의 여인'은 춤을 추면서 창조한다. 이 믿을 수 없이 아름다운 여신은 가는 곳마다 아름다움을 창조한다. 여신은 하얀 조가비와 터키석으로 장식한 옷을 입고 나바호족의 모든 소녀들을 위해 춤을 추며 사춘기 의식을 거행한다. 〈첫 사춘기 의식의 노래〉는 여신의 춤을 이렇게 묘사한다.

그녀는 춤춘다, 그녀는 춤춘다.
그녀는 춤춘다, 그녀는 춤춘다.

흰 조가비 여인, 그녀는 춤춘다.
흰 조가비 신발, 그녀는 춤춘다.
검은 선으로 마무리한 그녀의 신발, 그녀는 춤춘다.
흰 조가비 신발끈, 그녀는 춤춘다.
흰 조가비 각반, 그녀는 춤춘다.
……

춤추는 흰 조가비 치마, 그녀는 춤춘다.
흰 조가비 벨트, 그녀는 춤춘다.
흰 조가비 치마, 그녀는 춤춘다.
흰 조가비 팔찌, 그녀는 춤춘다.
흰 조가비 목걸이, 그녀는 춤춘다.
……

그녀 위로 하늘 높이 수컷 파랑새가 아름답게 이리저리 춤을 추고,
그녀도 춤을 춘다.

파랑새는 노래한다. 새소리가 아름답다. 그녀는 춤춘다.

......

그녀 앞에 있는 모든 것이 아름답다, 그녀는 춤춘다.
그녀 뒤에 있는 모든 것이 아름답다, 그녀는 춤춘다.

그녀는 춤춘다, 그녀는 춤춘다.
그녀는 춤춘다, 그녀는 춤춘다.[26]

무리하게 밀어붙이지 않으면서 창조적인 충동에 **맞추어** 움직
이는 이 능력은 내가 이제 겨우 배우기 시작한 여성성의 한 측면
이다. 나 같은 '아버지의 딸'들은 상황이 저절로 흘러가도록 **놓아
두는 것이** 어렵다. 어떤 일이든 그 일과 일의 적기를 통제하고 싶
어 한다. 일의 추이와 불확실한 결과를 기다리는 일은 격렬한 불
안을 일으킨다. 여성성은 어떤 일이든 만물의 자연스런 순환 속
에서 일어나고 흘러가도록 둔다는 특징이 있다. 깊은 무의식 차
원에서 치유나 창조적인 일을 하는 사람들은 고요함과 재생의
단계가 있다는 것과 이 단계들을 존중하고 보호해야 한다는 것
을 안다. 이때 충분한 시간이 필요하다는 것도 안다. 그 누구도
탄생을 강요할 수는 없다. 발현의 신비를 믿는 것이 여성성의 여

정이 주는 심오한 가르침 중 하나이다.

정화하는 여성

행위(doing) 대신에 **존재함**(being)에 관해 알아내는 깃은 여성성의 신성한 책무이다. 오늘날 많은 여성이 꿈과 예술 작품 속에서 그릇의 이미지를 되찾고 있다. 이것은 여성성의 내부 지향적 특징을 말해준다. 라틴어로 '베시카 피시스(vesica piscis)'라고 부르는 '물고기 모양의 그릇'은 이교 신앙과 기독교 신앙에서 모두 여성성을 상징한다. 조앤 서덜랜드(Joan Sutherland)는 바로 우리의 삶인, 그릇을 정화하는 일에 관해 설명한다. "명상 같은 고독한 작업은 그릇을 내부에서부터 정화한다. 공동체 의례, 협력하기, 다른 여성들과 함께 축하하기는 그릇을 외부에서부터 정화한다. 그릇 안에서 일어나는 일, 다시 말해서 나타날 수 있는 변형의 성질을 결정하는 것은 그릇의 질이기 때문에 계속해서 그릇에 공을 들여야만 한다. 우리는 그릇에 주어진 것과 그릇을 통해 들어오는 것들을 받아들일 수 있도록 정화의 과정에 주의를 기울여야 한다. 투명한 그릇이 될 때까지, 양쪽 면이 닳아 없어질 때까지 안팎으로 정화해야 한다. 이 일은 간단하다. 복잡하진 않지만 어렵다. 마음을 다해야만 한다."[27]

존재함은 자신을 증명하려고 **무엇을 하는 것**이 아니라 자기 안에 머무르면서 자신을 있는 그대로 받아들이는 것이다. 더는 외부 세계로부터 갈채를 받지 못하는 상황에 적응하는 훈련이다. 생산을 위한 생산에 의문이 인다. 정치적으로나 경제적으로는 거의 가치가 없지만, 존재함이 주는 단순한 메시지 안에는 지혜가 담겨 있다. 만일 내가 나를 있는 그대로 받아들일 수 있다면, 그리고 내가 주위의 환경과 조화롭다면, 행복해지려고 물건을 생산하고 소비를 조장하고 환경을 오염시킬 필요가 없다는 것이다. 존재함은 수동적인 행위가 아니다. 정신을 집중해서 의식하는 것이 필요한 행위이다.

뉴멕시코 출신의 예술가 밸러리 벡톨(Valerie Bechtol)은 존재함이라는 이 적극적인 양상을 표현하는 영혼의 그릇을 만든다. "내가 만든 영혼의 그릇은 그릇으로서 나 자신과 연결된다. 그릇 안으로 들어갔을 때 내게 필요한 모든 것이 내 안에 있다는 것을 깨달았다. 나는 필요한 것을 완전히 다 갖춘 경이롭고 거대한 자궁, 굉장한 그릇이다. 내가 어디에 있는지는 중요하지 않다. 이 그릇이 내 거처이다. 내 작품을 통해서 오늘날 우리 문화에서 그릇을 수동적이라고 생각하는 관념을 깨뜨리고 싶다. 또 그릇이 아주 능동적인 창조의 도구였던 다신교 시대의 의미를 회복하고 싶다. 그 시절에 그릇은 치유의 도구였고 항상 여성의 손으로 만들어졌다."[28]

아마도 그릇이 된다는 것이 어떤 의미인지를 여성들이 이해했기 때문일 것이다. 여성들은 자신의 자궁 안에서 일어나는 자연스러운 변화를 허락하는 것이 무엇인지를 이해한다. 있는 그대로 **존재하는 것**을 지지하고 존중한다면 여성들은 지혜를 낳을 것이다. 우리의 행성인 가이아 여신은 모든 살아 있는 생명과 긍정적이고 원만한 관계를 맺도록 정신을 집중해서 존재함의 지혜를 발휘하기를 요청하고 있다. 우리가 아무 생각 없이 해 온 **행위**가 엄청난 환경 파괴를 불러 왔다.

이것이 오늘날 우리 삶에서 **영웅**과 **여성 영웅**을 재정의해야 하는 이유이다. 영웅적 탐색은 권력, 정복, 지배에 관한 탐색이 아니다. 영웅적 탐색은 우리 본성의 여성성과 남성성 두 측면의 결합을 통해 우리 삶에 균형을 가져오는 일이다. 현대의 여성 영웅은 자신의 개인적 힘, 즉 느끼고 치유하고 창조하고 사회 구조를 변화시키고 자신의 미래를 설계하는 능력인 여성적 본성을 회복하는 것에 대한 두려움을 대면해야 한다. 여성 영웅은 모든 생명체가 서로 연결되어 있다는 지혜를 가져다준다. 그녀는 이 지구라는 그릇에서 함께 살아가는 방법을 가르쳐주고 우리의 삶에서 여성성을 회복하도록 도와준다. 우리는 여성 영웅을 그리워한다.

오, 위대한 할머니 신이여,
나는 아버지의 딸이었어요.
마침내 나는 어머니의 딸이 되었어요.
　　오, 어머니, 나를 용서해주세요. 나는 내가 저지른 일이 뭔지 몰랐어요.
　　오, 어머니, 나를 용서해주세요. 내가 당신을 용서하는 바로 그 순간에.

오, 위대한 할머니 신이여, 오, 위대한 할머니 신이여,

우리는 집으로 가고 있어요.

우리는 여성이에요.

우리는 집으로 돌아가고 있어요.

– 낸시 레드먼드(Nancee Redmond)[29]

8장　　　잃어버린 어머니와
　　　　　　재회하다

오늘날 현실은 동화의 패턴을 바꾸라고 요구한다. 여성 내면의 억압당한 남성적 요소를 되살리고 통합하기 위해서 우리는 과거로 돌아가 여성의 별자리(female constellations)를 회복하고 치유해야 한다.
– 마돈나 콜벤슐라그(Madonna Kolbenschlag), 《잠자는 미녀에게 작별의 키스를》

봄의 첫 보름달이 지고
첫째 일요일,
만물의 기원으로
우리를 다시 부르고
시간의 전환점에서
아프로디테 여신을 되찾아
달빛에 반사되어 반짝이는 붉은 말미잘이
밀려오는 만조 때에
우리에게 핏자국을 남긴 상처를
묶고 있는
수의를 푸는 탐색을 하고 있다.
깊은 물 속에서.
– 줄리아 코너(Julia Connor), 〈토끼의 달에서〉

어머니에게 외면당한 딸들

여성 영웅의 다음 여정은 내가 **모녀 분리**라고 이름 붙인, 여성적 본성에서 분리된 상태를 치유하는 것이다. 나로서는 이 단계에 관해 쓰는 것이 가장 힘들다. 개인적으로 가장 고통스러운 과정이었기 때문이다. 많은 여성들처럼 나도 내면의 강한 아버지를 발견했고 사회가 남성적이라고 규정한 영웅적 자질을 발달시켰다. 외부 세계에서 내게 도움이 되는 식별력, 논리적 사고, 임무 완수 따위의 기술을 익혔다. 나는 살면서 몇 번 하강을 했고 에레슈키갈에게 맨몸으로 긁히면서도 살아남았다. 지하 세계에서 돌아오는 일이 거듭될수록 긁힌 상처는 줄었다.

하지만 내 내면의 모녀 분리는 치유되지 않았다. 어머니와 나의 관계는 한 번도 쉬운 적이 없었다. 하지만 나는 이 상처가 개인적 차원에서 한 여성과 그 어머니의 관계를 넘어서는 것이라고 느낀다. 이 상처는 근본적으로 우리 문화의 가치 기준이 지닌 치명적인 불균형에서 비롯되었다. 우리는 우리의 감정과 우리 영혼의 본성으로부터 분리되었다. 우리는 돈독하게 결속되었던 시절을 그리워한다. 소속감과 공동체를 갈망한다. 우리 문화가 잃어버린 여성성의 긍정적인 특질, 즉 강인하고 잘 보살피는 특질을 열망한다. "개인 또는 사회가 너무 한쪽에 치우쳐 있거나 인간 경험의 깊이와 진실로부터 지나치게 멀어질 때, 진실을 회복하기 위한 어떤 움직임이 내면에서 꿈틀거린다. 기존의 틀을 깨뜨리면 순식간에 일상의 현실이 요구하는 것에서 벗어나 삶이 자유로워지고, 자기 치유와 더불어 내적 통과 의례라는 심오한 영적 작용이 활성화된다."[1] 우리는 강하고 힘 있는 어머니를 갈망한다.

깊이 사랑받는다는 것이 어떤 느낌인지는 알지만, 많은 여성들이 그러하듯 나도 어머니에게 충분히 보살핌을 받았다고 느낀 적이 없었다. 어머니는 나를 받아들이기 어려워했다. 아이였을 적에 나는 어머니에게 버거운 존재였다. 나무에서 떨어지고 팔다리가 부러지고 늘 온갖 사고를 쳤다. 어머니는 나의 창조적 충동을 높이 평가하지 않았다. 그 충동은 어머니를 위협했다. 어머니는 나를 가두어 두려고 애썼지만 나는 갇힐 수가 없는 아이였다. 난 계속 어머니의 양육 범위를 벗어났다. 양육에 관한 어머니의 그릇은 너무나 작아서 숨이 막혔다.

어린 시절에 나는 여성성을 답답하고 위험한 것이라고 여겼다. 비록 여성성의 아름다움과 관능성은 인정했지만 유머 감각은 부족해 보였다. 여성성은 완벽을 추구했고 나는 분명코 완벽한 아이와는 거리가 멀었다. 내 감정은 여성적이지 않았다. 내가 처음으로 여성성을 거부한 것은 어머니의 화와 완고함, 나를 인정해주지 않는 모습, 나를 있는 그대로 보아주지 못하고 듣지 못하는 어머니의 무능함에 대한 거부였다. 사춘기에 막 접어들던 시기에 점점 더 어머니를 거부하고 아버지와 동일시하면서 갈수록 내 안의 강하고 힘 있는 여성성과 거리가 멀어졌다.

다행히도 어머니는 종교 생활에 깊이 빠져 있어서 내가 영적인 것에 몰두하는 것을 용인했다. 사실 어머니는 내가 매일 새벽 미사에 가는 것을 자랑스러워했다. 나는 성 프란체스코나 성모 마리아에 관한 내 환상을 어머니에게 말하지 않았다. 나는 제단을 만들고 성인들에게 말을 걸면서 몇 시간이고 보낼 수 있었는데, 어머니는 그런 나를 방해하지 않았다. 집에 있지 않을 때는 내가 좋아하는 나무가 있는 개울가 숲속에서 시간을 보냈다. 숲이 내 집 같았고 그곳에서는 안전하고 보호받는 듯한 느낌이 들었다.

어머니와 함께 있을 때면 서로 짜증나게 만들었기 때문에 어머니는 내가 혼자 있고 싶어 할 때면 기꺼이 그렇게 하도록 해주었다. 어머니는 나를 '아는 척쟁이'라고 불렀고, 언젠가는 말썽이 날 거라고 했다. 물론 어머니 말이 옳았다. 나는 내가 도무지 받아들일 수 없는 것, 이를테면 예수의 부활 같은 것들을 질문하면서 학교의 수녀들과 갈등을 빚었다. "예수님이 무덤에서 나왔다고요, 수녀님?" 초등학교 2학년 때였다. "예수님은 이미 사흘 동안이나 죽어 있었어요. 게다가 커다란 돌이 무덤 입구를 막고 있었는데요?"

이 질문을 하자마자 나는 곧장 교실에서 쫓겨나 교장실로 불려갔다. 교장실에서 또 집으로 보내졌다. 어머니는 내가 수녀님들을 불쾌하게 했다고 화를 냈다. 1학년 때는 수녀가 막대자로 나를 때리다가 자가 부러진 적도 있었다. 그건 도를 넘은 체벌이었기 때문에 수녀는 겁이 나서 나를 집으로 돌려보내지 못했다. 하지만 사실은 전혀 두려워할 필요가 없었다. 집에 돌아왔을 때 오히려 어머니는 수녀님을 화나게 했다고 나에게 벌을 주었다.

사춘기 시절은 악몽이었다. 열일곱 살에 처음으로 남자친구를 사귀었을 때 어머니는 내가 마귀에 씌었다고 결론 내리고는 마귀를 쫓아낸다고 본당 신부와 약속을 잡았다. 다행히도 신부가 약속을 취소했다. 어머니는 임신한 채 집에 들어오지 않는 게 좋을 거라고 계속 경고했는데, 나는 그 점에서는 과잉보호를 받고 있어서 임신이 어떻게 이루어지는지조차 몰랐다. 어머니는 나에게 여성 됨의 신비를 가르쳐주지 않았다. 스물한 살이 되어서야 겨우 그걸 이해했고, 나는 임신한 채 약혼을 하고 집으로 와서 어머니가 상상한 최악의 공포를 현실로 만들었다. 어머니는 용서할 수 없을 정도로 소란을 피우고 나를 매춘부라고까지 불렀다. 나의 임신한 몸은—나는 그 사실이 자랑스러웠는데—조롱받고 경멸당했다.

그런 일들은 한때는 소용돌이쳤지만 이제는 잠잠해진, 지금은 다 끝난 일이다. 이 여성성 분리가 내 삶에 어떤 영향을 주었는지

고찰하면서 나는 내가 자신의 몸을 무시하고, 욕구를 무시하고, 지쳐서 병이 날 때까지 나를 밀어붙였다는 것을 깨달았다. 나는 내게 쉽게 느껴지는 능력을 대수롭지 않게 여겼다. 즉 직관을 무시했다. 느긋이 쉬거나 성장하기 위해 필요한 시간을 누리는 것에 죄책감을 느꼈다. 안주하는 대신에 나아가기를 바랐고 삶이 주는 귀한 선물을 충분히 즐기지 않았다. 어린 시절에 열심히 공부하고 생산적인 일을 하고 남을 기쁘게 하고 자신의 감정을 무시하라는 말을 듣고 자란 다른 여성들에게서도 비슷한 이야기를 듣는다. 그들은 안락한 삶을 기대하지 않았다. 삶을 '즐기라'는 말은 들어보지 못했다. 대신에 이런 말을 들었다. "인생이란 힘든 것이다. 인생은 공평하지 않다. 그러니 휴식을 취하고 싶다면 죽음을 기다려라."

내 어린 시절이나 사춘기 시절에 표현되지 못한 채 남아 있던 커다란 분노를 살피던 중에 나는 어머니가 되는 기술을 익히면서 깊은 상처가 치유된 것을 알게 되었다. 부모가 되고 누군가를 가르치는 사람이 되어서야 나는 스스로 자신을 보살피고, 자신에게 자율권을 주고, 다른 사람과 노는 방법을 배웠다. 어린 시절에 어머니의 보살핌을 받지 못한 많은 여성들이 그러한 것처럼, 나도 능동적으로 어머니 역할을 함으로써 내면의 깊은 상처가 치유되었음을 알았다. 삼십 대 초반에 나는 내 멘토이거나 동료였던 선배 여성들의 사랑과 인정 속에서 '어머니'를 찾았다. 삼십 대 후반에는 자신의 여성적 본성을 매우 편안하게 느끼는 남자를 만나 재혼했다. 나는 그의 사랑으로 보살핌을 받았다.

나는 내 친자매와 여자 친구들과 맺은 관계를 소중히 여기고, 몇 년째 여성 단체에서 활동하며 여성의 통과 의례에 경의를 표하는 의식에 참여하고 있다. 하지만 여전히 '어머니'와 유대를 맺기를 절박하게 원한다. 이러한 갈망은 부분적으로는 어머니와 내가 앞으로도 결코 나누지 못할 대화가 있다는 것을 아는 데서 나오고, 부분적으로는 온전한 인간이 되고 싶다는 욕망에서 나온다.

나는 모녀 분리가 나와 내면의 여성성의 관계에 영향을 끼친다는 것을 안다. 또한 그 상처를 치유할 수 있을 때까지 내가 완성되지 않을 거라는 것도 안다. 나는 어머니에게서 막 떨어져 나온 갓난아기의 무력감을 느낀다. 이 내면의 분리 문제를 치유할 수 있게 나를 돌볼 어머니를 내 안에서 발달시켜야만 한다.

어머니 콤플렉스

현실의 어머니가 자상하게 보살펴주는 어머니이건 냉정한 어머니이건, 아이에게 자율을 주건 조종하건, 곁에 있어주건 방치하건 간에 어머니와 내적으로 맺은 관계는 **어머니 콤플렉스**(mother complex)로 남아 우리의 정신에 흡수된다. 제임스 힐먼은 어떻게 이 콤플렉스가 우리 자신에 관한 가장 끈질기고 다루기 힘든 감정의 기초가 되는지를 설명한다.

사람들은 숙명처럼 자신의 어머니를 끊임없이 다시 대면하게 된다. 감정의 내용뿐만 아니라 행동 방식에서도 어머니와 자식 관계에서 형성된 반응과 가치관에서 나오는 일정한 양식을 따른다. 우리가 육체적 삶을 대하는 태도부터 우리 몸에 관한 자존감과 자신감, 내적으로나 외적으로 보이는 개인적 기질, 근본적인 공포와 죄의식, 사랑에 빠지는 방식이나 친밀한 관계에서 처신하는 방식, 쌀쌀맞거나 혹은 따스한 마음의 온도, 태도와 취향, 음식을 먹는 방식, 생활 방식, 말버릇, 습관인 몸동작, 음색까지 이 모든 것에 어머니의 흔적이 있다.[2]

어머니 콤플렉스는 자신의 정체성이나 성감(性感)을 받아들이는 여성의 태도에 지대한 영향을 준다. 힐먼은 계속해서 말한다. "어머니 콤플렉스는 내 어머니의 실제 모습이 아니라 내가 지닌 콤플렉스이다. 내 마음이 어머니를 받아들이는 방식이다."[3]

어떤 여성의 어머니가 그녀의 마음을 부정적이거나 파괴적인 방식으로 '차지하고' 있다면, 그 여성은 긍정적인 여성적 본성과 분리되고, 그것을 다시 회복하려면 많은 노력을 기울여야 한다. 만일 어머니의 태도가 여성으로서 생존 자체를 위협한다면 남성성 안에서 구원을 찾으면서 남성성과 자신을 철저히 동일시할 것이다. 많은 여성이 자신의 아버지에게서 재미를 추구하고 누군가를 돌보는, 마음에서 우러난 여성성의 모습을 발견했다.

모녀 분리의 본질은 또한 원형적 어머니를 어떻게 자신의 정신에 통합하느냐에 따라 결정된다. 이 결정 요인에는 어머니 대지와 여성성을 바라보는 문화적 관점도 포함된다.

우리의 집단 심리는 '어머니'의 힘을 두려워하고 폄하한다. 또 그 힘을 파괴하려고 안간힘을 쓴다. 우리는 어머니의 양육을 당연하게 여긴다. 기회가 되는 대로 어머니를 이용하고 학대하고 지배한다. 프린스 윌리엄 사운드(알래스카 만에 있는 작은 해협)에 쏟는 석유 1배럴에서, 뉴멕시코의 사막에 파묻는 핵 폐기물 1톤에서, 산성비 때문에 질식하는 모든 나무에서 어머니 대지를 경시하는 우리의 터무니없는 오만불손함을 확인할 수 있다.

교회는 신의 여성적 이미지를 파괴하고 남성 신들을 위해 여신의 힘을 찬탈하면서 오랜 세월 신의 여성적 얼굴을 지하로 밀어 넣었다. 우리를 둘러싸고 있는 문화가 여성성을 잊어버리도록 온갖 짓을 다하는데 어떻게 우리가 여성성과 연결되어 있다고 느낄 수 있겠는가? 우리는 탐욕, 지배, 무지의 신들을 숭배하고 돌봄, 균형, 관용의 여성적 이미지를 조롱한다. 우리는 훼손하고 약탈하고 파괴하면서도 대지가 우리에게 끝없이 베풀어주기를 기대한다. 이 모녀 분리의 상처는 깊다. 이를 치유하려면 큰 대가를 치러야 할 것이다.

모성을 찾아 나서는 순례

딸이 더는 어머니와 한 몸이 아니게 된 때, 그리하여 다시 자신을 품어줄 안전하고 든든한 환경을 간절히 바라게 되는 탄생의

에드워드 번존스, 〈대지의 어머니〉, 1882년.

순간이 바로 모녀 분리와 관련된 고통의 시발점이 아닐까 싶다. 우리는 부드럽게 흔들어주고 씻겨주며 우리를 살아 있게 해주던, 우리 정신 어딘가에 남아 있는 양수의 따뜻함을 그리워한다. 우리 안에서 고동치며 우리를 안심시켜주던 어머니의 심장 소리를 그리워한다. 너무 일찍 어머니와 분리되었거나 태어나면서 바로 어머니와 유대를 잃어버린 사람들은 일생 동안 어머니를 찾아 헤맬 것이다.

로즈에밀리 로덴버그(Rose-Emily Rothenberg)는 태어나자마자 고아가 된 아이들이 겪는 일을 이렇게 설명한다.

아주 어린 나이에는 어머니가 자기(Self)를 대신한다. 생명을 주는 중요한 돌기를 가진 어머니와 결합하는 일은 안정감과 자존감 측면에서 신생아에게 절대적으로 중요하다. 어머니도 이 결합을 통해 생명의 근원이자 자신이 돌아가야 할 대지와의 연결을 떠올린다. 그런데 이 근본적이고 원초적인 관계에 상처를 입으면 〔아이의〕 자아는 때 이르게 자기 안으로 움츠러들고 자기 삶의 자산을 축소시킨다. 그때 유아는 버림받음을 경험한다.[4]

고아가 아닌 여성도 어머니에게 버림받았다고 느낄 수 있다. 어머니가 실제로 있건 없건, 아이가 정서적으로나 정신적으로 어머니가 존재하지 않는다고 생각할 때 느끼는 감정은 버림받았다는 느낌과 다르지 않다. 친척에게 성폭행을 당한 여성들과 알코올 중독인 어른 아이는, 어머니에게서 버림받았다는 극심한 고통에 압도당하거나 자기 자신에게만 몰두해서 정작 자신의 아이를 제대로 보호하지 못하거나 아이를 위해 존재하지 못하는 경우가 많다. 그들의 자녀들은 보살핌이 절실히 필요한 상태에서 평생 끊임없이 다른 사람들에게 관심과 인정을 요구하고 타인의 눈을 통해 자기를 규정하려 한다.

만일 여성이 자기 내면의 여성성이 입은 상처를 인식하고 아직 어머니가 생존해 있어 어머니에게 도움을 받을 수 있다면, 그녀는 아마도 이 최초의 관계를 새롭게 변화시켜 상처를 치유하려 할 것이다. 그녀는 어머니의 보살핌을 받지 못한 딸이 겪는 분열을 인식하고 어머니와 결합하려고 손을 뻗는다. 융의 분석심리학을 전공한 심리학자 린다 슈밋(Lynda Schmidt)은 '아버지의 딸이 어떻게 어머니를 발견했는가?'라는 글에서, 자신이 중년에 이르러 어머니 제인 휠라이트와 관계를 회복한 일에 관해 썼다.

슈밋은 자신의 어머니가 그랬던 것처럼 목장에서 어머니의 보호를 거의 받지 못하고 자연의 보살핌 속에서 자랐다. '좋은 아빠' 인물이었던 카우보이들 외엔 그녀를 보살펴주는 사람이 없었으므로 슈밋은 아르테미스 여신이 컸던 방식으로 어린 시절을 보냈다. "남다른 사업적 포부를 품고 있었던 부모님은 전통적인 방식으로 아이를 기르기 어려운 곳에서 사업을 일구었다. 그때 내 삶의 중요한 원천은 황야, 위대한 어머니인 자연이었다. 내 본질적 어머니는 보편적 원형이고 하늘의 대기이고 땅의 지리였

다. 살과 피로 이루어진 실제 어머니의 보살핌은 극히 최소한이
었다."⁵

슈밋은 '위대한 어머니 목장(Great Mother-Ranch)'이 여성적 세
계의 훌륭한 모델이 되었고 자신의 본능적이고 생물학적인 자아
와 강한 결속을 이루었지만, 중년이 될 때까지 실제 어머니와는
거의 유대감이 없었다는 것을 알게 되었다. 그때 슈밋은 어머니
가 쓴 책 《어느 여인의 죽음》의 초고를 읽었다. 기본적으로 죽어
가는 여성 암 환자와 슈밋 어머니의 관계를 다룬 '어머니와 딸'
이야기였다. 슈밋은 처음으로 자신의 어머니를 **'어머니'**로서 경
험했다. 비록 그 이야기는 다른 젊은 여성과 자신의 어머니가 맺
은 관계에 관한 것이었지만, 슈밋은 자신의 어머니가 지닌 "자애
롭고 염려하는 마음을 느낄 수 있었다. 어쩐지 그 마음은 나를
향한 것으로 느껴졌다. 그리고 이 감정은 내 삶의 남은 반평생을
새롭게 열어주었다."라고 밝혔다.⁶

슈밋은 어머니와 함께 목장에서 시간을 보내면서 둘의 공통점
을 발견했다. 그리고 그 시간은 두 사람이 서로 어린아이처럼 보
살핌을 받은 시간이었다. 그곳에서 두 사람은 자매 같은 평등한
관계를 발전시켰다. 그들은 함께 글을 쓰고 강연을 하며 모녀 관
계의 문제를 해결하는 동안에, 둘 모두 호스패킹(horsepacking,
짐을 말에 싣고 이동하는 여가 활동)을 좋아한다는 점과 사상적으
로도 통한다는 점을 발견했다. 지금은 모녀 관계 워크숍을 열어
다른 여성들과 자신들의 치유 경험을 나누고 있다.

어머니가 돌아가셨거나 다른 이유로 어머니의 도움을 받지 못하는 여성들은 꿈속이나 자연 속에서 또는 자신의 예술 작품 속에서 어머니를 찾는다. 《어머니를 찾는 페르세포네》에서 퍼트리샤 플레밍(Patricia Fleming)은 어머니를 향한 자신의 갈망을 서술했다. 우루과이에서 태어난 플레밍은 태어난 지 스물여덟 시간 만에 어머니가 세상을 떠나 고아가 되었다. 다섯 살까지 할머니의 손에서 자라다 아버지가 재혼하면서 할머니와 고통스러운 이별을 해야 했다. 플레밍은 남편, 딸, 친구, 동료와의 관계 속에서 계속 어머니를 찾았지만 임신한 딸이 아이를 사산하면서 거의 죽을 지경에 이르러서야 자기 내면의 여성성 문제를 치유할 수 있었다. 그녀는 자신의 어머니, 할머니, 딸의 고통, 태어나지 못한 아이의 고통 때문에 비통해했다.

아이리스(iris)가 피어난 그해 봄에 나는 내가 아이리스를, 오직 아이리스만을 그리고 싶어 한다는 걸 알았다. 아주 여성적인 자태의 아이리스를 그리는 것은 내 안에 어떤 욕구를 채워주고 내 안에 깊은 곳에 있는 여성성으로 가는 다리를 놓아주는 것 같았다. 데메테르 여신의 이야기에서 제우스 신이 마침내 여신의 눈물에 동정심이 생겨 화해의 제스처—호메로스의 시에 따르면—로 '황금색 날개'를 가진 이리스*여신을 데메테르에게 보냈다는 것을 기억할 것이다. 이 신화

이리스(Iris) 그리스에서 데메테르, 헤라, 셀레네, 아프로디테와 동일시되어 숭배받은 여신.

에서 이리스는 어머니—데메테르 여신—와 대지—**평범한 사람들**—를 이어주는 최초의 황금빛 다리였다.[7]

플레밍은 그리스를 순례하며 치유의 과정을 계속했다. 그녀는 그리스를 어머니 신의 땅이라고 생각했다. 그리스에서 플레밍은 아르테미스, 이리스, 데메테르에게 바친 신전 터를 방문했다. 그녀가 처음으로 데메테르를 만난 것은 그리스 남부의 소도시 테게아의 작은 박물관에서였다. 그곳의 데메테르 조각상은 자신을 온전히 이해하고 받아주었던 할머니를 떠올리게 했다. 엘레우시스에서 그녀는 데메테르의 신성한 우물에 앉아서 데메테르가 페르세포네와 분리되어 겪은 충격과 트라우마를 떠올리며 몹시 가슴 아파했다. 그녀는 마침내 자신의 고통에 어떤 의미가 있음을 깨달았고, 데메테르에게 동지애를 느끼면서 회복되고 구원받고 있음을 느꼈다.

이 일이 있은 후 꿈속에서 할머니를 만났고 이 꿈은 어머니를 찾아 헤매는 문제에서 벗어나 평화로워지는 데 도움이 되었다. 꿈속에서 플레밍은 할머니에게 어디에 묻히고 싶은지 물었다. 할머니는 그녀가 선택할 문제라고 말했지만 만일 자신을 플레밍의 집으로 데려가기로 결정한다면 항상 그녀와 함께 있겠다고 했다. 플레밍은 할머니의 유골을 집에 모시기로 결정하고 자신의 거실에 두었다. 그녀는 이 꿈속에서 자신이 '어머니/할머니(Mother/Grandmother)'를 내면화했다는 것을 알았다. 어머니를

찾아 헤매는 일이 드디어 끝난 것이다.[8]

현명한 여성 '헤스티아' 만나기

어머니와의 관계에서 깊은 상처를 경험한 여성들은 종종 평범한 경험 속에서 치유를 얻는다. 많은 이들이 **신성한 일상사**에서 치유를 받는다. 설거지이든 화장실 청소든 정원에서 잡초 뽑기든 모든 일상의 행위에서 신성함을 보는 것이다. 여성은 자신을 평범한 일상에 내려놓으면서 보살핌을 받고 치유된다. 내면의 여성성을 회복하는 이 기간에 여성이 헤스티아 여신과 자신을 동일시하고 '내면의 현명한 여성'을 발견하는 일은 아주 흔하다.

"헤스티아 여신은 지구의 중심이고 가정의 중심이고 우리 자신의 중심이다. 이 여신은 자신의 자리를 떠나지 않는다. 우리가 그녀에게 가야 한다."[9] 헤스티아는 우리 내면에 있는 지혜의 원천이다. 고대 그리스에서 헤스티아는 부뚜막을 수호하는 처녀신이면서 가정의 화로였다. 화롯가는 가정의 중심이자, 폭풍우 같은 자연의 힘을 피할 수 있는 피난처이자, 가족과 친구들이 모여 어울리는 곳이다. 헤스티아 여신은 따뜻한 마음, 안전, 인간관계 같은 가치들과 관련이 있다. 가족이나 조직에서 헤스티아는 세세한 부분까지 보살피고 모든 사람이 각자 어떤 일을 하는지 잘 아는 사람, 촘촘하게 관계의 그물망을 엮는 '거미' 같은 사람이다.

여성이 외부 세계에서 더 많은 역할을 맡을수록 가족의 화로는 방치되고 서로를 보살피는 유대감은 느슨해졌다. 사회가 여성을 평가 절하하면서 가족의 중심으로서 여성성의 가치는 크게 무시되었다. 가정과 화로가 의미를 잃은 것과 마찬가지로 우리는 우리의 행성인 지구를 소중하게 다루고 보호하는 일을 까맣게 잊었다. 여성은 인류에게 우리가 속한 인류 공동체의 몸인 지구라는 행성뿐만 아니라 자신의 몸을 돌보는 것이 얼마나 중요한지를 일깨우기 위해 화로를 떠날 수밖에 없었다.[10]

'어머니 대지'의 품에서 치유받기

오늘날 많은 여성이 새로운 방식으로 관계를 맺는 일에 큰 관심을 보이고 있다. 자기 내면의 여성성과의 분리 문제를 치유하고 싶어서 다른 여성에게 손을 내밀고, 함께 모여 신성한 경험에 이름을 붙이고, 가이아 여신과의 유대를 찬미하고, 여성 모임과 비전 퀘스트에 참여해 여성의 통과 의례를 치르고 있다.[11] 함께 창조해 가는 이러한 여정에서 모녀 분리 문제가 치유된다. 여성은 자신의 목소리를 들어주고 자신이 가는 길을 긍정해주며 자신을 지지해주는 공동체가 필요하다.

여성은 자연에서, 곧 원초적 어머니인 가이아의 품에서 힘들고 지루한 탐색을 하면서 치유된다. "가이아는 어머니라기보다는 대지이다. 무척이나 거대하고 아득해서 인간의 어머니를 연상시키는 특징이 거의 없다."[12] 살아 있는 모든 것은 가이아에게서 태어난다. 그녀의 넉넉한 가슴은 우리가 대지의 자녀로서 비옥함을 물려받았다는 사실을 일깨워준다. 가이아는 동면과 생명 탄생의 시간을 통해 우리 모두의 순환적 본성을 보여준다. 봄의 첫 꽃들, 북쪽으로 날아가는 청둥오리들, 키 큰 풀들 사이로 부는 바람, 연어의 부화는 삶의 재생을 상기시킨다. 겨울의 동짓날은 우리에게 긴 휴식과 꿈을 허락한다.

계절의 변화를 기념하고 달의 변화와 여성이 연관되어 있음을 찬미하기 위해 여성들이 다시 모이고 있다. 어머니들은 사춘기 딸의 첫 월경을 축하하기 위한 의식을 준비하고, 자신의 피의 흐름이 끝난 것을 축하하려고 완경 의식을 치른다. 비전 퀘스트에 참여하면서 여성들은 모든 연령대를 망라한 여성 공동체의 지지를 받으며 개인적 두려움을 극복할 용기를 얻는다. 그들은 함께 노래하고, 춤추고, 단식한다. 그러고 나서 침묵 속에서 뱀 자매와 매 형제와 달 자매의 이야기에 홀로 귀 기울인다. 이 여성들은 자신들의 진정한 삶의 여정을 위해 기도한다.

지혜의 안내자 할머니

많은 여성이 여성성의 신비한 영역으로 인도하는 안내자로서 '할머니'의 이미지를 떠올린다. 대개는 할머니를 안전한 피난처나 양육의 원천, 아플 때 보살펴주는 보호자로 기억할 것이다. 헤카테 여신, 거미 할머니, 헤스티아 여신처럼 '할머니'는 여성이 일상에서 놓치고 있을지 모르는 여성적 통찰, 지혜, 강인함, 보살핌이라는 특성을 상징한다. 우리는 힘든 변화를 겪는 도중에 할머니의 모습을 한, 우리를 돕는 여성성의 한 측면을 만난다.

심리 치료사인 플로르 페르난데스(Flor Fernandez)는 평생 직업으로 어떤 일을 택할지 고민하던 이십 대 후반 무렵에, 쿠바에 있는 자신의 할머니 퍼트리샤를 기억해냈다.

"내게 할머니는 항상 영감과 힘의 원천이었어요. 나는 할머니의 보호와 치유의 기운에 둘러싸여 자랐어요. 할머니가 특별한 의식과 기도와 약초로 다른 사람을 치유하는 모습을 지켜보았죠. 나는 호기심이 많은 아이였는데, 민간요법 치료사(curandera)였던 할머니는 자신의 일에 관해 자세히 이야기해주시곤 했어요. 다섯 살 때 내가 눈병에 걸려 많이 아팠던 적이 있어요. (사람들은 부정적인 에너지나 생각을 지닌 사람의 눈빛에 쏘였을 때 눈병이 생긴다고 믿었죠. 증상은 구토와 설사인데, 그때 나도 구토와 설사를 했어요.)"

"할머니는 나를 당신의 치료실로 데리고 가서 촛불을 켜고 노래 같은 걸 흥얼거리며 기도를 계속했어요. 몇 분이 지나고 나는 말짱해져서 친구들과 놀러 밖으로 나가려고 했어요. 하지만 할머니는 나를 방에 붙들어놓고 만약의 경우를 대비해 나를 도와줄 영적 안내자를 부르면서 보호를 청하는 기도를 가르쳐주셨죠."

"열다섯 살에 할머니를 떠나 미국에 왔어요. 오랫동안 난 할머니와 할머니의 치유 의식에 내가 연결되어 있다는 사실을 잊고 있었어요. 할머니가 하는 일을 미신적이라 여기는 새로운 문화에 동화되어야 했거든요. 스물여덟 살이 됐을 때 나는 다시 할머니를 기억해내기 시작했어요. 힘든 시간을 보내고 있었거든요. 뭐랄까, 실존적 위기랄까요? 공허하고 나의 뿌리를 잃고 길을 잃어버린 느낌이었죠."

"그때 '죽음과 죽어 가는 것과 꿈에 관한 워크숍'에 참석했어요. 그 워크숍에서 여성 지휘자를 지켜보다가 얼핏 할머니의 얼굴을 봤어요. 비록 지금은 잊어버렸지만 오래전부터 알았던 그 앎의 영역으로 나를 끌어올리면서 곧장 내 심장을 향해 달려드는 에너지의 흐름을 느꼈어요. 그날 밤 나는 할머니 꿈을 꾸었어요. 할머니가 내게 다가와 말했죠. '내 무릎에 앉아서 약초와 약초의 효능을 보존할 수 있는 적절한 수확 시기에 관한 이야기에 귀 기울이던 시절의 너를 기억하렴. 우리는 인간의 본성과 눈으로 볼 순 없지만 느낄 수 있는 힘을 이야기하며 함께 많은 시간을 보냈잖니. 넌 남다른 아이란다. 나는 훗날 네가 나의 가르침을 이어갈 수 있다는 것을 직감했기 때문에 너와 많은 시간을 보냈단다. 내가 한때 여성적 본성의 신비를 잊었던 것처럼 너도 잊었구나.'"[13]

이 꿈은 치유사가 되기 위해 페르난데스가 내디딘 여정의 시작이었다. 그녀는 먼저 자신의 몸을 치유하고 이어서 그 힘을 다른 사람들에게 돌려 그들을 치유하는 데 썼다. 많은 여성이 자신의

여성적 본성을 회복할 때 할머니가 보여주었던 특별한 재능과 재
주를 떠올린다.

신화를 창조하는 여성들

신화 만들기는 지금도 진행 중이다. 신화는 삶을 일목요연하
게 정리하는 데 필요하다. 마크 쇼러(Mark Schorer)는 시의 맥락
에서 신화의 개념을 논하면서 이렇게 썼다. "신화는 우리가 우리
의 경험을 스스로에게 이해시키기 위해 끊임없이 분투할 때 쓰는
도구이다. 신화는 평범한 일상에서 경험하는 사실들에 철학적 의
미를 부여하는, 거대하고 지배적인 이미지이다. 다시 말해 신화
는 경험을 체계화한다는 데 가치가 있다. (집합적 의미의) 신화란
그러한 이미지들이 어느 정도 분명하게 구체화된 것, 판테온이
다. 그런 이미지들이 없다면 경험은 그저 혼란스럽고 파편적이며
일회적인 현상에 지나지 않는다."[14]
만일 여성이 여성 신화에 입문하는 데 자신의 어머니나 할머
니의 도움을 받지 못한다면, 위대한 어머니 즉 자기 내면의 여성
성과 자신의 관계를 스스로 발달시켜야 한다. 이것이 오늘날 많
은 여성들이 내면의 상처를 치유하려고 고대의 강한 여성 신들과
여성 영웅의 이미지를 찾는 이유이다. 여성의 역사는 산산조각이
나버렸기 때문에 여성들은 선사 시대로 되돌아가 그리스인들이
여러 신들에게 힘을 분할하기 전에 존재했던 여성 신화의 요소들

을 찾고 있다. 고고학자들이 생명을 주는 여신의 원리에 기반을 두었던 고대 문화를 발굴해내면서 오늘날 여성들은 여성이 인간의 생명과 자연의 신성성을 보호하는 역할을 맡았던 시절에 여성에게 주어졌던 힘과 위엄을 되찾으려 하고 있다.

1970년대 이래로 여성 예술가들은 기독교 이전의 여신상과 상징물들을 보여주는 이미지들을 쏟아내듯이 창조했다. "메리 베스 에델슨(Mary Beth Edelson), 캐롤리 슈니먼(Carolee Schneemann), 미미 로벨(Mimi Lobell), 버피 존슨(Buffi Johnson), 주디 시카고(Judy Chicago), 도나 바이어스(Donna Byars), 도나 헤네스(Donna Henes), 미리엄 샤론(Miriam Sharon), 애나 멘디에타(Ana Mendieta), 벳시 데이먼(Betsy Damon), 베티 샤(Betye Saar), 모니카 스주(Monica Sjöö), 한나 케이(Hannah Kay) 같은 여성 미술가들은 여신 원형과 연관된 힘을 상기시키면서 여신 의식(Goddess Consciousness)의 새로운 형태에 활기를 불어넣고 있다. 가장 최근에 열린 마니페스타(Manifesta, 유럽 현대 미술 비엔날레)에서는 여성의 예지력 회복을 통해 가부장적 창조 신화를 몰아내려는 시도를 했다."[15]

여성성의 힘과 예지력은 케리드웬(웨일스 지방 신화에 등장하는 가마솥의 여신), 릴리트(히브리 신화에서 말하는 아담의 첫째 부인), 코아틀리쿠에(아즈텍 신화에 나오는 대지의 여신), 관세음보살, 예마야(쿠바 산테리아교에서 숭배하는 신들의 어머니), 티아마트(수메르 신화에서 대지를 창조한 지모신), 아마테라스 오미카미(일본 신화에 등장하는 태양신이며, 최고의 여신) 같은 다양한 문화권에 존재하는 수많은 여신적 인물뿐만 아니라, 처녀와 어머니와 노파, 거미와 뱀과 새, 그릇과 동굴과 잔, 산과 물과 나무를 묘사할 때에도 상징적으로 나타난다. 이렇게 여신과 여성성의 힘을 나타내는 작품들은 창조자, 수호자, 파괴자라는 여성적 양상의 본질을 정확히 포착하고, 생명의 수호와 생명에 대한 존중과 생명의 기본 요소들 간의 내적 유대를 찬미한다.[16]

에스텔라 로터(Estella Lauter)는 《신화 창조자로서 여성들 : 20세기 여성들의 시와 시각 예술》에서 신화는 대개 개인의 꿈속에서 반복되거나 집단의 종교 의식에 기원이 있는, 특별히 강렬한 이야기나 상징의 형태로 나타난다고 말한다.[17] 그리고 이렇게 덧붙인다. "신화는 일단 자리를 잡으면 그만큼 설득력 있는 또 다른 이야기나 상징으로 대체되지 않고서는 어떤 합리적인 방법으로도 몰아내기가 거의 불가능하다."[18]

여성은 여전히 여성적 힘을 왜곡하는 데 쓰이는 '이브' 같은 여성성의 고대 상징에 관한 주류 신화에 도전하고 있다. 로스앤젤레스의 예술가 낸시 앤 존스(Nancy Ann Jones)는 이렇게 말한다. "이브를 불경하고 부정한 몸을 가진 요부로 묘사하고 수천 년 동안 원죄의 책임을 그녀에게 씌운 성경의 횡포에 맞서야 한다. 이 신화는 아담의 갈비뼈로 아담을 본떠 여성을 창조했기 때문에 여성은 항상 이류 인간이라는 견해를 강화해 왔다. 여성에게 덧씌어진 모든 금지를 정당화하는 데 이브가 근거가 되었다."[19]

존스는 '도전하는 신화 III'이라는 그림이 상징하는 바를 다음과 같이 설명한다. "나는 샤르트르 대성당 바닥에 새겨진 미로 앞에 서 있는 이브의 초상을 그렸다. 샤르트르 대성당이 기독교가 존재하기 전에 여신을 모시던 신성한 땅에 세워졌기 때문이다. 구약 성경이 쓰이기 수 세기 전부터 여신은 숭배를 받았고 여성의 성은 신성한 것이었다. 나는 여성의 성이 본래의 힘과 위엄을 되찾기를 바란다."[20] 여성성에 관한 새로운 이야기와 상징을 창조하는 존스 같은 예술가들은 창작 과정에서 자신의 여성적 본성을 치유한다.

아마도 여신의 초기 상징들은 여성의 출산에 경의를 표하기 위해 만들어졌을 것이다. 모성의 이미지는 신성시되었다. 제2차 세계대전 중에 일본에서 태어나 1966년에 미국으로 이주한 화가 오다 마유미는 자녀들을 출산하던 1960년대부터 여신을 그리기 시작했다. 오다는 베트남전쟁 중에 아들을 낳는 것을 걱정하면서, 창작 활동을 계속하고 살아갈 힘을 얻을 수 있도록 자신이 동일시할 수 있는 긍정적인 여성 이미지를 찾기로 결심했다. 그때까지는 전에는 여신에 관해 아는 것도 없었고 여신을 그리고 싶은 생각도 없었다. 여신의 이미지들은 어느 날 갑자기 그녀 안에서 튀어나왔다.

"그때 나는 검은 잉크를 사용해서 에칭(화학적 부식 작용을 이용하는 판화의 한 방법)을 하고 있었죠. 에칭은 꽤 검은 표현 수단이죠. 이 검은 씨앗에서 커다란 가슴을 가진 거대한 여성이 나타났어요. 나는 그녀에게 '비너스의 탄생'이라는 제목을 붙여주었어요. 나의 여신은 그렇게 탄생했어요."[21]

오다는 지난 20년 동안 여신의 이미지를 통해 자신의 다른 모습들을 계속 탐구해 왔다.

"내 분노를 내가 잘 알지 못했을 때는 평화로운 이미지의 여신들을 그리려고 했어요. 칼을 든 자비로운 관세음보살을 그리고 '오 여신이여, 우리에게 헤쳐 나갈 강인함을 주소서'라고 제목을 붙였어요. 그런데 자비가 단순히 연민을 느끼는 것이 아니라 좀 더 냉혹한 어떤 것이라는 걸 깨달았어요. 지난 몇 년 동안 '검은 다키니'(힌두 신화에서 칼리 여신의 시녀인, 신통력을 지닌 요정)를 그렸어요. 검은 다키니는 여성성의 노기등등한 측면, 전사적 측면을 보여주는 존재죠. 스스로에게 화를 내지 않고 나 자신을 너그럽게 대하는 연습을 하고 나서야 검은 다키니를 그릴 수 있었어요. 화가 나 있을 때는 그릴 수 없었죠. 내가 표현하고 싶었던 것은 분노가 아니었어요. 분노 너머에 있는 것이었어요. 죽음을 만나기 위해 저세상으로 가야 한다고 보는 건 이원주의적 사고예요."[22]

많은 예술가들이 여신과 자연의 유대를 다룬다. 뉴욕에 사는 칠십 대 후반의 예술가 버피 존슨은 여덟 살 때부터 자신만의 방식으로 여신을 그려 왔다. "난 아주 어렸을 때 이 일을 하라는 소명을 받았어요. 하지만 그때는 그걸 몰랐죠. 일곱 살쯤인가 여덟 살쯤인가 메사추세츠 주 덕스베리에서 선장 일을 하는 나이 든 친척의 집에서 이모와 할머니와 함께 살았어요. 나는 태양, 달, 별, 북풍, 동풍, 대지, 하늘의 영(靈)에 관한 삽화 사십 점을 그렸어요. 모두 다른 자세를 취하고 있는 여성들이었어요."[23]

삼십 대에 버피는 위대한 어머니의 이미지를 모으기 시작했다. 그녀는 꽃 그림을 그리면서 초목의 신을 그리고 있다는 것을 깨닫게 되었다. "어느 날 난 잠에서 깨서 이렇게 말했어요. '음, 난 초목의 여신을 그릴 거야. 식물 여왕의 주기인 싹, 꽃, 열매, 꼬투리, 뿌리를 모두 그렸거든.'" 버피는 35년 동안 여신에 관해 조사했다. 그리고 여신의 존재를 증명하려고 인류가 만든 가장 오래된 것들로 알려진 유물들을 연구해 《짐승들의 여왕》이라는 책으로 엮어 냈다.

왜 여신을 그리느냐고 묻자 버피는 이렇게 대답했다. "지구가 위험합니다. 지구의 일부인 우리도 위험한 상황이죠. 식물과 동물과 광물과 태양이 인류에게 봉사하려고 존재한다는 기독교의 관념과 달리 우리는 모두 서로 연결되어 있어요. 인류는 세상을 지배하는 대신에 세상과 하나가 되는 것을 배워야 해요."[24]

나의 언어로 말하기

오늘날 여성들은 강하면서도 타인을 돌볼 줄 아는 여성에 관한 꿈을 꾼다. 그 여성은 자신의 힘을 과시하기 위해 남을 지배할 필요가 없지만 꿈꾸는 자를 깨워 새로운 질서로 이끌기 위해 찾아온 것이다. 여성들이 꾸는 꿈은 어둠에 관한 것이고 삶과 죽음의 가혹한 현실을 대면할 필요에 관한 것이며, 격변과 고통과 정신 이상이 일어날 수 있는 가능성에 관한 것이다. 많은 사람들이 꿈속에서 자신을 보살펴주고 새로이 창조해주는 거대하고 강한, 피부가 검은 여성을 만난다. 사십 대 중반의 한 여성은 신장 이식 수술을 하고 나서 꿈에서 하강하는 경험을 했다. 그녀는 **꿈속에서 검은 여인**을 만났고, 상처 입은 자신의 여성성이 치유되는 경험을 했다.

"지금 내가 지옥으로 내려가고 있다는 걸 알아요. 나는 빨간 파카를 입고 있어요. 다시 지상 세계로 돌아가고 싶어요."

"나는 해골과 시체를 먹는 악귀들에 둘러싸여 있어요. 그들은 이를 갈면서 내 몸에서 피부를 갉아먹어요. 나는 뼈들 사이를 헤매는 백골이에요. 바람이 불기 시작하고 난 아주 건조해졌어요. 내가 있는 곳은 사막이었는데 내 뼈들이 메말라 한 줌의 먼지로 부서져요. 그 한 줌의 뼛가루—그건 바로 나예요.—위에 맑은 물이 한 방울 떨어져요."

"아프리카 사람인지 아메리카 원주민인지 모를 검은 여인이 진흙 반죽을 만들려고 손가락으로 그 먼지를 휘저어요. 그 여인이 내 몸을 다시 만들기 시작해요. 질을 먼저 만들어요. 내 몸이 울기 시작해요. 그녀는 나를 먼저 여성으로 만들어요."

"몸이 완성됐을 때 나는 그 몸이 지금 내 몸이라는 걸 알아차렸어요. 수술로 생긴 흉터가 여전히 보이거든요. 아이에게 젖을 먹인 유방은 여전히 처져 있고요. 오오, 내가 이 세상에 타고난 몸이 바로 이 몸이었어요. 나는 아직 죽지 않았어요. 난 이 육체 안에서, 이 세상 속에서 살아 있어요. 변형된 몸은 또 다른 세상에서 살기 위한 몸이에요."

이 꿈은 이 여성이 자신과 자신의 삶을 인식하는 데 엄청난 변화가 생기리라는 것을 예감하게 해주는, 강력한 변형에 관한 꿈이었다. 꿈속의 검은 여인은 꿈꾸는 사람들에게 직접 들려줄 전언을 품고서 또다시 찾아올지도 모른다.

난 최근에 팔다리가 군살 없이 마른 검은 여인이 손을 쫙 펴서 도마 위에 라임을 굴리면서 부엌에 앉아 있는 꿈을 꾸었다. 그녀는 낡아서 올이 다 드러난 실내복을 입고 있었다. 좀 피곤해 보였지만 생기 있는 눈으로 나를 바라보면서 말을 걸었다. "얘야, 난 내 일을 찾아서 온 세상을 돌아다녔단다. 그리고 글을 쓰려고 집에 왔지. 너의 말을 찾으려무나, 얘야."

사람들이 신성한 여성의 이미지와 이야기를 더 많이 만들어낼수록 그것들은 언어 속에 굳어져 사람들의 경험에 영향을 끼치게 된다. 수전 그리핀(Susan Griffin)은 대지에 어머니, 요부, 노파라는 이름 대신에 '자매'라는 이름을 새로이 붙였다. 그렇게 함으로써 우리와 분리될 수 없는 자연에 친근한 사랑을 느끼게 했다.

〈이 대지 : 그녀는 내게 어떤 존재인가〉라는 시에서 그리핀은 자매로서 대지와 맺은 관계 속에서 자신의 슬픔, 공감, 관능, 위로를 확인한다. 우리는 그리핀의 시를 읽으며 깊이 치유받는다.

내가 대지로 들어가자 그녀(대지)가 내 심장을 찔렀다. 더 깊이 뚫고 들어가니 그녀가 나의 베일을 벗겨낸다. 대지의 중심에 이르렀을 때 나는 목 놓아 울었다. 평생 그녀를 알았지만 아직도 그녀는 내게 많은 이야기를 들려준다. 이 이야기들은 계시이고 나는 완전히 달라진다. 그녀에게 갈 때마다 이렇게 완전히 달라진다. 대지는 되살아나면서 끝없이 나를 씻겨주고 대지의 상처는 나를 어루만진다. 무슨 소리인지 분별할 수 없었던 우리들 사이의 소음들, 우리들 사이에서 움직이지 않고 있는 어떤 것, 우리들 사이에 있는 모든 것을 나는 알아차리게 되었다. 지금 내 몸은 대지를 붙잡으려 손을 내민다. 내 몸과 대지는 어려움 없이 대화를 나눈다. 대지는 함께 있을 때 내 기대를 저버리지 않는다는 것을 나는 바로 안다. 대지는 나만큼이나 섬세하다. 나는 대지의 감지 능력을 안다. 나는 대지의 고통을 느끼고 내 고통이 내 안으로 들어온다. 나는 점점 커지는 내 고통을 손으로 움켜쥔다. 입을 벌려 이 고통을 맛보았고, 그 맛을 느꼈다. 그리고 마침내 알았다. 나는 왜 대지가 멈추지 않는지 안다. 그 육중한 몸으로 가뭄과 굶주림 속에서 지독한 갈증을 느끼면서도 인간의 모든 행위를 이해하고 받아들이며 재앙 속에서 살아남는 이유를 안다. 대지는 나의 자매이다. 나는 대지가 매일 베풀어주는 은총을 사랑한다. 대지의 고요함과 담대함을 사랑한다. 나는 얼마나 사랑받고 있는지! **대지와 내**

가 서로가 지닌 이 강인함을 얼마나 존경하는지! 우리가 잃어버린 모든 것, 우리가 고통받아 온 모든 것, 우리가 아는 모든 것, 우리는 이 모든 아름다움에 넋을 잃는다. 내게 대지가 어떤 의미인지, 대지에게 내가 어떤 의미인지 나는 잊지 않는다.[25]

'마녀'와 '계모'에서 벗어나, 동화 다시 쓰기

나는 마녀, 사악한 계모, 미친 여자로 그려지는 여성성의 억눌린 부분을 회복하고 통합하는 것이 무척이나 중요하다고 생각한다. 그래서 이 여덟 번째 장을 시작하면서 옛 동화에서 부정적인 인물로 그려지는 여성들의 이야기를 바로잡아 여성성을 치유해야 한다는 마돈나 콜벤슐라그(Madonna Kolbenschlag)의 글을 인용했다. 동화는 대개 어린 소녀(또는 소년)의 관점에서 그녀가 여정에서 만나는 사람들과 부모, 형제자매, 마법적인 존재들과 그녀의 관계를 이야기한다. 우리는 동화 속 소녀가 다른 사람들이 자신에게 호의적으로 대하거나 못되게 굴 때 어떻게 반응하는지, 여정에서 겪는 시련에 어떻게 대처하는지, 그리하여 마침내 어떻게 성공이나 화해의 열매를 얻는지 듣게 된다.

동화 속에서 계모, 마녀, 미친 여자는 성장하는 아이들 앞에 장애물을 놓는 인물이면서 비열하고 몰인정한 데다가 아이를 굶기고 조종하고 시기하는 탐욕스러운 인물로 묘사된다. 그들의 사악한 행위는 대개 죽음으로써 벌을 받는다. 〈헨젤과 그레텔〉의 마녀는 뜨거운 화덕으로 떨어지고, 〈백설공주〉에 등장하는 계모는 불에 벌겋게 달군 무쇠 신을 신고 죽을 때까지 춤을 춘다. 《오즈의 마법사》에서 사악한 서쪽 마녀는 녹아서 사라져버린다.

동화는 계모나 사악한 마녀가 잔인해진 원인에는 전혀 관심이 없다. 우리는 그저 그들은 원래부터 그랬을 거라고 추정할 뿐이다. 아버지가 애지중지하는 아이, 징징거리고 말 안 듣고 영악한 아이에 관해 그녀들의 입장에서 이야기하는 경우는 절대로 없다. 사악한 계모는 '완벽한 엄마'를 갖지 못해 실망한 아이들의 눈에 비친 엄마의 모습이다. 아이들이 생각하는 '완벽한 엄마'란 항상 집에 있으면서 무슨 일이 있어도 아이를 이해해주고 조건 없이 사랑해주는 '이웃집 엄마'의 환상에 불과하다.

하지만 우리가 보지 않으려 하고, 받아들이고 이해하기를 거부한 여성성의 억압된 부분을 치유하면서 문을 열고 다시 어머니를 맞아들이는 딸이 등장하는 옛이야기가 있다. 나는 캐슬린 준델(Kathleen Zundell)이라는 작가에게서 이 이야기를 처음으로 들었다. 자신의 어머니인 미친 여인을 치유함으로써 어머니에게 버림받아 생긴 내면의 상처를 치유한 딸의 이야기였다. 다음은 그 이야기를 내가 각색한 것이다.

옛날 옛적에 딸 넷을 둔 여인이 있었다. 그 여인은 영리하고 예쁜 금발을 가진 첫째, 둘째, 셋째 딸은 사랑했지만 자기를 꼭 닮은 막내는 미워했다. 그녀는 매일 아이들에게 먹일 음식을 구하러 나갔다. 그녀가 집으로 돌아올 때 딸들은 어머니의 노랫소리를 들었다.

　　사랑하는 딸들아,
　　첫째, 둘째, 셋째야,
　　엄마한테 오렴, 나한테 오렴.
　　넷째 메스메란다,
　　넌 부엌문 뒤에 그대로 있어.

　세 딸은 문을 열고 어머니를 맞이하려고 뛰어나갔지만 메스메란다는 부엌문 뒤에 가만있었다. 어머니는 세 딸에게 줄 저녁을 준비했다. 그들은 함께 웃고 떠들며 저녁을 먹으면서 메스메란다에게는 찌꺼기만 던져주었다. 세 언니는 키도 자라고 살도 올랐지만 메스메란다는 마르고 연약했다.

　그런데 늑대가 통통하게 살이 오른 세 딸을 잡아먹으려고 집 밖에 숨어 어머니가 들락날락하는 모습을 지켜보고 있었다. 늑대는 어머니가 부르던 노래를 부르면 세 딸을 잡아먹을 수 있을 거라고 생각했다. 늑대는 며칠 밤낮을 연습했고, 마침내 어느 날 오후 어머니가 나가고 없는 사이 문 밖에 서서 노래를 불렀다.

　　사랑하는 딸들아
　　첫째, 둘째, 셋째야,
　　엄마한테 오렴, 나한테 오렴.

넷째 메스메란다,
넌 부엌문 뒤에 그대로 있어.

아무 반응이 없었다. 늑대의 목소리가 걸걸한 저음이었기 때문에 딸들은 문을 열지 않았다. 늑대는 풀이 죽은 채로 코요테를 찾아가 "엄마의 목소리가 필요해." 하고 말했다. "내 목소리를 달콤한 고음으로 만들어줘." 코요테가 늑대를 쳐다보았다. "그 대가로 나한테 뭘 줄 건데?" 늑대가 대답했다. "딸 하나를 줄게." 코요테는 늑대의 목소리를 바꿔주었다. 늑대는 다시 집으로 찾아가 노래를 불렀다.

사랑하는 딸들아
첫째, 둘째, 셋째야,
엄마한테 오렴, 나한테 오렴.
넷째 메스메란다,
넌 부엌문 뒤에 그대로 있어.

이번엔 고음의 늑대 목소리가 바람에 실려 갔다. 딸들은 웃으면서 서로 말했다. "아, 저건 나뭇잎들이 속삭이는 소리야." 문은 열리지 않았다. 조금 있다가 어머니가 돌아와 노래를 불렀고 딸들은 당장에 문을 열었다. 그러고는 또다시 넷이서 음식을 먹고 메스메란다에게는 찌꺼기만 남겨주었다.

다음 날 늑대는 다시 코요테에게 가 투덜거렸다. "내 목소리를 너무 가늘게 만들었어. 여자 목소리처럼 들리도록 손 좀 봐줘." 코요테는 늑대에게 주문을 걸었다. 늑대는 딸들이 있는 집으로 되돌아갔다. 이번에는 꼭 어머니처럼 노래를 불렀다.

> 사랑하는 딸들아
> 첫째, 둘째, 셋째야,
> 엄마한테 오렴, 나한테 오렴.
> 넷째 메스메란다,
> 넌 부엌문 뒤에 그대로 있어.

딸들은 어머니를 맞이하러 뛰어나갔고 늑대는 그들을 잡아 자루에 넣고서는 그곳을 떠났다. 메스메란다는 부엌문 뒤에 그대로 서 있었다. 그날 늦게 어머니가 돌아와서 문밖에서 노래를 불렀다.

> 사랑하는 딸들아
> 첫째, 둘째, 셋째야,
> 엄마한테 오렴, 나한테 오렴.
> 넷째 메스메란다,
> 넌 부엌문 뒤에 그대로 있어.

아무도 문 밖으로 나오지 않았다. 어머니는 다시 노래를 불렀다. 역시 아무도 나오지 않았다. 어머니는 끔찍한 공포를 느끼기 시작했다. 그때 희미한 소리로 부르는 노래가 들렸다.

> 엄마, 엄마의 딸들,
> 첫째, 둘째, 셋째의 목소리는
> 이제 들을 수도 없고 볼 수도 없어요.
> 그들은 사라졌어요, 산 넘고 바다 건너.
> 메스메란다는 여기 있어요, 나를 보세요.

어머니는 문을 박차고 들어갔다. 사랑하는 딸들이 보이지 않자 그녀는 자신의 머리를 쥐어뜯으면서 노래를 부르고 또 부르며 실성한 여인처럼 집 밖으로 뛰어나갔다.

메스메란다는 일어서서 빈 방을 보고는 열린 문 밖으로 걸어나갔다. 그녀는 자신의 여정을 시작했고 세상으로 나아갔다. 그리고 마침내 황제의 아들과 결혼했다.

세월이 흐른 뒤 어느 날 어떤 실성한 늙은 여인이 수세미처럼 잔뜩 헝클어진 머리로 궁궐 문 앞에서 노래를 불렀다.

> 내 귀여운 딸들,
> 첫째, 둘째, 셋째야,
> 더는 너희들의 목소리를 들을 수도 없고 볼 수도 없구나.
> 메스메란다, 넷째 딸아.

내 말 좀 들어다오. 너의 문 앞에 내가 있다.

　사람들은 여인을 비웃으며 지나쳤고 근위대는 그녀를 쫓아냈
다. 하지만 늙은 여인은 매일 다 해진 누더기를 입고 와서 노래
를 불렀다.

　　내 귀여운 딸들,
　　첫째, 둘째, 셋째야,
　　더는 너희들의 목소리를 들을 수도 없고 볼 수도 없구나.
　　메스메란다, 넷째 딸아.
　　내 말 좀 들어다오. 너의 문 앞에 내가 있다.

　거리에서 메스메란다라는 딸의 이름을 부르며 노래하는 미친
여인이 있다는 말이 황제의 귀에까지 들어갔다. 메스메란다는 "저
는 실성한 여인을 몰라요. 제겐 어머니가 없습니다." 하고 말했다.
　어느 날 메스메란다가 궁전의 정원에서 꽃을 심고 있다가 미
친 여인이 부르는 노래의 후렴구에서 자신의 이름을 들었다. 메
스메란다는 궁궐 문을 열고 실성한 여인의 얼굴을 들여다보았
다. 그리고 그 여인이 어머니임을 알았다. 메스메란다는 어머니
의 손을 잡고 궁궐 안으로 들였다.
　"엄마, 언니들은 다 사라졌어요. 하지만 나를 보세요. 난 메스
메란다예요. 엄마는 전에는 날 사랑하지 않았고 나는 부엌문 뒤

에 서 있었어요. 하지만 지금 내가 여기 있어요. 내가 엄마를 돌볼게요." 메스메란다는 어머니를 목욕을 시키고 새 옷을 입히고 머리를 곱게 빗겨주었다.

메스메란다는 어머니를 다시 받아들여 씻기고 옷을 입혀주고 돌본다. 메스메란다는 마음을 열고 자신을 거부했던 어머니인 그 실성한 여인을 다시 받아들인다. 우리는 모두 우리의 완전한 여성적 힘을 되찾을 수 있도록 버림받은 여성성을 다시 받아들여야 한다. 만일 여성이 어머니에게 제대로 보살핌받지 못한 것을 두고 계속해서 분노한다면 그녀는 영원히 '기다리는 딸'로 남게 된다. 비록 외부 세계에서는 성숙한 어른의 역할을 하는 것처럼 보이겠지만 그녀는 성장하기를 거부한다. 마음 깊은 곳에서 자신을 가치 없고 불완전한 존재로 여긴다.

많은 여성들은 어린 시절 그들의 '어머니들(어머니, 할머니, 이모 그리고 가족의 친구들)'에게서 들은 말 때문에 세상을 살아가는 데 얼마나 주저하게 되는지를 깨닫지 못하고 있다. 끝없이 반복되는 이 지루한 이야기들은 그들의 어머니들을 무력화하는 데 한몫했고, 계속해서 딸들의 패기에 족쇄를 채운다. "나는 …… 해야만 했는데." "난 늘 …… 하고 싶었어." "날 위해 무언가를 가져본 적이 하나도 없다는 게 얼마나 아픈 일인지 너는 몰라." "나는 나를 위해 시간을 보낸 적이 없어." "네 아버지는 내가 …… 하려는 걸 허락하지 않았어." "말썽 일으키지 마라." "다른 사람의 마음을 상하게 하지 마라." "난 ……을 받아들일 수 없어." "……
때문에 어쩔 줄 모르겠어." "미칠 거 같아." "어떻게 사람이 그럴
수 있는지 모르겠어." "이 고통을 견딜 수가 없어."

"난 이 고통을 견딜 수가 없어."라는 말은 아무것도 느끼지 말
라는 직접적인 명령이나 다름없었다. 한 어머니는 딸에게 어떤
것에 관해서든 어떻게 느끼는지를 이웃 사람들에게 말하지 말라
고 했다. "우리 집에서는 그런 짓 하지 않는다." 만일 딸이 학교
에서 친구들과 사이에서 일어난 일 때문에 화가 났다고 말하면
어머니는 그런 식으로 느끼지 말라고 말했다. 딸에게 그 어두운
과거를 다시 기억해내게 하는 것은 그녀가 수치심을 극복하고
자기 자신에게 숨겨 온 모든 감정을 되찾게 하는 것을 의미한다.
그 감정이 아무리 두려운 것이라 할지라도 말이다. 그렇게 함으
로써 딸은 자신의 진짜 목소리를 찾을 수 있다.

사십 대 후반의 한 내담자는 청각 장애가 있는 어머니 밑에서
자랐다. 둘의 관계에서 딸의 역할은 어머니를 보호하고 어머니
를 위해 통역해주고 어머니를 대신해서 말하는 것이었다. 그녀는
어머니의 중개자라는 것 말고 존재감이 없었다. "나는 어릴 때부
터 어떻게 보이지 않는 존재가 되는지 배웠어요. 그리고 다른 사
람들이 뭘 원하는지 잘 알았어요. 내 말을 들어주고 내가 원하는
것에 귀 기울여줄 사람이 없었기 때문에 내가 무엇을 원하는지
표현할 기회가 없었어요. 나는 원한다는 것 자체를 그만뒀어요.
나 자신에게 투명 인간이 되었습니다. 오십이 다 된 지금에서야,

내가 아는 것을 인정받고 칭찬받을 수 있도록 그리고 내가 원하는 것을 요구할 수 있도록 내면에서뿐만 아니라 외부 세계에서도 내 존재를 드러내 보이는 것이 얼마나 중요한 일인지를 배우고 있어요."

어린 시절 자신을 뒷받침해줄 수 있는 어머니가 없었던 딸들은 혼자서 모든 것을 할 줄 알아야 한다고 느낀다. 이것은 알코올 의존증 환자가 있는 집에서 자라 어른 아이가 된 사람들이 보이는 전형적인 태도이다. 그들은 어른으로서 자신이 원하는 것을 찾아내고 타인에게 도움을 요청하는 데 어려움을 겪는다. 그런 도움이나 지도를 받아본 적이 없었기 때문이다. 성인기에 그들은 누구에게도 의지할 수 없다는 것을 두려워하면서 계속해서 혼자서 모든 일을 처리한다. 자신이 모르는 것을 감추고 그것을 배워본 적이 없다는 사실을 숨기려고 완벽하게 일을 처리해야 한다고 느낀다. 도움을 요청하는 것을 배우는 일은 자신의 개인적인 힘을 되찾는 과정에서 크게 한 걸음 더 나아가는 것이다.

나는 내 어머니 안의 실성한 여인을 받아들이고 소중히 여기기가 어렵다는 것을 안다. 그때 내 안에 존재하는 실성한 여인을 대면해야 하기 때문이다. 어머니를 있는 그대로 다시 받아들인다면, 내가 사랑받고 싶은 방식으로 어머니가 나를 사랑하게끔 만들 수 없다는 사실도 받아들여야 한다. 나는 드러내놓고 마음껏 사랑을 주는 '엄마', 아니 '어머니'를 결코 갖지 못할 것이다. 나는 어머니를 있는 그대로 받아들여야만 한다. 나는 어머니에게 제대로 보살핌받지 못한 딸의 고통에 매달려 있을 수 없다. 그 고통은 온전한 내가 되는 것을 방해한다.

내면의 조력자와 접촉하는 상상 훈련 중에 독수리가 내게로 왔다. 나는 독수리에게 내가 무엇을 망설이고 있는지 물었고 독수리가 대답했다.

"당신의 분노가 당신을 붙잡고 있어요. 당신이 어머니에게 받지 못했던 것들, 그 결핍에 대해 분노하는 것을 멈추세요. 그건 당신에게 변명거리를 줄 뿐입니다. 어머니를 용서하세요. 당신의 개인적 상실감 너머를 볼 수 있도록 독수리의 관점을 이용하세요. 아니면 당신의 감정은 뒤틀릴 거예요. 코끝을 보는 데 집착하는 생쥐가 되지 마세요."

9장

긍정적인 남성성을
되찾다

당신 내면의 남성과 내면의 여성은
전쟁을 치러 왔다.
그들은 둘 다 상처 입었고
지쳐 있다.
그들을 갈라놓는
칼을 내려놓고
보살핌을 받을
시간이다.

상처 입은 남성성의 치유

성배 전설에서 파르시팔은 최후의 만찬 때 예수 그리스도가
썼다는 성배와 고대의 위대한 여신이 사용한 가마솥을 찾아다녔
다. 파르시팔은 성배의 성(城)으로 들어가는 모험을 한다. 그곳에
서 넓적다리부터 성기에 이르기까지 치유되지 않는 상처가 있는
어부 왕(Fisher King, 아서 왕 전설에 나오는 성배를 수호하는 왕)을
만난다. 성배는 어부 왕의 상처를 치유할 능력이 있었다. 하지만
왕을 낫게 하려면 무엇이 잘못되었는지를 살피고 연민의 마음으
로 "무엇이 그대를 아프게 합니까? 어디가 아픈 겁니까?" 하고
물어봐주는 파르시팔 같은 순진한 젊은이가 필요했다. 성배는
오직 이런 과정을 거친 뒤에야 치유력을 발휘해 왕을 낫게 할 수
있었다.

왕은 우리의 정신과 문화에서 지배의 원리를 의미한다. 우리
는 상처가 있다는 점에서 어부 왕과 같다. 순진하다는 점에서 '지

독하게 바보 같은' 파르시팔과 같다. 우리는 우리가 균형을 잃었다는 사실을 깨닫지 못하고 있다. 우리 자신의 어떤 측면이 우리의 고통을 인식하고 연민을 느끼고 "무엇이 그대를 아프게 하는가?"라고 물어줄 때까지, 우리는 치유되지 못할 것이다.

우리는 우리의 창조적인 여성성과 분리되었다. 우리가 직관과 감정과 우리 몸의 심오한 앎을 거부하면 우리의 이성은 그것들을 무시하고 평가 절하한다. "에로스보다 로고스의 영역으로, 우뇌보다 좌뇌의 영역으로 더 가까이 갈수록 여성성, 여신, 성배라 부를 수 있는, 딱 꼬집어 말하기 어려운 어떤 근원적인 것으로부터 멀어졌다는 소외감이 더 커졌다."[1] 우리는 소외되었다는 슬픔과 외로움을 느끼지만 이 감정이 우리 본성 내부의 불균형에서 생겨난다는 점을 인식하지 못한다.

남성성은 원형적 힘이다. 성별의 문제가 아니다. 여성성처럼 모든 여성과 남성의 내면에 존재하는 창조적인 힘이다. 남성성은 균형을 잃거나 **삶과 유리될 때** 전투적이거나 비판적이거나 파괴적으로 변한다. 이렇게 삶에서 유리된 원형적 남성은 차갑고 비인간적일 수 있으며, 인간의 한계를 고려하지 않는다. 이 남자다움은 우리에게 어떤 대가를 치르더라도 그저 전진하라고 말한다. 완벽과 통제와 지배를 요구한다. 어떤 것도 충분하다고 느끼지 않는다. 우리의 남성적 본성은 어부 왕처럼 상처를 입었다.

성배는 우리 모두가 누릴 수 있는 신성하고 창조적인 여성적 원리의 상징이다. 여성성이 우리의 남성적 본성을 치유할 수 있는 것처럼 성배는 어부 왕을 치유할 수 있다. 전설에서 성배는 언제나 성배의 처녀가 운반했지만 파르시팔과 어부 왕은 그 의미를 알지 못했다. "성배와 성배의 성과 성배의 수호자들은 성배 자체의 권위나 성배의 법칙에 경의를 표하지 않는 무례함 때문에, 사랑을 잘못 이해하고서 부적절한 태도로 성배의 처녀들을 모욕하고 폭행하고 강간한 사람들의 무례한 행동 때문에 마법에 걸렸다."[2]

파르시팔과 어부 왕처럼 우리도 우리 안의 성배를 인식하지 못하고 있다. 우리는 눈을 뜨고 의식을 확장해야 한다. 상처 입고, 메마르고, 부서지기 쉽고, 지나치게 힘이 세진 남성성을 치유하려면 촉촉하고, 싱싱하고, 자상한 여성성이 절실하다. 그렇지 않으면 우리는 황무지에서 살게 된다. 파르시팔은 성배의 성에서 성배를 경험했고 상처 입은 어부 왕을 만났다. 하지만 "무엇이 그대를 아프게 합니까?"라고 묻지 않았다. 우리 자신을 치유하고 싶다면 우리는 의식적으로 이 질문을 던져야 한다. 우리 각자 안에서 통제 불가능한, 단절된 남성적 요소는 우리 안의 남성성과 여성성이 균형을 잃게끔 몰아댄다. 항로를 벗어나는 바람에 좌초해 '어머니 자연'을 더럽힌 엑손모빌의 유조선 밸디즈호와 같다.

폭군이 된 남성성

어떤 알 수 없는 무분별한 힘이
술 취한 배를 몰아 어머니 대지를 들이받았다.
두꺼운 검은 색 기름 덩어리가 대지의 피부를 뚫고
내 꿈속으로 들어와
우리의 의식을 오염시킨다.
우리는 모두 기름에 취했다.

우리는 감각을 무디게 하고
시선을 돌려
희생양을 찾는다.
해변을 문질러 닦고
새들을 씻기고
수달을 우리에 가둔다.
모든 것이 서로 연결되어 있음을 부정한다.
우리는 어머니 대지를 다시 오염시킬 것이다.

무시당하고
이용당하는 어머니 대지를 보며
나는 고통스러워한다.
쓸모 있는

대지의 자원은 고갈되었다.
인류의 탐욕과 오만은
대지의
신성을 더럽히고
오염시키고
모독한다.

어머니 대지를 상처 입히는
우리가 하는 모든 행위가
다른 모든 것에 영향을 준다는 것을,
더는 이대로 모른 척할 수 없음을,
우리가 나무이고 바다이고 땅이라는 것을,
우리의 무절제로부터
어머니 대지를 안전하게 지켜야 한다는 것을
언제쯤 알게 될까?

1989년 5월 25일, 나는 알래스카의 밸디즈에서 돌아왔다. 그
곳에서 원유 유출로 삶의 터전이 파괴되어 고통받는 아이들을 위
해 일하면서 나는 파르시팔이 하지 않은 질문을 나 자신에게 던
졌다. "무엇이 그대를 아프게 하는가?" 나는 피해 어촌 지역에
사는 사람들의 생활 방식, 동물들이 놓인 상황, 생태계에 영향을
끼친 원유 슬러지에 대해 정유 회사 홍보실이 사건의 진실을 터

무늬없이 부정하는 데 충격을 받았다. "우리는 이 유출된 원유를 1989년 9월 15일까지 제거할 것입니다." "죽은 동물들이 그렇게 많지는 않습니다." "아무도 안 죽었는데 어쩌자고 조문단을 끌고 온 겁니까?"

그들은 대규모 환경 파괴를 저지르고도 그 사실을 부인했으며 거짓말을 해 사람들을 혼란스럽게 만들었다. 그들은 생계의 터전을 잃은 어부들이나 고통스럽게 죽어 간 해달과 해양 조류에 일말의 동정심도 보이지 않았다. 그러고는 24만 배럴의 유독성 원유 유출이 환경에 끼치는 영향을 축소하는 홍보성 광고를 대규모로 진행했다. 엑손과 알래스카 관광청은 알래스카의 아름다움이 훼손되었다는 우려를 없애려고 애교 점이 없는 마릴린 먼로의 사진을 이용해서 400만 달러짜리 광고를 시작했다. "한참 동안 유심히 보지 않는다면 당신은 아마도 그녀의 애교 점이 없어졌다는 것을 눈치채지 못할 겁니다." "애교 점이 없다면 이 사진은 변했다고 볼 수도 있습니다. 하지만 그녀의 아름다움은 변하지 않았습니다. 알래스카도 마찬가지입니다. 원유 유출이 일시적으로 이 사진처럼 작은 부분을 변화시켰을 수도 있습니다. 하지만 당신이 관광하고 즐기기에 알래스카는 여전히 충분히 아름답습니다."[3]

이렇게 말도 안 되게 진실을 부정하는 태도는 눈앞의 현실만을 인식하는, 상처 입은 위험한 남성성의 한 예이다. 우리 모두의 내면에는 이런 요소가 있다. 우리는 우리의 정신을 조종하는 경

"한참 동안 유심히 보지 않는다면 당신은 아마도 그녀의 애교 점이 없어졌다는 것을 눈치채지 못할 겁니다." 원유 유출 사고 후 엑손모빌과 알래스카 관광청이 낸 광고.

직되고 위압적이고 마구 밀어붙이는 남성성을 보지 못하고 있다. 우리가 우리의 감정과 몸과 꿈과 직관을 거부할 때마다 이 내면의 폭군을 받들어 모시는 셈이다.

여성이 자기 내면의 이러한 불균형을 치유할 수 있는 유일한 방법은 의식 세계의 빛을 암흑 세계로 가져가는 것이다. 그리고 기꺼이 자신 안의 실체 없는 폭군을 대면하고 그것에 이름을 붙이고 내려놓아야 한다. 그렇게 하려면 최면에 걸린 듯한 수동적인 삶과 경제적 이득과 자아 권력을 향한 분별없는 애착을 의식적으로 버려야 한다. 용기와 연민과 겸손과 시간이 필요한 일이다.

여성 영웅의 도전은 정복을 위한 도전이 아니라, 스스로 제어

하지 않았기 때문에 폭군이 되어버린 자신의 이름 없고 사랑받지 못한 부분을 수용하기 위한 도전이다. 우리는 맹목적으로 인생을 살아갈 수 없다. 우리 내면에서 서로 충돌하는 부분들을 모두 세심하게 점검해야 한다. 우리 각자의 내면에는 어둠 속에 도사리고 있는 용이 있다. 융 심리학자인 에드워드 휘트몬트(Edward Whitmont)에 따르면 도전에는 "심리적 갈등의 고통을 견디는 힘과 항상 의식이 깨어 있게 하는 강인함, 어둠 속의 용에게 자신을 내어줄 용기가 필요하다."[4] 어둠 속의 용을 사랑함으로써 세상을 밝히는 것이 여성 영웅의 일이다. 물론 자기 자신을 밝히는 일이 선행되어야 한다.[5]

남자다움 내려놓기

1984년에 나는 산타크루스 산맥에서 진행한 비전 퀘스트를 동료와 함께 이끌었다. 여정이 시작되기 전날 밤, 나는 꿈을 꾸었다. 꿈속의 목소리는 이렇게 말했다. "여성성의 고향으로 복귀하는 여행은 우리가 남자다움을 풀어주었을 때 시작된다." 나는 이 수수께끼 같은 소리에서 **남자다움**(machisma)이란 단어를 처음으로 들었다. 하지만 난 그 말이 "난 굳세게 견딜 수 있어. 나는 강해. 어떤 도움도 필요 없어. 혼자 해낼 수 있어."라는 뜻을 지닌 암호라는 것을 알아차렸다. 꿈속의 목소리는 우리 문화에서 존경받는 전형적인 영웅의 목소리였다.

꿈속의 목소리가 한 말은 협잡꾼의 중의적인 유머로 들렸다. 왜냐하면 그날 아침에 비가 내리는 와중에도 우리는 약 42킬로미터에 이르는 하이킹을 시작했기 때문이다. 폭우는 나흘이나 계속되었고 적절한 보호 장구가 없어서 젖 먹던 힘까지 내야 하는 상황이었다. 하지만 난 그 목소리가 내게 '고독한 보안관'*의 전사 원형을 놓아버리라고 촉구하고 있음을 깨달았다.

여성들은 여성으로서 산다는 것과 관련해 각자 삶에서 특별한 선택의 순간을 마주하게 된다. 인간관계, 경력, 모성, 우정, 질병, 노화, 중년의 과도기 같은 문제에서 진퇴양난의 상황에 빠질 수 있다. 한 달이나 1년 정도의 짧은 시간 동안 여성은 오래전 파르시팔에게 주어졌던 것과 같은 기회를 얻게 된다. 그 상황 속에 존재하면서 상황을 점검하고 '무엇이 날 아프게 하는가?' 하고 물을 기회.

만일 여성이 의식적으로 그랬든, 자신도 모르게 그랬든 간에 남성 전사의 길을 선택했다면, 그녀는 세상의 권력과 갈채의 마력을 알게 되면서 자신의 정체성을 치밀하게 조정하며 홀로 그 길을 따라 꿋꿋이 나아갈 수도 있고, 영웅의 여정에서 익힌 기술을 내면화하고 자신이 지닌 여성적 본성의 지혜와 통합할 수도 있다.

고독한 보안관(lone ranger) 서부 영화에 등장하는 총잡이 보안관을 가리키는 말. 동명의 영화도 있다.

여성에게 남성성이 필요하다는 것은 의심의 여지가 없다. "무의식은 혼자서 개성화 과정을 수행할 수 없다. 개성화의 성공 여부는 의식의 협조 여부에 달려 있다. 이 과정에는 강한 자아가 필요하다."[6] 그런데 단순히 강한 자아나 남성성이 아니라, 가슴을 가진 남자인 내면의 긍정적인 남성성과 관계를 맺을 필요가 있다. 그는 여성의 지친 자아를 치유하고, 그녀가 지닌 심오한 여성적 지혜를 회복할 수 있게 연민과 강인함으로 여성을 도울 것이다. 가슴을 가진 이 내면의 긍정적 남성이 드러날 수 있도록 여성은 자신의 여성적 본성을 존중해야 한다.

지혜로운 여성과 가슴을 가진 남성

고대 그리스와 로마에서 히에로스 가모스(hieros gamos)라 불렸던, 모든 반대되는 것의 결합인 '신성한 결혼'을 통해 여성은 자신의 진짜 본성을 기억해낸다. "신성한 결혼은 저 깊은 곳 어딘가에 우리가 늘 알고 있던 것을 기억해내는 인식의 순간이다. 현재의 문제들은 해결되지 않았다. 갈등은 여전하다. 하지만 그/그녀가 피하지 않는 한 갈등의 고통은 신경증으로 발전되지 않을뿐더러 우리를 새로운 삶으로 이끌 것이다. 직관적으로 우리는 그/그녀가 누구인지를 알아차린다."[7]

신성한 결혼은 자아(ego)와 본질적 자기(Self)의 결혼이다. 여성 영웅은 자신의 여성적이면서도 남성적인 본성의 역동성을 이해하고 그 둘을 함께 받아들이게 된다. 준 싱어(June Singer)는 이렇게 설명한다.

언젠가 한 현인이 남성적 원리의 목표는 완벽(perfection)이고 여성적 원리의 목표는 완성(completion)이라고 말했다. 그런데 그대가 완벽하다면 완전할 리가 없다. 왜냐하면 완벽하기 위해서는 그대 본성의 모든 불완전함을 제거해야 하기 때문이다. 그대가 완전하다면 완벽할 리가 없다. 왜냐하면 완전하다는 것은 그대가 선과 악, 옳음과 그름, 희망과 절망을 다 포함한다는 것을 의미하기 때문이다. 그래서 어쩌면 완벽보다 못한 어떤 것, 완전보다 못한 어떤 것에 만족하는 것이 최선일지도 모른다. 우리는 있는 그대로의 삶을 좀 더 기꺼이 받아들일 필요가 있다.[8]

이 결합은 '신성한 아이의 탄생'으로 이어진다. 여성은 상반되는 것의 결합으로 완벽해져 자율적이고 신성한 양성적 존재로 다시 태어난다. 이제 그녀는 완전한 존재이다. 에리히 노이만(Erich Neumann)은 《아모르*와 프시케 : 여성성의 정신적 발달》에서 이렇게 썼다. "'신성한 아이'의 탄생과 그 의미는 신화를 통해 잘 알려져 있지만, 우리가 개성화 과정을 배운다면 신성한 아이

아모르(Amor) 그리스 신화에 나오는 사랑의 신 '에로스'를 로마 신화에서는 '아모르' 또는 '큐피드'라고 한다.

윌리앙 아돌프 부그로, 〈프시케와 아모르〉, 1889년.

의 본질에 더 가까이 다가갈 수 있다. 여성에게 신성한 아들의 출산은 자신의 아니무스의 재생과 신성화를 의미하는 반면, 신성한 딸의 출산은 여성의 본질적 자기와 전인과 관련해 훨씬 더 중요한 과정을 의미한다."[9] 영혼(프시케)과 사랑(아모르)의 결합에서 '기쁨-환희-희열'이라 불리는 신성한 딸이 태어난다. 신성한 결혼은 상반되는 것을 결합해 무아지경의 완전한 일체를 탄생시킨다.

잉글랜드에 전해지는 '가웨인 경과 라그넬 부인'의 이야기는 상처 입은 남성성과 뒤틀린 여성성의 치유를 다룬다. 이 이야기에서 지혜로운 여성과 가슴을 가진 남성이 결합한다. 에설 존슨 펠프스(Ethel Johnson Phelps)는 《북쪽 나라의 아가씨》에서 14세기 잉글랜드의 한 시골 마을에서 일어났던 이 이야기를 자세히 전한다.[10]

어느 늦여름, 아서 왕과 조카인 가웨인 경이 칼라일에 있는 궁전에서 기사들과 함께 머물던 때였다. 잉글우드 숲에 사냥하러 갔던 아서 왕이 창백하게 겁먹은 모습으로 돌아왔다. 가웨인 경은 왕의 침소까지 따라 들어가 무슨 일이 있었느냐고 물었다.

아서 왕은 칼라일 성에서 멀리 떨어진 곳에서 홀로 사냥하고 있었다. 그때 브리튼 섬의 북쪽 땅에 사는 무시무시하게 생긴 기사가 나타나 위협적으로 말을 걸었다. 그로머 경이라고 정체를 밝힌 남자는 자기 영토를 잃어버린 복수를 하려고 아서 왕을 기다리고 있었다. 그로머 경은 "여자들이 가장 원하는 것은 무엇인가?"라는 문제의 답을 가지고서 1년 후에 비무장 상태로 이곳에 다시 온다면 목숨을 건질 기회는 주겠다고 말하며 왕을 보내주었다. 아서 왕은 문제의 정답을 찾아야 목숨을 구할 수 있었다.

가웨인 경은 열두 달 동안 왕국을 샅샅이 뒤지면 답을 찾을 수 있을 거라고 아서 왕을 안심시켰다. 그러나 약속한 날이 다가오는데 진실한 답을 찾을 수 없어서 왕은 근심에 싸였다.

그로머 경을 만나기로 한 며칠 전, 왕은 홀로 황금색 가시금작화와 자주색 히스가 핀 수풀을 지나 거대한 떡갈나무 숲으로 말을 타고 나갔다. 떡갈나무 숲에 이르렀을 때 거대하고 기괴하게 생긴 여인이 왕 앞에 나타났다. "그녀는 거의 키만큼이나 옆으로 넓게 퍼진 몸매에, 피부는 얼룩덜룩한 초록색이었고, 잡초 같은 머리칼이 삐죽삐죽 나 있었다."[11] 여인의 이름은 라그넬이었다.

그녀는 아서 왕이 곧 자신의 의붓 오빠인 그로머 경을 만날 거라는 것과 아직 왕이 문제의 답을 찾지 못했다는 것을 알고 있노라고 말했다. 그러면서 또 자신이 정답을 알고 있으며 만일 가웨인 경이 자신의 남편이 될 수 있다면 답을 말해주겠노라고 덧붙였다. 아서 왕은 충격을 받았고 곧장 있을 수 없는 일이라고 소리쳤다. 그는 자신의 조카를 라그넬에게 줄 수 없었다.

"나는 가웨인 경을 달라고 요구한 게 아닙니다." 라그넬이 왕을 핀잔했다. "만일 가웨인 경이 스스로 나와 결혼하는 데 동의한다면 당신에게 답을 주겠습니다. 이게 내 조건입니다."[12] 라그넬은 다음 날 같은 장소에서 다시 만나자고 말하고는 떡갈나무

숲으로 사라졌다.

아서 왕은 기운이 빠졌다. 자기 목숨을 살리자고 가웨인에게 그렇게 추한 여자와 결혼할 수 있겠느냐고 묻는 것은 생각조차 할 수 없었다. 가웨인 경이 아서 왕을 만나려고 성 밖까지 말을 타고 나왔다가 창백한 얼굴에 긴장한 듯한 왕을 보고서 무슨 일이 있었는지 물었다. 처음에 아서 왕은 대답하지 않으려고 했지만, 결국 라그넬이 제안한 조건을 가웨인 경에게 말하고야 말았다. 예상과 달리 가웨인 경은 왕의 목숨을 구할 수 있음을 기뻐했다. 아서 왕이 그에게 자신을 희생하지 말라고 부탁하자 가웨인 경이 이렇게 대답했다. "이건 제 선택이고 제 결정입니다. 내일 폐하와 함께 약속한 그곳으로 가서 그녀가 알려주는 답이 폐하의 생명을 구할 수 있는 정답이라는 조건을 걸고 그 결혼에 동의할 것입니다."[13]

아서 왕과 가웨인 경은 라그넬을 만나 그녀가 제시한 조건에 동의했다. 다음 날 왕은 혼자서 말을 타고 무장하지 않은 채 잉글우드 숲으로 그로머 경을 만나러 갔다. 왕은 하나를 제외하고 나머지 모든 답을 시험해보았다. 그리고 그로머 경이 막 칼을 들어 올려 왕을 내려치려고 할 때 아서 왕은 재빨리 덧붙였다. "한 가지 답이 더 있소. 여자들이 다른 어떤 것보다 원하는 것은 자신의 주권 곧, 자기 의지대로 할 수 있는 권한이오."[14] 그로머 경은 아서 왕이 라그넬에게 정답을 들은 것이 틀림없다고 확신했다. 그는 분을 못 이기며 자신의 의붓 여동생에게 복수를 하겠노라 맹세하고서는 숲 밖으로 달려갔다.

그날 가웨인 경은 약속을 지켜 라그넬과 결혼했다. 결혼식에 참석한 궁정의 기사들과 귀부인들은 충격 속에서 불편한 침묵을 지켰고, 마침내 결혼 피로연이 끝나자 신혼부부는 침실로 물러 갔다. 라그넬은 가웨인 경에게 키스를 해 달라고 청했다. "가웨인 경은 망설임 없이 그녀에게 키스했다. 그가 뒤로 물러섰을 때 그의 눈앞에는 회색 눈을 가진 날씬한 젊은 여인이 침착하게 미소 지으며 서 있었다."[15]

가웨인 경은 흠칫 놀라 라그넬이 무슨 마법을 부린 것은 아닐까 경계하면서도 어떻게 이런 극적인 변화가 일어났는지 그녀에게 물었다. 라그넬은 자신의 의붓 오빠가 늘 자신을 미워했고 마법을 부릴 줄 아는 계모가 그녀를 괴물로 만들어버렸다고 말했다. 그 마법은 브리튼 섬의 가장 위대한 기사가 그녀를 자신의 신부로 흔쾌히 선택할 때에 풀린다고 했다. 가웨인 경은 그로머 경이 왜 그렇게 그녀를 미워하는지 물었다.

"오빠는 내가 자기에게 도전했기 때문에 건방지고 여성스럽지 않다고 생각했어요. 나는 내 재산과 나 자신을 지키려고 오빠의 명령을 거부했답니다."[16] 가웨인 경은 감탄에 찬 눈빛으로 그녀를 바라보며 미소 지었고, 주문이 깨진 것을 놀라워했다. "사랑하는 가웨인 경," 그녀는 말을 이었다. "일부이긴 하지만 당신에게 선택권이 있어요. 어느 쪽을 선택하시겠어요? 밤에 이 모습을 하고, 낮에는 이전의 추한 모습으로 남아 있기를 원하나요? 아니면 밤에 당신의 침실에서 이 기괴한 모습으로 있고, 낮에는 당신의 성에서 본래의 내 모습으로 있기를 원하나요? 신중하게 선택하세요."[17]

가웨인 경은 잠시 생각하다가 라그넬 앞에 무릎을 꿇고 그녀의 손을 잡고서 그것은 오직 그녀의 선택에 달린 것이므로 자신이 선택할 문제가 아니라고 말했다. 그녀가 무엇을 선택하건 기꺼이 그녀의 선택을 지지할 거라고 했다. 라그넬의 얼굴이 기쁨으로 빛났다. "사랑하는 가웨인, 정말로 훌륭한 답변이에요. 당신의 대답이 그로머와 계모의 사악한 주문을 완전히 깨뜨렸어요! 계모가 걸어놓은 마지막 조건을 충족시켰어요! 브리튼 섬에서 가장 훌륭한 기사와 결혼을 한 후에 남편이 선택의 권한, 그러니까 나 자신의 자유 의지를 행사할 권한을 기꺼이 내게 주면 그 사악한 주문은 영원히 깨질 거라고 했거든요."[18]

각자의 의지로 신중하게 선택한 라그넬 부인과 가웨인 경은 서로 동등하고 신성한 결혼으로 결합함으로써 하나가 되었다. 라그넬 부인은 자신의 자유 의지를 주장하고 자신의 성(性)을 보호하려 했다는 이유로 사악한 의붓 오빠와 계모의 마법에 걸렸다. 동정심 깊은 가웨인 경은 흉하게 망가진 그녀의 겉모습을 변형하는 문제에서 그녀에게 자율권을 주었다. 라그넬은 왕의 목숨을 구할 능력을 지녔고, 가웨인 경은 여성의 주권을 인정하는 지혜를 지녔다. 그들은 함께 치유하는 사랑을 발견했다. 이 전설의 이본(異本)에서 라그넬 부인은 성배의 여신이고 가웨인 경은 그녀의 치유자이자 연인이다.

에드워드 휘트몬트는 이렇게 설명한다. "달과 초목의 여왕인 성배의 여신은 계절의 변화와 관련된 납치 이야기의 여주인공이다. 그녀는 아주 흉측한 동물의 외양에서 빛나는 미모로 자신을 변형하고 사람들을 다른 세계로 안내하는 존재이다."[19] 웨일스 지방에서 전해지는 이야기에 따르면, 가웨인 경이 파르시팔의 원래 이름이었다고 한다. 그렇게 가웨인 경과 파르시팔은 여성성의 신비로 입문하게 된다. 그녀의 혐오스러운 외모 안에 있는 여신의 주권에 경의를 표함으로써 남성은 영원히 흐르는 성배 여신의 물을 다시금 마실 수 있다.[20] "여신의 물을 마시면서 권력에 대한 자아의 개인적 요구를 내려놓는다. 자아는 삶의 아름다운 유희이면서 동시에 공포와 혐오감의 근원인 땅속, 즉 존재의 깊숙하고 신비로운 땅속에서 흐르는 운명의 수로이자 그저 받아들이는 존재일 뿐이라고 진심으로 인정한다."[21]

치유하는 여성, 힐데가르트

성배 전설에서 파르시팔은 어부 왕에게 적절한 질문을 하지 못한 후 5년 동안 황무지를 헤맨다. 숱한 모험과 시련을 겪고서 그는 어부 왕의 성으로 다시 돌아온다. 이번에는 미리 정해진 적절한 질문을 던졌고 그 질문이 어부 왕을 치료했다. 죽지도 못하고 고통스러워하던 늙은 어부 왕은 상처가 치유되자 그제야 눈을 감을 수 있었다. 황무지는 다시 비옥한 대지가 되었다. 파르시팔과 마찬가지로 지금 우리는 우리 문화에 치유하는 여성성이 필요하다는 것을 깨달을 기회가 생겼다. 만일 이 시점에서 우리가 대지를 경외하지 않는다면 대지는 정확히 핵 폐기장 같은 불모지로 변하고 말 것이다.

힐데가르트 폰 빙겐(Hildegard von Bingen)은 12세기 무렵에 숲이 울창하게 우거진 라인란트 계곡에 살았던 수녀원장이자 신비주의자, 예언자, 기도사, 교사, 조직가, 개혁가, 작곡가, 화가, 치료사, 시인, 작가였다. 힐데가르트는 인간의 가장 큰 죄는 건조함이고, 인간의 삶에 수분과 싱싱함을 되돌려주는 것이 가장 필요한 일이라고 말했다. 진 시노다 볼렌은 성배의 가르침에 힐데가르트의 말을 적용할 수 있다고 설명한다.

수분과 싱싱함은 천진함, 사랑, 심장, 감정, 눈물과 관련이 있다. 우리 몸 안의 [액체로 된] 모든 것은 우리가 감동을 받을 때 촉촉해진다. '향유를 바른다', '운다', '피를 흘린다'라는 말에서 보듯이 우리 몸의 신성한 경험은 수분과 관련이 깊다. 수분은 이 행성에 생명을 가져오고, 메마름과 건조함을 치료한다. …… 만일 지구의 열대 우림이 줄어들면 우리는 정말로 건조해질 것이다. …… 우리 인류는 다시 성배의 성으로 되돌아가 성배를 경험하고, 성배의 의미를 알기 위해 황량해진 숲을 통과해서 성배를 찾는 파르시팔이 되어야 한다. 우리는 황량해진 숲을 그저 힐끔 보고 지나쳐버리지만 사실 이것은 중대

한 문제이다.[22]

수분은 메마른 사람들을 치유한다. 따뜻한 마음을 지닌 교육자였던 사랑스러운 내 친구 스티브는 에이즈로 세상을 떠났다. 삶이 끝나기 전 얼마 동안 스티브의 몸은 다발성 출혈성 육종 때문에 몸이 안팎으로 피폐해져 엄청나게 건조한 상태가 되었다. 그는 죽음이 그 메마름으로부터 자신을 구원해줄 것이라고 상상했다. 스티브는 떠날 준비가 되었다고 말하면서 자신의 죽음이 어떨 것 같으냐고 내게 물었다. "너는 아름다운 푸른 초원에서 가벼운 몸으로 걷게 될 거야. 그 초원은 싱싱하고 푸르고 비옥하고 촉촉해서 널 치유해줄 거야." 하고 나는 대답했다.

스티브가 미소 지었다. "난 너무 건조해. 그저 조금이라도 촉촉해지고 싶을 뿐이야."

여성성과 남성성의 신성한 결혼

여성이 내면의 '신성한 결혼'을 경험할 때, 흔히 인간이라기보다는 신에 가까운 남성인 '원초적 아버지(primal father)'를 만나거나 천상의 젊은이와 신성한 결합의 장소인 침실로 향하는 것을 상상한다. 결혼식, 웨딩드레스, 혼인 의식, 첫날밤을 꿈꾸고, 신부용 구두나 신성한 연회의 이미지를 그려본다.

그녀의 연인은 강함과 관능을 겸비한 힘센 수컷 동물 조력자이거나 야수의 형태를 띨 수도 있다. 어떤 여성은 암컷 곰이 그들의 결합을 재가하는 증인으로 서 있는 동안 C. S. 루이스(C. S. Lewis)의《나니아 연대기》에 등장하는 사자 아슬란과 관계를 맺는 꿈을 반복해서 꾸기도 했다.

사십 대 중반의 한 여성은 20년 전에 약혼했던 연인이 꿈에 등장했다. "나는 별들 아래서 따뜻한 대양의 파도에 몸을 맡긴 채 나체로 수영을 하고 있어요. 그가 다가와서 나를 껴안아요. 나는 완전히 그를 향해 열려 있고 그도 나에게 열려 있어요. 그가 나를 바다 밖으로 데리고 나가서 부드럽게 내 몸을 닦아주고 흰 실크 가운으로 감싸줘요. 내 손을 잡고 나를 산 위로 인도해요. 별빛이 수많은 모형 식물과 꽃을 하나하나 보석처럼 빛나게 해요. 우리는 저 멀리 암사슴이 있는 곳을 향해 초원을 가로질러 걸어가요. 암사슴은 나를 기다리고 있어요. 지혜롭고 다정한 고대의 존재예요."

C. S. 루이스는 그리스도 의식(Christ consciousness)의 구현으로서 아슬란을 창조했다. 곰과 사슴은 모두 고대에 '지모신(地母神)'을 상징했다. 둘 다 신성(神性)의 원리와 합일을 꿈꾼다.

오늘날 많은 여성들이 여신 속에서 연인을 찾는다. 베티 드 숑 메아도르(Betty De Shong Meador)는《암흑의 저주 풀기》에서 종종 결핍과 절망의 시간에 나타나는 여신의 여러 양상을 소개한다.

그녀는 지구의 마그마 속에 있는 굶주린 노파들의 무리이다. 그녀는 꿈꾸는 자와 사랑을 나누려고 나타나는 검은 여인이다. 그녀는 지저분한 여자, 매춘부이다. 상스럽고 천박하고 저속하다. 그녀는 불타오르는 방에서 입문식을 이끄는 여사제이다. 그녀는 유혹하고, 꿈꾸는 자를 욕망하고, 여성에 대한 관능적인 사랑을 깨운다. 예기치 않게 솟아나는 샘이다. 동물이다. 파헤쳐진 오래된 무덤이다. 여성의 무릎 위에서 새끼에게 먹이를 주는 살쾡이다. 낡은 전축에서 솟아오르는 벌떼다.[23]

이 장을 쓰는 동안 나는 다음과 같은 꿈을 꾸었다. "나는 어떤 여자와 누워 있었다. 전에 한 번도 여자와 관계를 맺어본 적이 없었기 때문에 그녀와 함께 있는 나를 보고서 깜짝 놀랐다. 그녀는 마르고 가슴이 작았지만 피부가 부드러웠다. 그녀의 피부는 거의 투명할 정도였다. 그녀는 내가 그녀를 만지고 가슴에 키스하는 것을 허락했다. 그녀의 몸은 열려 있었고 나는 그녀에게 다가갈 수 있었다. 나는 그녀의 부드러운 피부와 따뜻한 체온이 무척 맘에 들었다. 나는 그녀의 배에 엎드린 채로 있다가 몹시 흥분해서 온몸을 떨기 시작했다. 머리부터 발끝까지 온몸이 황홀해지며 잠에서 깨어났다. 그녀는 오시리스* 신을 되살린 이시스 여신을 생각나게 했다." 이 꿈을 꾼 후 나는 온종일 깊은 곳에서 관능적이

오시리스(Osiris) 이집트 신화에서 대지의 신으로 등장하며, 저승을 관장하고 죽은 사람의 죄를 심판한다. 이시스 여신의 남편이다.

고 살아 있다는 느낌이 샘솟았고 에너지가 넘쳤다. 나는 이것이
에로스에 다가가는 것에 관한 중요한 꿈이라는 것을 알았다.

많은 여성 시인이 감각적인 측면과 정신적인 측면에서 성욕
적 본능을 다양한 양상으로 표현한다. 다음은 다이앤 디 프리마
(Diane Di Prima)가 신성한 여성성과의 결합을 주제로 삼아 쓴 시
이다.

> 당신은 메사*처럼 다양한 모양과 색깔을 지닌 언덕들이에요.
> 당신은 텐트, 가죽으로 된 오두막, 호건*이고
> 물소 가죽으로 만든 예복, 누비 이불, 뜨개질한 양피 코트예요.
> 당신은 마녀의 가마솥이고 저녁 하늘에 빛나는 금성이에요.
> 당신은 바다 위로 떠올라 어둠을 타고 가요.
> 나는 당신 안에서 움직여 저녁의 불을 밝혀요.
> 나는 당신 안에 손을 집어넣어 당신의 살을 먹어요.
> 당신은 나의 거울상(像)이고 나의 자매예요.
> 당신은 안개 낀 언덕 위에서 연기처럼 사라져요.
> 당신은 말을 타고 꿈의 숲속으로 나를 이끌어요.
> 키 큰 집시 어머니여, 나는 당신의 등에 머리를 기대요.

메사(mesa) 꼭대기는 평탄하고 주위는 급사면을 이루는 탁자 모양의 대지를 말한다.
에스파냐어로 메사는 탁자란 뜻이다.
호건(hogan) 나바호족의 전통 가옥. 나뭇가지를 엮어 틀을 만들고 그 위에 진흙을 덮
어 만든다.

나는 당신이에요.

그러니 나는 당신이 되어야 해요.

나는 당신을 지켜봐 왔어요.

그러니 나는 당신이 되어야 해요.

나는 항상 당신이에요.

나는 당신이 되어야 해요.[24]

......

신성한 결혼은 여성이 자기 본성의 두 측면을 통합할 때 완성
된다. 시인이면서 실천적 불교 신자인 앤 월드먼(Anne Waldman)
은 말한다. "나는 내 안의 여성적 원리(반야 prajna)와 내 안의 남
성적 원리(방편 upaya)를 통합할 필요가 있다." 앤은 이어서 우리
모두가 불균형을 바로잡도록 세상에 좀 더 많은 반야(지혜)를 불
어넣어야 한다고 말하며, 터키 시인인 귈텐 아킨(Gülten Akin)의
시를 인용한다.

사람들이 사는 모습 그대로 사람들과 더불어 살고

그들이 숨 쉬는 공기를 들이쉬고

그들에게 지혜를 불어넣어주고[25]

이것이 지금 이 시대의 여성 영웅의 진정한 임무이다. 여성 영
웅은 자신의 본성을 인식하는 대로 숨 쉬면서 우리 모두에게 지

식을 불어넣어 우리를 치유한다. 여성 영웅은 양쪽 세계의 여왕이 된다. 그녀는 일상이라는 삶의 바다를 항해하며 심오한 가르침에 귀 기울일 수 있다. 하늘과 땅의 여왕이면서 동시에 지하 세계의 여왕이다. 그녀는 자신의 경험에서 지혜를 얻었다. 더는 다른 쪽을 비난할 필요가 없다. 그녀가 바로 그 다른 쪽이다. 여성 영웅은 세상과 지혜를 나누려고 자신이 얻은 지혜를 되가져 온다. 그녀의 경험이 세상의 여성들, 남성들, 아이들을 완전히 다른 존재로 탈바꿈시킨다.

10장   여성 영웅, 다시 떠나다

모든 사람은 부분적으로 서로의 조상이다.
모든 사람이
부분적으로 남성이고 부분적으로 여성인 것처럼.
— 버지니아 울프(Virginia Woolf)

그대의 문제는
나의 문제.
우리가 서로 아주 다르다고 생각하는 그것은
받아들이는 방식의 차이일 뿐.
— 앤 월드먼(Anne Waldman)의 노래, 〈이원성〉

남성과 여성을 넘어서

우리는 이원론적 문화에서 살아간다. 그것은 어떤 생각이나 사람들을 스펙트럼의 정반대 양쪽 끝에 나누어 놓고 식별하는 이분법적이고 계층화된 사고방식에 따라 살아가는 삶이다. 미국의 영성 신학자인 매슈 폭스(Matthew Fox)는 '창조 영성(creation spirituality)'에 관해 쓴 《원복(原福)》에서 모든 죄악의 이면에 존재하는 근원적인 죄를 이원주의라고 말한다. 자기와의 분리, 신성함과의 분리, 너와 나의 분리, 선과 악의 분리, 자연과 신성의 분리 같은 이원론적 삶이 문제라고 본다. 우리는 이분법적으로 사고하며 나 아닌 다른 대상을 우리 자신의 외부에 있는 객체로 본다. 즉 타인을 개선하고 통제하고 불신하고 지배하고 소유할 어떤 **사물**로 간주한다. 이원주의는 신뢰의 결핍, 의심, 혼돈, 오해, 경멸을 불러온다.

이원주의의 죄는 정치 구조뿐만 아니라 육체와 마음과 영혼,

여성과 남성과 아이들, 동물과 자연과 영성을 대하는 우리의 태도를 오염시키고 동시에 우리의 정신까지 훼손한다. 우리는 개념이나 사람을 선악, 피아(彼我), 흑백, 시비(是非), 남녀로 나눈다. 물질과 영혼을, 육체와 정신을, 예술과 과학을, 선과 악을, 죽음과 생명을, 남성과 여성을, 날씬함과 뚱뚱함을, 늙음과 젊음을, 자본주의자와 사회주의자를, 보수와 진보를 분리한다. 우리는 타자를 적으로 보고 오만하게 우리만 '옳다'거나 신은 우리 편이라고 말하면서 우리가 만들어낸 대립과 비판과 판단을 합리화한다.

양극화(polarization)라는 이 방식은, 지금껏 어떤 사람은 부유하고 강한 존재가 될 수 있게 보호하는 반면에 다른 쪽 사람들은 가난하고 무지하고 약한 상태로 두었다. 자기가 경멸하는 세계관이나 종교적 신념을 따르는 사람들보다 자신이 우월하다고 주장하는 국수주의를 허용해 왔다. 페미니스트들에게는 그들 자신의 지배욕이나 탐욕에는 너그러우면서 이 땅의 불균형을 문제 삼아 남성을 비난하는 일이 용인되었다. 남성들에게는 여성에게 온갖 감정 노동을 요구하면서 자신들은 변화를 위한 고통스런 자기 반성을 하지 않아도 되는 자유가 주어졌다. 나아가 힘 있는 자들이 학문의 자유를 억압하고, 정보를 왜곡하고, 언론을 검열하고, '부적당하다'고 여기는 것들을 없애버리거나 짓밟고, 지구에 엄청난 고통을 가져오는 것을 용인했다. 인간의 오만은 우리 모두가 생명의 연속체 속에서 공존하며 '**우리 모두는 하나**'라는 사실을 보지 못하게 한다.

양극화의 사고방식에서 한쪽은 다른 한쪽을 '그것'으로 보게
된다. 철학자 마르틴 부버(Martin Buber)는《나와 너》라는 저서에
서 사람들이 자기 자신과 남을 보는 전혀 다른 두 관점을 기술하
는데, 바로 '나와 그것(I-It)' 태도와 '나와 너(I-Thou)' 태도이다.
'나와 그것' 태도는 타자를 자기(self)와 분리되어 있는 **사물**로 보
고 계량할 수 있고, 조직할 수 있으며, 지배할 수 있는 대상으로
본다. 이 태도는 타자를 신성한 존재로 인식하지 않는다. 이와
달리 '나와 너' 태도는 타자를 자기와 똑같은 한 존재로 여기는
것이다.[1]

부버는 '너'는 찾으려고 해서 발견할 수 있거나 지배할 수 있
는 존재가 아니며 신비한 신의 은총 속에서 '너'를 만날 수 있다
고 말한다. '너'는 신성의 체험이라는 것이다. 부버에 따르면, 만
일 내가 타자를 '그것' 대신에 '너'라고 부르고—타자가 인간이든
동물이든 바위이든 대양이든 간에—내가 나의 신성함을 존중한
다면, 나는 '너' 안에 있는 신성함을 존중하게 될 것이고 나의 강
압이나 지배 없이 '너'가 스스로를 신뢰하며 '너'의 삶을 살게 될
것이다.

베트남 승려인 틱낫한은 개별적인 자아니 이원성이니 하는 것
은 있을 수 없다고 가르친다. 우리는 모두 서로 연결되어 있고
상호 유기적으로 존재한다(inter-be). 어떤 것과 상호 유기적으로
존재하거나 **하나**가 되려면 그것을 이해해야만 한다. 즉, 그 안에
들어가야만 한다. 외부에 있으면서 그것을 관찰할 수는 없다.

여러분은 그저 홀로 존재할 수 없습니다. 다른 모든 것들과 **함께** 해야 합니다. 다른 모든 것들이 그렇듯이 이 종이도 그렇습니다. 만일 이 종이를 가만 들여다본다면 그 안에 떠다니는 구름을 뚜렷이 볼 수 있을 것입니다. 구름이 없이는 비가 내릴 수 없고 비가 없이는 나무가 자랄 수 없고 나무가 없이는 종이를 만들 수 없습니다. 종이가 존재하는 데 구름은 필수적입니다. 구름이 여기에 존재하지 않는다면 종이도 여기에 있을 수 없습니다. 그래서 우리는 구름과 종이가 **상호 존재**한다고 말할 수 있습니다. 독립된 자아가 비어 있는 것이 형상(form)입니다. 그리고 그 형상은 사실 우주 안에 있는 모든 것으로 가득 차 있습니다.[2]

틱낫한은 계속해서 이원성은 환상이라고 말한다. "오른쪽이 있어야 왼쪽이 존재할 수 있습니다. 만일 이쪽과 저쪽으로 편을 가르려 한다면 절반으로 나뉠 수 없는 존재를 나누어 그 절반을 제거하려고 애쓰는 것입니다. 왼쪽이 없는 오른쪽, 악이 없는 선, 남자가 없는 여자, 쓰레기가 없는 장미꽃, 소련이 없는 미국이 존재한다고 생각하는 것은 환상입니다."[3]

여성을 억압해 온 피라미드 구조

여성과 남성의 분리는 재산권과 출산의 문제에 뿌리를 두고 있는지도 모른다. 그런데 이 분리는 대부분의 종교와 정치 제도를 통해 강화되고 확장되어 왔다. "남편은 너를 다스릴 것이다." 라는 《창세기》 3장 16절의 말은 신의 명령이 아니라 가부장제의 선동이다. 서양의 종교는 남자(mankind)에게 여자(womankind)를 세상의 악이라고 비난하고 종교적·정치적·경제적 사안에서 여성이 평등한 목소리를 내지 못하게 하도록 부추겼다. "매슈 폭스의 주장처럼, 아담과 이브의 타락을 다룬 에덴동산 이야기에 근거한 원죄 개념은 4세기 아우구스티누스 이후 기꺼이 제국의 건설자들, 노예 소유주, 가부장 사회의 이익을 위해 동원되면서 인류 역사에서 중요한 역할을 해 왔다. 이 원죄 개념은 사고와 감정, 육체와 영혼, 정치적 소명과 개인의 요구, 인간과 지구(나 동물이나 그밖의 자연)가 서로 맞서게 한다. 이런 방식으로 나누고 정복한다."[4]

일레인 페이절스(Elaine Pagels)는 《아담, 이브, 뱀》이라는 책을 쓰려고 연구하는 동안 "종교적 전통이 정치적 삶의 구조, 정치 제도, 인간의 본성을 바라보는 우리의 관점에 얼마나 깊이 뿌리박혀 있는지 그리고 우리의 도덕적 선택에 얼마나 깊이 영향을 끼치는지" 확인하고서 충격을 받았다.[5] 만일 지배적인 종교 전통이 오로지 신과 지상에서 신의 대변자인 황제만이 최고 권위라고 진술한다면, 모든 사람이 각자 자신의 삶을 어떻게 살 것인가를 두고 도덕적 선택을 하는 것이 불가능할 것이다. 각자의 선택을 존중하는 쪽으로 법이 제정되어야 한다. 그런데 낙태에 관한 여성의 선택을 놓고 정치적 격론을 벌이는 최근 상황을 보면 개개인의 선택을 불신한다는 것을 알 수 있다.

　모든 인간―여자, 남자, 아이―은 하느님의 형상으로 만들어 졌다고 하는 예수의 말은 그가 살던 시대의 문화에서는 매우 급 진적인 것이었다. 그는 인구 중 4분의 3이 노예와 노예의 후손 들인 로마 제국에서 황제만이 아니라 노예도 하느님과 함께하는 존재라고 설파했다.[6] 이러한 신성과 인성의 결합은 큰 정치적 파 장을 일으켰고 이것이 예수가 처형을 당하게 된 이유였다.

　가부장적 관계에서는 종교적 차원이건, 정치적 차원이건, 개인 적 차원이건 오직 한 사람만이 최고의 지위에 있을 수 있다. 그래 서 항상 지배자와 피지배자가 있다. 지배적인 인물이 권력을 유 지하려면 자신의 파트너를 한 단계 낮은 위치에 둘 필요가 있다. 이것은 한 사람은 지배자의 위치에 있기를 기대하고 다른 사람 은 지배받기를 기대하는 특정한 사고방식을 창출한다. 이런 배 합의 유형을 구체적 사물로 비유한다면 두 사람의 관계일 때는 시소와 같고 셋 이상의 관계일 때는 피라미드와 같다.[7]

　대부분의 직장에는 회사가 나아갈 방향을 심사숙고해서 결정 하고 유능한 조직원들을 채용하는 대표가 있다. 조직원들은 대 표가 원하는 것이 무엇인지를 예측하는 법을 재빨리 배운다. 대 부분의 가정도 마찬가지로 피라미드 구조를 보인다. 성인 한 명 이 주도권을 쥐고, 그의 배우자나 아이들은 주도권을 쥔 성인의 요구와 명령과 기분에 맞추는 법을 배운다. 물론, 가끔은 부모에 게 '소황제'처럼 구는 아이가 가정의 주도권을 쥐기도 한다. 군대, 가톨릭 교회, 대부분의 회사, 학교, 노동조합은 다루기 힘든, 위계적 피라미드 구조를 보이는 주된 예이다. 최근에 로스앤젤레스의 한 학교에서 근무하는 행정실장은 행정 직원들에게 교사들이 자신과 협력하게 만드는 것보다 묘지를 옮기는 것이 더 쉬울지도 모르겠다고 말하기도 했다.

메리 앤 체이커(Mary Ann Cejka)는 우리 문화에서 위계적 피라미드 구조를 만들어 온 성차별주의의 오류를 서술하고 이러한 피라미드 구조의 뿌리와 그 결과로 생긴 사고방식을 추적한다. 그녀는 위계제(hierarchy)에서 공동체(community)로 전환할 것을 요청한다.

메리놀 신학교의 교수인 마크 엘리스(Marc Ellis)는 교회 차원에서뿐만 아니라 개인적 차원에서도 오늘날 기독교인의 가장 중요한 소명은 제국에서 공동체로 전환하는 것이라고 주장한다. 제국으로부터 전환은 피라미드 구조에서 우리 자신을 해방시키는 것이다. 공동체의 구조는 원형이다. 원 안에서는 움직임이 쉽고 다른 사람들의 희생이 필요하지 않다. 결론적으로 원은 바퀴의 기본 형태이다. 그래서 원은 **여정을 함께하는 사람들**, 즉 '순례자들'에게 적합한 사회 구조이다. 같은 원 안에 있는 사람들은 평등한 관점을 공유한다. 그들은 서로의 눈을 똑바로 바라볼 수 있다. 원은 책임 의식을 지니게 할 수 있다.[8]

함께하는 권력, 원의 공동체

원은 포괄적이다. 배타적이지 않다. 여성성의 상징은 자궁, 그릇, 잔에서 전형적인 예를 보이듯이 원의 형태를 띤다. 여성은 무리를 짓는 경향이 있다. 관계를 맺고, 도와주고, 소통하기를 좋아한다. 바느질을 하고, 퀼트를 하고, 피클을 만들고, 공원에서 아이들을 지켜보는 일처럼 항상 무언가를 함께해 왔다. 여성은 서로 도와주기를 요구하며 각자의 성취를 축하한다. "여성은 동료처럼 마주보면서 다른 사람 '위에' 군림하거나 권위를 행사하지 않고 원 안에서 만나 왔다."[9]

리안 아이슬러(Riane Eisler)는 《성배와 칼》에서 선사 시대에 모든 사회가 피라미드식 위계 질서나 폭력적인 '칼'의 힘을 숭상하기보다 평등한 관계를 상징하는 '원'과 생명을 창조하고 보살피는 우주의 힘('성배'로 상징된다)을 숭상하는 사회였음을 보여주려고 최근의 고고학적 발굴을 기록한 마리야 김부타스의 보고서를 인용했다.[10] 이런 사회들은 **군림하는 권력**의 지배 중심 모델이라기보다는 **함께하는 권력**의 공동 협력 모델의 예를 보여준다. 기원전 7000년에서 3500년 사이의 고대 유럽의 신석기 사회는 복잡한 종교적·정치적 제도가 있었고, 장식품과 도구에 구리와 금을 사용했으며, 원시적 형태의 문자를 사용하던 양성 평등 문화였다. 이 사회는 위계제 사회보다 덜 권위적이면서도 좀 더 평화로웠다.

터키의 고대 유적지인 차탈회위크와 하실라르에는 무려 1,500 년이 넘는 기간 동안 전쟁이나 남성 지배의 흔적이 없다. "이 유적들은 당시 사회가 계층이나 성에 따른 구별 없이, 일반적으로 계급이 없고 기본적으로 평등한 사회였음을 보여준다."[11]

고대 유럽의 오래된 묘지 안의 부장품 배치를 보면서 마리야 김부타스는 신석기 시대에 남녀 평등 사회가 존재했다고 결론을 지었다. "무덤 쉰다섯 기가 발견된 빙카(Vinca) 공동 묘지에서 발굴한 남녀 무덤의 부장품 양은 차이가 없었다. …… 여성의 사회적 위치를 보여주는 빙카의 유물들은 당시 사회가 가부장제가 아닌 평등한 사회였다는 것을 뒷받침한다. 바르나*도 마찬가지였다. 나는 그곳에서 여성을 차별하는 가부장적 지위 체계의 흔적을 전혀 찾지 못했다."[12]

혈통과 유산이 모계 쪽으로 이어지고 여성들이 삶의 모든 국면에서 중추적 역할을 한 모계 사회였다는 것을 시사해주는 흔적들이 있다. "집 안에 있던 제단과 사원의 모형과 실제 사원 유적지에서 여성들이 여신에게 바치는 각종 의례를 준비하고 감독했음을 확인할 수 있다. 제례에 쓸 도구와 봉헌물을 준비하는 일은 힘든 작업이었다. …… 고대 유럽의 가장 정교한 창작물들—현존하는 가장 정교한 꽃병, 조각품 등—이 대부분 여성들의 작

바르나(Varna) 흑해에 면한 불가리아의 대표적인 무역항. 기원전 7세기 무렵에 그리스 인들이 건설한 도시이다.

차탈회위크에서 출토된 지모신 좌상. 기원전 5700년경. 앙카라
고고미술관 소장.

품이었다."[13] 구석기 시대 동굴들, 아나톨리아 고원, 근동과 중동
의 신석기 유적지에서 발굴한 조각품들을 통해 여신 숭배가 모
든 생활의 중심이었던 당시 사회상을 알 수 있다. 이 조각품들
은 그 시기의 종교 의식에 쓰인 신상(神像)들과 여성의 인물상들
과 여성적 상징물들이 유적지의 중심을 차지했다는 것을 보여준
다.[14]

신석기 시대의 미술 작품은 당시에 무기, 영웅, 전투, 노예, 군

사적 방어 시설이 없었음을 분명히 보여준다. 신석기 사회는 지배/피지배 사회가 아니었다. 이때까지는 피에 굶주린 신들을 숭배한 쿠르간 유목민의 침략에 노출되지 않은 상태였다. 여신이 생활의 모든 면에서 중심이었다. 자연의 상징들—태양, 물, 황소, 새, 물고기, 뱀, 우주 알, 나비, 임신과 출산을 상징하는 여신의 이미지—은 신전이나 집 또는 꽃병이나 점토 조각상 같은 곳 어디에서나 발견된다.[15] "그리고 만일 종교의 중심 이미지가 지금 우리 시대처럼 십자가 위에서 죽어 가는 남자가 아니라 출산을 하는 여성이라면 죽음과 죽음의 공포보다는 삶과 삶에 대한 사랑이 예술 분야에서뿐만 아니라 사회에서도 지배적이었을 거라고 추론하는 것이 지나친 해석은 아닐 것이다."[16]

이런 사회에서는 신성과 세속의 구분이 없다. 종교가 삶이고 삶이 종교다. 여신을 숭배하는 종교에서는 성가족(聖家族)의 가장이 위대한 어머니 같은 여성이었다. 세속의 가정에서는 가계의 혈통이 어머니를 통해 내려왔고 거주지는 처가였다. 아내의 친족이나 가족과 함께 살기 위해 남편 쪽에서 처가로 갔다.[17] 그러나 이것이 가모장제를 만들지는 않았다. 남성과 여성은 모두 여신의 자녀였고 "인류의 어느 한쪽이 다른 쪽의 우위에 서지 않았다. 열등함이나 우월함을 가리기보다 다양성을 존중했다."[18] 서열을 매기기보다는 유대를 맺는 태도, 지배와 피지배의 관계가 아닌 협력 관계가 일반적이었다.

김부타스는 이렇게 썼다. "신화의 세계는 유라시아 초원 지대의 인도유럽인과 다른 유목민들이 그랬던 것처럼 남성과 여성으로 양극화되지 않았다. 두 원리가 병존했다. 젊은 남성이나 수컷 동물 형태의 [흔히 여신을 동반하는] 남성적 신성성은 창조적이고 능동적인 여성의 힘을 확인하고 강화하려고 나타난다. 한쪽이 다른 쪽에 종속되는 일은 결코 없다. 서로 보완하면서 이 힘은 배가된다."[19]

인류 역사에 협력 관계가 중심인 사회들이 존재한 시기가 많았다. 그런 사회에서는 생명을 잉태하고 보살피는 신성성의 양상이 일상적 삶의 한 부분으로 숭배되었고, 종교적이거나 일상적인 일들을 수행하는 데에 성차별이 없었다. 서유럽의 구석기 시대 동굴과 차탈회위크와 하실라르의 무덤뿐만 아니라 크레타의 미노아 문명, 영지주의* 기독교, 초기 켈트족, 아메리카 원주민들, 발리섬의 원주민들, 그밖에 많은 곳에서 이런 사회가 존재했음을 우리는 알고 있다.

오메테오틀, 여자이면서 남자인 신

미르체아 엘리아데(Mircea Eliade)는 많은 종교에 존재하는 신

영지주의(Gnosticism) 1·2세기 무렵에 그리스, 로마 등지에서 기독교를 극복하려던 지적·신비주의적 사상의 경향. 기독교와 다양한 지역의 이교 교리(그리스, 이집트 등)가 혼합된 모습을 보였으므로 정통 기독교와 마찰이 불가피했다. 결국 이단이라 비난받아 3세기경 쇠퇴했으나 이후에도 다양한 종파의 교리와 사상에 영향을 미쳤다.

성(神性)의 이원적 본성에 관해서 썼다. 그는 최고의 여성 신 혹은 최고의 남성 신조차 양성적이었다고 말한다. "신성이 어떤 분명한 형태를 띠든지 간에, 그 또는 그녀는 궁극적 실재이고 절대적 힘이다. 이 힘, 이 실재는 어떤 속성(선, 악, 남성, 여성, 혹은 다른 것)에도 스스로 갇히지 않을 것이다."[20]

메리 리치 키(Mary Richie Key)는 《남성/여성의 언어》에서 성별에 기초한 문법 체계가 없었던 아즈텍인들은 세계와 모든 인간의 기원이 이중의 본성을 지닌 단일한 원리라고 믿었다고 설명한다. "이 최고신은 남성과 여성의 외모를 하고 있었다. …… 남성과 여성 모두를 창조해내는 능력이 있었다. 오메테오틀(Ometeotl)이라는 이 이원성의 신은 하나의 궁극적 존재에 나타나는 두 개의 다른 양상을 지니고 있었다. '오메(Ome)'는 '둘'이라는 뜻이고 '테오틀(teotl)'은 '신'이라는 뜻이다."[21]

일레인 페이절스는 4세기 초에 초기 기독교인들이 쓴 쉰두 권의 영지주의 복음에 관해 썼다. 이 복음서들은 한 아랍 농부가 1945년에 상(上)이집트의 나그함마디에서 발견했다. 이 이단적 가르침은 예수가 하느님 어머니와 하느님 아버지에 대해 언급했다는 증거를 제시한다. 〈도마복음〉에서 예수는 그의 지상의 부모인 마리아와 요셉을 그의 신성한 어머니인 성령과 신성한 아버지인 진리의 아버지와 비교한다.[22] 이 성령은 어머니이자 동정녀이며, 성부의 동등한 상대이자 배우자이다. 〈빌립복음〉은 동정녀에게서 난 예수의 탄생 신비를 두고 "만물의 아버지와 성령, 이 두 신성한 힘의 신비한 결합"[23]이라고 말한다. 신성한 어머니는 영원하고 신비한 침묵과 성령뿐만 아니라 창조적 사유인 지혜를 뜻하는 소피아(Sophia)의 속성을 지녔다. "모든 피조물을 낳는 '최초의 우주 창조자'일 뿐만 아니라 인간을 계몽하고 지혜를 준다."[24]

서기 200년이 되자 사실상 신의 모든 여성적 이미지는 주류 기독교 전통에서 사라졌다. 하지만 그 이전까지는 교회에서 여성이 힘 있는 지위에 있었다는 증거가 있다. "발렌티누스파 같은 여러 영지주의 일파에서 여성은 남성과 동등했다. 몇몇 여성은 예언자, 교사, 순회 전도사, 성령 치유사, 사제로 활동했고 심지어 주교로 활동하며 존경받은 여성도 있었던 것으로 보인다."[25] 이런 상황은 보편적인 것이 아니었으나, 이집트교회(콥트교회)의 존경받는 사제이자 신학자였던 '알렉산드리아의 클레멘트'는 서기 180년에 이런 글을 남겼다. 그는 스스로 정통이라고 밝혔으나 영지주의자들과 교류했다. "남성과 여성은 같은 가르침을 받고, 같은 훈련을 받아야 한다. '인간'이라는 이름은 남성과 여성 양쪽에 공통되기 때문이고 '그리스도 안에 사는 우리는 남성과 여성으로 구분되지 않기 때문이다.'"[26]

불행히도 2세기 이후에 교회 지도자들 가운데 클레멘트의 평등주의적 관점을 따른 이는 거의 없었다. 남성 성직자 중심의 계층 의식은 세속이나 신학 분야에서 남녀 평등을 용인하지 않았다. "창조적 가능성 또는 퇴행적 파괴가 널리 퍼지느냐 아니냐의 여부는 신화나 원형의 본질에 달려 있는 것이 아니라 의식 수준과 태도에 달려 있다."[27] 클레멘트는 이집트 사회의 교양 있고 부유한 구성원들과 알렉산드리아의 국제주의적인 분위기 속에서 형성된 자신의 견해가 소아시아, 그리스, 로마, 아프리카의 변두리, 갈리아에 흩어져 있는 서구 기독교 공동체의 주류에 거의 영향을 주지 못한다는 것을 알았다.[28]

자연과 영혼의 세계 오가기

초기 기독교의 씨앗은 그것이 뿌리내린 문화에 따라서 다채로운 꽃을 피웠다. 고대 켈트족은 영성과 삶이 통합된 사회를 지향했다. 그들은 근원에서 나온 모든 생명들이 눈에 보이지 않는 영역과 조화를 이루며 살아간다고 믿었다. 켈트 예술에서 볼 수 있는 삼중 나선(🌀)은 삼중 여신*이 지닌 힘을 나타낸다. 켈트인들은 자연과 영혼의 세계 양쪽에서 신을 발견할 수 있다고 믿었기 때문에 자연계를 보이지 않는 영역으로 들어가는 출입구로 여겼다.

삼중 여신(Triple Goddesss) 본질적으로 세 가지 측면을 한 몸에 지닌 여신을 의미하는데, 경우에 따라 서로 연결된 세 명의 여신으로 나타나기도 한다. 서로 다른 세 여신이 삼중 여신을 의미할 때에는 세 자매로 나타나거나 각각 여성의 일생을 나타내는 세 모습(처녀-어머니-노파)의 여신들로 나타날 수도 있다. 여러 고대 종교와 신화, 예술 작품에 '삼중 여신'이 등장하는데, 켈트 신화에서는 '브리잇춰'라는 이름의 여신이 해당한다. '브리잇춰'는 '브리간티아' '브리진도' 등의 이름으로 알려져 있기도 하다.

이 두 세계를 오가는 방법을 알았던 예수라는 인물이 신비에 관한 풍부한 이해력이 있는 켈트 문화 속으로 들어왔다. 두 세계 사이를 걷는 능력, 즉 신비의 세계에 속하는 이 능력은 이미 켈트 인이 의식하는 세계의 일부였다. 그래서 예수는 켈트인의 땅 곳 곳에 있던 드루이드 수도원에서 열정적으로 받아들여졌다. 켈트 십자가는 그리스도의 죽음이 아니라 두 세계를 오가는 그리스도 의 능력에 초점을 맞춘 것이었다.

켈트 기독교는 교리보다는 개인적이고 직접적인 영혼의 경험 을 강조했다. 사람들은 서로 상담자가 되어주는 영혼의 친구들 과 함께 개인적인 영적 경험을 이야기하고 그 경험에 따라 살 것 을 권장받았다. 그들의 공동체는 위계가 없었다. 종교적 조언자 로는 교권(敎權)이 있는 주교보다 영혼의 친구가 적합하다고 여 겨졌다. 켈트 기독교는 직관이 발달한 여성성을 포용했고 삶의 관능적 경험을 장려했다. 관능적 정서는 몸의 지혜로 여겨졌고 인간의 육체를 결코 사악하다고 생각하지 않았다. 인간은 자연 의 밑그림 안에서 자유 의지에 따라 살아갈 능력이 있다는 것을 배우고 이해하는 일을 절대적으로 강조했다.

켈트인들은 부족 형태로 살았는데, 수도원 안에서조차 그들 의 사회 구조는 분권화된 형태였다. 권위는 집단 전체에 있었고 수녀원장이나 수도원장은 훈련받은 치유사 역할을 했을 뿐이다. 이런 방식은 선불교의 운영 방식과 아주 흡사하다. 켈트 기독교 인들은 영혼이 서열이 없는 다섯 층위가 상호 작용하는 에너지장(場)에서 나타난다고 믿었다. 즉 광물, 식물, 동물, 인간, 천사의 세계는 서로 연결되어 있다는 것이다.

이 다섯 층위의 에너지 장은 스코틀랜드의 아이오나 섬에서 비비안 헐(Vivienne Hull)과 켈트 기독교를 공부하는 동안 내게 살아 있는 현실로 다가왔다. 이 아름다운 섬은 두 세계 사이를 쉽게 걸을 수 있는 곳이었고, 보이지 않는 세계와의 접촉을 분명히 느낄 수 있는 곳이었다. 다시 말해 '경계가 흐릿한 곳'이었다.

켈트 기독교회에서 여성은 남성과 동등한 위치에 있었다. 여성들은 설교자로서 브리튼의 여러 섬을 두루 돌아다녔고 권위 있는 위치를 차지했다. 5세기에 살았던 성녀 브리지다는 킬데어 수녀원의 원장이었는데, 벨테인 축제(Beltane, 고대 켈트족의 노동절)의 성화를 보호했다. 이 불은 로마 교황청의 지시를 받은 주교가 꺼버린 11세기까지 계속 타올랐다. 로마 교황청의 견책에도 불구하고 켈트 기독교는 여성성, 자연, 신비주의, 직관을 지향했다. 켈트 기독교인들은 종교가 여성성과 분리될 때 대지와 분리된다고 느꼈다. 켈트 기독교는 천 년 가까이 번영했고 오늘날 다시 꽃피기 시작했다. 나는 이 질문을 우리 모두에게 던지고 싶다. "기꺼이 경계인이 되어 양쪽 세계 사이를 걸을 수 있겠는가?"[29]

현재 세계는 여러 면에서 어려운 과도기에 직면해 있다. 모든 나라의 사람들이 다들 지구와 지구 공동체의 안녕을 걱정한다. 우리 삶의 중심에서 영적인 통찰력을 회복하는 것이 절실하게 필요하다. 물질과 정신, 육체와 영혼, 자연과 성스러움, 인간과 신성의 연관성을 존중하는 고대의 많은 가르침이 회복되고 있다. 마야인, 티베트 불교, 아메리카 원주민, 창조 영성, 여신 종교들이 이 고대의 진리를 깨우고 있다.

함께 여행하는 순례자들

원은 가장 순수하고 가장 단순하며 모든 것을 아우르는 형태이다.[30] 원은 아이가 그리는 첫 번째 형태이고 자연에서 끝없이 반복되는 형태이다. 원은 조화로우며, 위안을 주기도 하고, 우리를 변형하기도 한다. 원은 시작도 없고 끝도 없다. "어떤 것도 배제되지 않고, 모든 것이 자기 자리를 차지하고서 전체 과정에서 필요불가결한 부분으로 받아들여진다."[31] 다른 사람들과 둥글게 둘러앉을 때 모든 사람은 평등하고, 서로 연결된다. 아무도 권력의 자리에 있지 않다. 권력은 공유되고 자기중심주의가 끼어들 여지는 없다. 모든 사람이 원형의 관계를 통해서만 서로 연결되고 의미를 끌어낼 수 있기 때문에 원의 형태를 취하고 있는 동안에 각자의 관점에 변화가 생긴다. 원 안에서 마법이 일어난다. 원은 주고받는 포옹이다. 원은 우리에게 조건 없는 사랑을 가르쳐준다.

"원시의 만다라는 분명 땅 위에 그려진 원이었다. 비법을 전수받은 입문자가 그 원에서 걸어 나와 마법의 세계로 들어갔다. 그 세계에서 그는 그저 별들에게 대지의 노래를 불러주는 대지의 혀에 불과했다. 시간의 수레바퀴는 돌고 돈다. 마법의 원이 다시 그려진다."[32]

　최근에 나는 닷새 동안 고등학교 3학년 학생들과 함께 피정에 참가했다. 그곳에서 우리는 소통의 기본 방식으로 아메리카 원주민들의 부족 회의를 활용했다. 사람들이 빙 둘러앉아 '발언 막대'를 건넨다. 이 의식의 물건을 쥔 사람만이 발언할 수 있고 원 안의 다른 사람들은 마음을 다해 경청해야 한다. 그렇게 사람들은 의식을 치르는 공간과 시간 속으로 들어간다.

　우리 회의의 주제는 남성과 여성의 관계였다. 우리는 이 민감한 주제를 두고 각자의 관점이 변화하는 끝없는 시간 속으로 들어갔다. 의견을 나누는 과정에서 나는 이 원이 여성과 남성이 서로에게 진심으로 말하고 들으면서 그들 자신과 상대를 대하는 태도를 바꾸는 강력한 매체라는 것을 알았다.

　우리는 아버지에게 추행을 당한 한 사춘기 여학생의 고통스러운 이야기를 들었다. 그 여학생은 여성에게 교묘하게 혹은 공공연하게 폭력을 행사하는 모든 남자들에게 격분했다. 그녀는 그곳에 있는 남자들도 모두 책임이 있다고 주장했다. 남학생들은 오직 다른 사람을 희생시키면서 자신들의 힘을 확인하는 일부 남성들의 학대와 불감증에 혐오감과 분노를 느끼며 그녀의 비난에 공감했다. 또 그들은 중재하는 방법을 모른다는 부끄러움과 두려움, 그리고 폭력을 행사하는 남성들의 범주에 자신이 들어갈 수 있다는 우려와 함께 부당하다는 느낌도 표출했다.

여학생들은 길거리에서 겪는 성희롱에 분노했으며 안전이 보장되지 않는 것을 불안해했다. 남학생들은 마초적인 남성의 이미지에 맞추어 살아야 하므로 자신의 육체에 자신감을 느끼지 못한다는 점과 성적인 관계를 기대하지 않고 어떻게 여학생과 사귀어야 할지 혼란스럽다고 고백했다. 여학생들은 학교에서 어떻게 자신들의 몸과 외모가 끊임없이 평가되는지, 또 교실에서 주목받으려면 남학생들보다 얼마나 더 똑똑해야 하는지를 말했다. 남학생들은 얼마나 많은 여자 친구들과 관계를 맺었는지 자랑하는 동성 친구들의 말을 들어줘야 할 때 느끼는 쓰라림과 좌절을 이야기했다. 남학생과 여학생이 공통적으로 이야기한 것은 졸업을 하고 다른 지역으로 갔을 때 가족이나 친구들과 헤어지는 것이 두렵다는 것이었다.

눈물도 많이 흘렸고 긴장된 순간도 많았다. 서로 오해했던 부분 때문에 화를 내기도 했다. 남성과 여성이 서로에게 느끼는 큰 혼란 탓에 결코 조화롭게 살지 못하진 않을까 하는 두려움이 비쳤고, 순간순간 그 두려움을 느낄 수 있는 불편한 침묵이 흘렀다. 우리는 사람들이 인종, 나이, 성별이 다른 사람들에게 지니는 편견에 대해서도 들었다. 스물여섯 명의 학생들과 교직원들이 토론하는 데 네 시간이 걸렸다. 핀이 떨어지는 작은 소리가 들릴 만큼 '발언 막대'를 든 사람에게 온전히 주의를 집중했다. 원 안의 사람들 중 변화하지 않은 사람은 없었다.

그날 밤 나는 우리가 이야기를 나누는 중에 뱀 한 마리가 문틈으로 들어와 스르르 원의 중앙으로 미끄러져 오는 꿈을 꾸었다. 아무도 움직이지 않았다. 우리는 모두 말없이 뱀을 지켜보았다. 뱀은 몇몇에게는 시선을 더 오래 주느라 잠깐씩 멈추었지만 빙 돌면서 천천히 우리 한 사람 한 사람을 들여다보았다. 뱀은 마침 내 내게 시선을 고정했다. 마치 내 내면을 꿰뚫어 보듯 깊숙이 들여다보았다. 그러고는 입을 열어 한마디 말을 했다. 아주 힘주어 말했기 때문에 나는 곧바로 이해했다. 뱀은 '**변형**'이라고 쉭쉭거렸다.

그 회의는 내게 큰 희망을 보여주었다. 만일 고등학생들이 그들보다 나이 많은 사람들과 원 안에 함께 모여 각자의 두려움, 화, 기쁨, 미래에 대한 희망을 이야기하고 그 이야기를 깊이 경청한다면, 이 청소년들과 그들의 뒤를 이을 아이들은 이원성의 오류에 빠지지 않을 수 있을 것이다. 이 아이들은 연민과 서로를 받아들이는 법을 배우고 있다. 정복과 지배보다는 배려와 유대의 가치를 배우는 중이다. 그들은 우리 모두가 근본적으로 하나이고 같다는 것을 배운다.

우리가 서로 연민을 느낄 때 다양성을 위협으로 느끼지 않고 포용할 수 있을 것이다. 나는 여성들이 세상을 변화시키는 임계질량(변화의 연쇄 반응을 일으키는 최소의 양)에 지대한 영향을 주고 있다고 생각한다. 우리가 각자 자신의 여성적 본성과 남성적 본성을 치유할 때, 고통과 갈등과 지배에 중독된 의식은 결연, 치유, 균형, **더불어 존재함**의 필요성을 인식하는 방향으로 변화한다. 여성은 불균형을 바로잡기 위해 반야, 즉 지혜를 세상에 좀 더 내보낼 필요가 있다. 우리는 지금 **함께 여행하는 순례자들이 다.** 모든 생명의 존엄성—보이는 것이건 보이지 않는 것이건—을 존중하고 보존하는 방법을 배우기 위해 여행 중이다. 그 안에 우리의 영웅적 힘이 있다.

내 안의 보석을 캐내는 여정

낡은 이야기는 끝났다. 영웅적 탐색의 신화는 진화의 나선 위에서 새로운 전환점을 맞았다. 일시적인 명예에 불과한 직함이나 성취, 갈채, 부의 추구 같은 '본질이 아닌 것'에 대한 탐색은 더는 타당하지 않다. 그 엉뚱한 탐색은 여성의 육체와 정신, 그리고 어머니 대지에 너무 비싼 통행세를 치르게 했다.

오늘날 여성 영웅은 자신을 과거에 묶어놓았던 자아의 굴레를 벗어버리고 자신의 영혼이 추구하는 바를 이루는 데 도움이 되는 것을 찾기 위한 분별의 칼을 들어야 한다. 어머니를 향한 분노를 놓아버리고 아버지를 비난하거나 우상화하는 것을 그만두어야 한다. 자신의 어둠을 대면할 용기를 찾아야 한다. 그녀의 그림자는 이름 지어주고 껴안아줘야 할 바로 자신의 것이다. 여성은 자신 안의 이 어둡고 그림자 진 공간에 명상, 미술, 시, 연극, 의식, 관계 맺기, 흙을 만지는 일을 함으로써 빛을 비춘다.

'여성 영웅'이라는 말에는 다양한 의미가 있다. 그리고 이 호칭으로 불리는 여성은 다양한 모습으로 나타난다. 그녀는 빛나는 갑옷을 입은 기사가 자신을 구해주기를 기다리는 곤경에 처한 신분 높은 처녀이기도 하고, 말을 타고 허공을 날며 자신의 군대를 전쟁터로 이끄는 발키리°이기도 하고, 사막에서 뼈를 그리는 화가이기도 하고, 콜카타에서 가난한 사람들의 상처를 어루만지는 자그마한 수녀이기도 하고, 서류 가방과 이유식을 양손에 쥐고 저글링하는 '슈퍼맘'이기도 하다. 여성 영웅은 세대가 바뀔 때마다 각기 다른 얼굴로 나타났다.

오늘날의 여성 영웅에게 주어진 임무는 그녀 **자신**의 내면에서 은과 금을 캐내는 것이다. 그녀는 자기 내면의 '가슴을 가진 남성'과 긍정적인 관계를 발달시키고 신성한 여성성과 소원해진 자신을 치유하도록 내면의 지혜로운 여성의 목소리에 귀 기울여야 한다. 그녀가 정신뿐만 아니라 몸과 영혼도 존중할 때 비로소 자신과 문화의 분리, 그리고 자신 안의 내적 분리가 치유된다. 오늘날 여성들은 자신의 이상을 표현하는 용기, 한계를 인정하는 강인함, 새로운 방식으로 자신과 타인을 기꺼이 책임지는 능력이 있다. 그들은 다른 사람들에게 인간의 기원, 깨어 있는 자세로 살아가야 하는 이유, 지구의 생명체를 보호할 의무를 상기시킨다.

발키리(Valkyrie) 북유럽 신화에 등장하는 전쟁의 처녀. '전사자(戰死者)를 고르는 자'라는 뜻이며, 전장에서 죽은 전사자들을 북유럽 신화의 주신인 오딘이 다스리는 발할라(오딘을 위해 싸우다가 죽은 전사들이 머무는 궁전)로 인도하는 역할을 한다.

여성은 얽어 짜는 사람이다. 우리는 삶의 거미줄을 보호하도록 남성들과 아이들과 여성들을 한데 엮는다.

여성은 창조자이다. 우리는 자손을 잇고 우리의 꿈인 아이들을 낳는다.

여성은 치유자이다. 몸과 피와 영혼이 하나이고 같으므로 우리는 몸과 피와 영혼의 신비를 안다.

여성은 사랑하는 이다. 우리는 기꺼이 서로를 껴안고 남성들과 아이들과 동물과 나무를 껴안고 마음을 다해서 그들의 승리와 슬픔을 들어준다.

여성은 연금술사이다. 우리는 폭력의 뿌리와 신성한 여성성의 훼손과 파괴를 파헤치고 상처 입은 문화를 변화시킨다.

여성은 지구의 영혼을 지키는 보호자이다. 우리는 신의 은신처에서 오묘한 이치를 끌어내고 보이지 않는 세계에 경의를 표한다.

여성은 다이빙하는 사람이다. 우리는 안전하고 경이롭고 새로운 삶이 흘러넘치는 신비의 세계로 내려간다.

여성은 가수이고 무용수이고 예언자이고 시인이다. 일생 동안 우리가 누구인지를 기억할 수 있게 도와 달라고 어머니 칼리 여신에게 청한다.

칼리 여신이여, 우리와 함께 하소서.

폭력과 파괴의 신이시여, 우리의 경의를 받으소서.

고통과 분노가 무엇인지 볼 수 있는 곳으로

그것들을 들어올리도록
어둠을 빛으로 이끌어내게 도우소서.
우리의 상처받기 쉽고 또 상처주는 사랑의 평형 바퀴.
미움과 사랑 사이에서
균형을 빚어내는 원초적 힘인
창조의 행위로
미움과 사랑의 이 격정을 제자리에 두소서.

빛이 없이는
어떤 것도 피어나지 않는 것처럼
어둠이 없이는
어떤 것도 생겨날 수 없다는 것을
알고 있는 영혼의 정원사들이시여,
우리가 항상 희망을 보도록 도와주소서.

우리 마음속에 뿌리를 내리소서.
그대, 암흑의 여왕 칼리 여신이시여,
경외의 힘이시여.[1]

머리말

1. Joseph Campbell, interview with author, New York, 15 September 1981.
2. Anne Truitt, *Daybook: The Journal of an Artist*(New York: Penguin Books, 1982), p. 110.
3. Joseph Campbell, *The Hero with a Thousand Faces*, p. 245.
4. Campbell interview.
5. 위와 같음.
6. Starhawk, *Dreaming the Dark*, p. 47.
7. Madeleine L'Engle, "Shake the Universe," pp. 182~185.
8. Rhett Kelly, "Lot's wife," 1989.

1장 딸들, 영웅의 길에 서다

1. Harriet Goldhor Lerner, *Women in Theraphy*, p. 230.
2. Polly Young-Eisendrath and Florence Wiedemann, *Female Authority*, p. 4.
3. Joseph Campbell, *The Hero with a Thousand Faces*, p. 337.
4. '여성성(feminine)'과 '남성성(masculine)'이라는 용어는 여성과 남성 모두에서 구현되는 인간 존재의 고유한 원리, 존재의 방식을 묘사하는 데 쓰인다. 성별의 차원을 언급하는 것이 아니다. 서구 문화에서 여성성은 여성/약함의 의미로, 남성성은 남성/강함의 의미로 왜곡되었다. 이 두 용어는 모든 인간 안에 보편적으로 존재하는 인간 고유의 속성을 지칭한다. 여성의 탐색은 여성성이라거나 남성성이라는 말에서 오는 한계를 뛰어넘어 여성이 스스로 자신의 존재 방식을 확인하는 일이다.

5. Sibylle Birkauser-Oeri, *The Mother*, p. 14.

6. Lerner, *Women in Therapy*, p. 58.

7. Carol Pearson and Katherine Pope, *The Female Hero in American and British Literature*, p. 105.

8. 위와 같음.

9. Kathie Carlson, *In Her Image: The Unhealed Daughter's Search for Her Mother*(Boston & Shaftesbury: Shambhala Publications, 1989), p. 55.

10. Pearson and Pope, *The Female Hero*, p. 120.

11. Young-Eisendrath and Wiedemann, *Female Authority*, p. 45.

12. 위의 책, p. 24.

13. Adrienne Rich, *Of Woman Born*, pp. 246~247.

14. Barbara G. Walker, *The Woman's Encyclopedia of Myths and Secrets*, p. 488.

15. 다음을 보라. Marija Gimbutas, *Goddesses and Gods of Ancient Europe*, and Merlin Stone, *When God Was a Woman*.

16. 시인 린 수케닉(Lynn Sukenick)이 처음 사용한 이 모성 공포증이라는 용어 는 자신의 어머니와 같은 사람이 될까 봐 두려워하는 것이 아니라, 누군가 의 어머니가 되는 것을 두려워하는 공포증이다. 자세한 내용은 다음을 보라. Rich, *Of Woman Born*, p. 45.

17. Rich, *Of Woman Born*, p. 218.

18. Lerner, *Women in Therapy*, p. 182.

19. 위와 같음.

20. Carol Pearson, *The Hero Within*, p. 196.

21. Cheri Gaulke, interview with author, Los Angeles, Calif., 23 October 1986.

22. 위와 같음.

23. '남녀 임금 격차 감소와 빈곤 증가에 대한 연구 결과'라는 제목으로 캘리포 니아 주 지역 신문인 〈The Sacramento Bee〉 1989년 2월 8일자에 공개된 랜드 주식회사(Rand Corporation)의 연구 조사에 따르면, 1980년과 1986

년 사이에 모든 직장 여성의 임금이 남성 임금의 60퍼센트 수준에서 65퍼센트로 증가했다. 20세에서 24세 사이의 연령대에서는 여성의 임금이 남성의 78퍼센트에서 86퍼센트로 증가했다. 2000년까지 여성들의 임금이 남성 임금의 74퍼센트 수준까지 오를 거라는 조심스러운 전망이 나왔다. 빈곤 문제에서는 여성들의 낮은 임금과 편부모 가정의 대부분이 편모 가정이기 때문에 여성들이 빈곤에 처할 가능성이 더 높다. 1940년에는 열 가구 중 한 가구의 가장이 여성이었다. 하지만 1980년에는 이 숫자가 40퍼센트나 증가했다. 즉 편모 가정이 거의 일곱 가구 중 하나였다. 빈곤 성인의 62퍼센트가 여성이었다. 가정이 해체되지 않는 한 남성과 여성의 소득 능력의 차이가 빈곤에 관한 통계에서 성차를 야기하지 않았다. 그러나 증가하는 이혼과 비혼 부모 탓에 편부모 가정이 급증한 이후에 상황이 달라졌다.

《제2의 전환(The Second Shift)》(New York: Viking, 1989)에 실린 '직장이 있는 부모와 가정 안의 혁명에 관한 연구'에서 사회학자 앨리 혹실드는 여성들이 하루 24시간 동안 사실상 두 가지 전업을 해내려고 하면서 가사와 자녀 양육의 대부분을 맡고 있다는 것을 확인했다. 혹실드는 8년 동안 조사하고 산출한 수치에서 지난 20년 동안 미국 여성이 남성보다 매주 평균 15시간씩 더 일했다는 것을 확인했다. 1년으로 환산하면 매일 24시간씩 한 달을 더 일하는 셈이다. 오직 남편보다 수입이 더 많은 여성의 경우에 가사 노동이 전체의 절반 이하로 줄었다.

24. Janet O. Dallett, *When the Spirits Come Back*, p. 27.
25. Young-Eisendrath and Wiedemann, *Female Authority*, p. 63.
26. Carlson, *In Her Image*, p. 77.

2장 '아버지의 딸'로 자라다

1. Linda Schmidt, "How the Father's Daughter Found Her Mother," p. 8.
2. Kathy Mackay, "How Fathers Influence Daughters," pp. 1~2.
3. 위와 같음.
4. 위와 같음.
5. 위와 같음.
6. 위와 같음.

7. 위와 같음.

8. Linda Leonard, *The Wounded Woman*, pp. 113~114.

9. Mackay, "How Fathers Influence Daughters."

10. Jean Shinoda Bolen, *Goddesses in Everywoman*, p. 7.

11. "Making, It," *L.A. Times Magazine*, Dec. 4, 1988, p. 72.

12. Polly Young-Eisendrath and Florence Wiedemann, *Female Authority*, p. 49.

13. Carol Pearson and Katherine Pope, *The Female Hero in American and British Literature*, p. 121.

14. Lewis Carroll, *Alice's Adventures in Wonderland and Through the Looking Glass*, p. 165.

15. Pearson and Pope, *The Female Hero*, p. 123.

16. Linda Schierse Leonard, *The Wounded Woman*, p. 17.

17. Mackay, "How Fathers Influence Daughters."

18. Carol Pearson, *The Hero Within*, pp. 125~126.

3장 시련의 길에 오르다

1. Kathy Mackay, "How Fathers Influence Dauthters."

2. Harriet Goldhor Lerner, *Women in Therapy*, p. 159.

3. 위의 책, p. 162.

4. Betty Friedan, *The Second Stage*, p. 219.

5. Carol Pearson and Katherine Pope, *The Female Hero in American and British Literature*, p. 66.

6. 위의 책, p. 255.

7. Polly Young-Eisendrath and Florence Wiedemann, *Female Authority*, p. 119.

8. Pearson and Pope, *The Female Hero*, p. 143.

9. 프시케와 에로스 이야기는 다음에서 인용했다. Robert Johnson, *She: Understanding Feminine Psychology*, pp. 5~22.

10. Robert A. Johnson, *She : Understanding Femimine Psychology*, p. 23.

11. 위의 책, p. 69.

4장 성공의 덫에 걸리다

1. "Making It," *L.A. Times Magazine*, 4 December 1988, pp. 72~74.
2. Betty Friedan, *The Second Stage*, p. 56.
3. 위의 책, p. 113.
4. Helen M. Luke, *Woman, Earth and Spirit*, p. 8.
5. Madonna Kolbenschlag, *Kiss Sleeping Beauty Goodbye*, p. 83.

5장 아버지에게 배신당하다

1. 다음에서 인용했다. "Fueling the Inner Fire: A Conversation with Marti Glenn," *Venus Rising*, 3, no. 1 (1989).
2. Roger L. Green, *Heroes of Greece and Troy*, p. 222.
3. 위의 책, pp. 222~223.
4. Carol P. Christ, *Laughter of Aphrodite*, pp. 97~98.
5. 위의 책, pp. 98~99.
6. 위의 책, p. 99.
7. John Russell, *New York Times*, "Arts and Leisure" section, February 1981. 다음에서 인용함. Betty Friedan, *The Second Stage*.
8. "여성 영웅의 여정"에 관한 진 시노다 볼렌과의 공동 연구에서 발췌했다. *Venus Rising*, 3, no. 1 (1989).
9. Sylvia Brinton Perera, *Descent to the Goddess*, p. 8.

6장 내면의 여신을 만나다

1. Patricia Reis, "The Goddess and the Creative Process," in Patrice Wynne, *The Womanspirit Sourcebook*, p. 181.
2. Barbara Walker, *The Skeptical Feminist*, p. 117.
3. 위의 책, p. 122.
4. Merlin Stone, *When God Was a Woman*, p. 219.
5. Barbara Walker, *The Skeptical Feminist*, p. 133.
6. Barbara Walker, *The Woman's Encyclopedia of Myths and Secrets*, pp. 218~219.

7. 위의 책, pp. 219~220.

8. 위의 책, p. 220.

9. Charles Boer, trans., "The Hymn to Demeter," *Homeric Hymns*, 2nd 3d. rev. (Texas: Irving, 1979), pp. 89~135.

10. Jean Shinoda Bolen, *Goddesses in Every Woman*, pp. 169~171.

11. Helen Luke, *Woman, Earth and Spirit*, p. 56.

12. Christine Downing, *The Goddess*, p. 48.

13. Luke, *Woman, Earth and Spirit*, p. 65.

14. C. G. Jung, "Psychological Aspects of the Kore," in Jung & Kerenyi, *Essays on a Science of Mythology*, p. 215.

15. Luke, *Woman, Earth and Spirit*, p. 57.

16. 위의 책, p. 54.

17. 위의 책, p. 64.

18. Sylvia Brinton Perera, *Descent to the Goddess*, pp. 9~10.

19. 위의 책, p. 59.

20. 위의 책, p. 23.

21. 위의 책, p. 24.

22. 위의 책, p. 40.

23. 위의 책, p. 67.

24. 위의 책, p. 70.

25. 위의 책, p. 78.

26. 위의 책, p. 81.

27. 위의 책, p. 90.

28. 위의 책, p. 94.

29. 위의 책, p. 91.

7장 여신, 돌아오다

1. Jean Shinoda Bolen, "Intersection of the Timeless with Time: Where Two Worlds Come Together," Address to Annual ATP Conference, Monterey, Calif., 6 August 1988.

2. Carol Christ, *Laughter of Aphrodite*, p. 124.

3. Bolen, ATP.

4. Jean Markale, *Women of the Celts*, p. 99.

5. 위의 책, p. 99.

6. 위의 책, p. 96.

7. Buffie Johnson, *Lady of the Beasts*, p. 262.

8. Markale, *Women of the Celts*, p. 100.

9. John Sharkey, *Celtic Mysteries*, p. 8.

10. Marion Woodman, *The Pregnant Virgin*, p. 58.

11. 위와 같음.

12. In Maureen Murdock, "Changing Woman," p. 43.

13. Marie-Louise von Franz and James Hillman, *Jung's Typology*, p. 116.

14. P. L. Travers, "Out of Eden," p. 16.

15. 베트남의 승려 틱낫한은 호흡과 웃음으로 간단히 명상하는 법을 가르친다.

16. Sheila Moon, *Changing Woman and Her Sisters*, p. 139.

17. 위의 책, pp. 136~138.

18. 위의 책, p. 138.

19. Colleen Kelly, interview with author, Point Reyes, Calif., 1 November 1986.

20. Mina Klein and Arthur Klein, *Käthe Kollwitz*, p. 104.

21. 위의 책, p. 82.

22. 위의 책, p. 92.

23. Luisah Teish, interview with author, Los Angeles, Calif., 7 November 1986.

24. Moon, *Changing Woman*, pp. 157~158.

25. 위의 책, p. 169.

26. Kathleen Jenks, "Changing Woman," p. 209, quoted from Hasten Klah and Mary Wheelwright, *Navajo Creation Myths*(Santa Fe, N.M.: Museum of Navajo Ceremonial Art, 1942), p. 152.

27. Joan Sutherland, interview with author, Malibu, Calif., 6 February 1986.

28. Murdock, "Changing Women," p. 44.

29. Nancee Redmond, untitled, 10 December 1986.

8장 잃어버린 어머니와 재회하다

1. Janet Dallett, *When the Spirit Comes Back*, p. 32.

2. James Hillman and Marie-Louise von Franz, *Jung's Typology*, pp. 113~114.

3. 위와 같음.

4. Rose-Emily Rothenburg, "The Orphan Archetype."

5. Lynda W. Schmidt, "How the Father's Daughter Found Her Mother," p. 10.

6. 위의 책, p. 18.

7. Patricia C. Fleming, "Persephone's Search for Her Mother," p. 143.

8. 위의 책, pp. 144~147.

9. Ginette Paris, *Pagan Meditations*, p. 167.

10. 위의 책, p. 178.

11. 여성들의 모임에 관한 정보를 보려면 패트리스 윈(Patrice Wynne)의 저서 《여성 영성 자료집(The Womanspirit Sourcebook)》(San Francisco: Harper & Row, 1988)을 참고할 것.

12. Paris, *Pagan Meditations*, p. 175.

13. Flor Fernandez, interview with author, Venice, Calif., 14 October 1989.

14. Mark Schorer, "The Necessity of Myth," in Henry A. Murray, ed., *Myth and Mythmaking*, p. 355.

15. Hilary Robinson, ed., *Visibly Female: Feminism and Art Today*(New York: Universe Books, 1988), p. 158.

16. Estella Lauter, *Women As Mythmakers*, p. 170.

17. 위의 책, p. 1.

18. 위와 같음.

19. Nancy Ann Jones, interview with author, Los Angeles, Calif., 10 August 1988.

20. 위와 같음.

21. Mayumi Oda, interview with author partially quoted in Murdock,

"Changing Woman," p. 45.

22. 위와 같음.

23. Buffie Johnson, interview with author, Venice, Calif., February 18, 1986.

24. 위와 같음.

25. Susan Griffin, "This Earth: What She Is to Me," *Woman and Nature*, p. 219.

9장 긍정적인 남성성을 되찾다

1. Jean Shinoda Bolen, "intersection of the Timeless with Time: Where Two Worlds Come Together," Address to Annual ATP Conference, Monterey, Calif., 6 August 1988.

2. Edward C. Whitmont, *Return of the Goddess*, p. 155.

3. *Los Angles Times*, 29 May 1989.

4. Whitmont, *Return of the Goddess*, p. 172.

5. Carol Pearson, *The Hero Within*, p. 125.

6. Sybille Birkhauser-Oeri, *The Mother*, p. 121.

7. Helen Luke, *Woman, Earth and Spirit*, p. 63.

8. June Singer, "A Silence of the Soul," p. 32.

9. Erich Neumann, *Amor and Psyche*, p. 140.

10. Ethel Johnston Phelps, *The Maid of the North*.

11. 위의 책, p. 37.

12. 위의 책, p. 38.

13. 위의 책, p. 39.

14. 위의 책, p. 40.

15. 위의 책, p. 43.

16. 위와 같음.

17. 위의 책, p. 44.

18. 위와 같음.

19. Whitmont, *Return of the Goddess*, p. 167.

20. 위의 책, p. 171.

21. 위의 책, p. 173.

22. Bolen, ATP.

23. Betty DeShong Meador, "Uncursing the Dark," pp. 37~38.

24. Janine Canan, ed., *She Rises Like the Sun*(Freedom, Calif: The Crossing Press, 1989), p. 20.

25. Anne Waldman, "Secular/Sexual Musings," p. 13.

10장 여성 영웅, 다시 떠나다

1. Martin Buber, *I and Thou*.

2. 안거와 미국 불교에 관한 틱낫한의 강연을 모은 피터 레빗(Peter Levitt)의 《이해의 본질(The Heart of Understanding)》에서 발췌했다.

3. 위와 같음.

4. Matthew Fox, *Original Blessing*, p. 54.

5. Interview of Elaine Pagels with Bill Moyers on "World of Ideas."

6. 위와 같음.

7. Donna Wilshire and Bruce Wilshire, "Gender Stereotypes and Spatial Archetypes."

8. Mary Ann Cejka, "Naming the Sin of Sexism," *Catholic Agitator*, April 1989, p. 2.

9. Wilshire and Wilshire, "Gender Stereotypes," p. 82.

10. *The Early Civilization of Europe*, Monograph for Indo-European Studies 131(Los Angles: UCLA, 1980), ch. 2, pp. 32~33, as cited in Riane Eisler, *The Chalice and the Blade*, p. 14.

11. Eisler, *The Chalice and the Blade*, p. 14.

12. 위와 같음.

13. 위와 같음.

14. 위의 책, p. 15.

15. 위의 책, p. 18.

16. 위의 책, pp. 20~21.

17. 위의 책, pp. 23~24.

18. 위의 책, p. 28.

19. Marija Gimbutas, *Goddesses and Gods of Old Europe, 7000-3500 B.C.*, p. 237.

20. Mircea Eliade, *Patterns in Comparative Religion*, p. 421, as cited in Marta Weigle, *Spiders and Spinsters*, p. 269.

21. Quoted in Weigle, *Spiders and Spinsters*, p. 267.

22. Elaine Pagels, *The Gnostic Gospels*, p. 62.

23. 위의 책, p. 64.

24. 위의 책, p. 65.

25. 위의 책, p. 72.

26. 위의 책, pp. 81~82.

27. Edward Whitmont, *Return of the Goddess*, p. 164.

28. Pagels, *The Gnostic Gospels*, p. 82.

29. 스코틀랜드 아이오나 섬의 치누크 공동체의 일원인 비비안 헐이 1988년 6월 21일에서 22일까지 강연한 내용을 저자가 직접 인용한 것이다.

30. José Arguelles and Miriam Arguelles, *Mandala*, p. 23.

31. 위의 책, p. 127.

32. 위와 같음.

맺음말

1. May Sarton, from "The Invocation to Kali," in Laura Chester and Sharon Barba, eds., *Rising Tides*, p. 67.

| 참고문헌 |

Arguelles, josé, and Arguelles, Miriam. *Mandala*. Berkeley: Shambhala
    Publications, 1972.
Birkhauser-Oeri, Sibylle. *The Mother: Archetypal Image in Fairy Tales*.
    Toronto: Inner City Books, 1988.
Boer, Charles, trans. "The Hymn to Demeter." *Homeric Hymns*. 2nd ed. rev.
    Texas: Irving, 1979.
Bolen, Jean Shinoda. *Goddesses in Everywoman: A New Rsychology of
    Women*. San Francisco: Harper & Row, 1984.
Buber, Martin. *I and Thou*. New York: Scribner, 1958.
Budapest, Zsuzsanna. *The Holy Book of Women's Mysteries*. Berkeley:
    Wingbow Press, 1989.
_____. *The Grandmother of Time*. San Francisco: Harper & Row, 1989.
Campbell, Joseph. *The Hero with a Thousand Faces*. Bollingen Series 17.
    Princeton: Princeton University Press, 1949.
_____. *The Power of Myth*. New York: Doubleday, 1988.
Canan, Janine, ed. She Rises Like the Sun. Freedom, Calif.: The Crossing Press,
    1989.
_____. *Her Magnificent Body: New and Selected Poems*. Manroot Books,
    1986.
Carroll, Lewis. *Alice's Adventures in Wonderland and Through the Looking
    Glass*. New York: New American Library, 1960.
Chernin, Kim. *Reinventing Eve*. New York: Harper & Row, 1987.
Chester, Laura, and Barba, Sharon, eds., *Rising Tides: 20th Century American*

Women Poets, New York: Washington Square Press, 1973.

Christ, Carol P. *Laughter of Aphrodite*. San Francisco: Harper & Row, 1987.

Clift, Jean Dalby, and Clift, Wallace B. *The Hero Journey in Dreams*. New York: Crossroad Publishing Co, 1988.

Dallett, Janet O. *When the Spirits Come Back*. Toronto: Inner City Books, 1988.

Downing, Christine. *The Goddess*. New York: Crossroad Publishing Co, 1981.

Edinger, Edward F. *Ego and Archetype*. New York: Putnam's/Jung Foundation, 1972.

Eisler, Riane. *The Chalice and the Blade*. San Francisco: Harper & Row, 1987.

Fox, Matthew. *Original Blessing*. Santa Fe: Bear & Company, 1983.

Friedan, Betty. *The Second Stage*. New York: Summit Books, 1981.

Gimbutas, Marija. *Goddesses and Gods of Old Europe, 7000-3500 B.C.* Berkeley and Los Angeles: University of California Press, 1982.

Green, Roger L. *Heroes of Greece and Troy*. New York: Walck, 1961.

Griffin, Susan. *Like the Iris of an Eye*. New York: Harper & Row, 1976.

_____. *Woman & Nature: The Roaring Inside Her*. New York: Harper & Row, 1978.

Hall, Nor. *The Moon and the Virgin*. New York: Harper & Row, 1980.

Hammer, Signe. *Passionate Attachments: Fathers and Daughters in America Today*. New York: Rawson Associates, 1982.

Hildergard of Bingen. *Illuminations of Hildegard of Bingen*. Commentary by Matthew Fox. Santa Fe: Bear & Company, 1985.

Johnson, Buffie. *Lady of the Beasts*. San Francisco: Harper & Row, 1988.

Johnson, Robert A. *She: Understanding Feminine Psychology*. San Francisco: Harper & Row, 1977.

Jung, Carl Gustav, and Kerenyi, K. "Psychological Aspects of the Kore." *Essays on a Science of Mythology*. New York: Pantheon Books, 1949.

Klein, Mina C., and Klein, H. Arthur, *Käthe Kollwitz: Life in Art*. New York: Schocken Books, 1975.

Kolbenschlag, Madonna. *Kiss Sleeping Beauty Goodbye*. San Francisco: Harper & Row, 1979.

Lauter, Estella. *Woman as Mythmakers: Poetry and Visual Art by Twentieth-Century Women*. Bloomington: Indiana University Press, 1984.

Leonard, Linda Schierse. *The Wounded Woman*. Boston: Shambhala Publications, 1982.

Lerner, Harriet Goldhor. *Women in Therapy*. New York: Harper & Row, 1988.

Levitt, Peter. *The Heart of Understanding*. Berkeley, Calif.: Parallel Press, 1988.

Luke, Helen M. *Woman, Earth and Spirit: The Feminine in Symbol and Myth*. New York: Crossroad Publishing Co, 1981.

Markale, Jean. *Women of the Celts*. Rochester, Vt.: Inner Traditions International, 1986.

Moon, Sheila. *Changing Woman and Her Sisters*. San Francisco: Guild for Psychological Studies, 1984.

Murray, Henry A., ed., *Myth and Mythmaker*. Boston: Beacon Press, 1960.

Neumann, Erich. *Amor and Psyche: The Psychic Development of the Feminine*. Bollingen Series 54. Princeton: Princeton University Press, 1955.

_____. *The Great Mother: An Analysis of the Archetype*. Bollingen Series 47. Princeton: Princeton University Press, 1955.

Pagels, Elaine. *The Gnostic Gospels*. New York: Vintage Books, 1981.

Paris, Ginette. *Pagan Meditations: The Worlds of Aphrodite, Artemis and Hestia*. Dallas: Spring Publications, 1986.

Pearson, Carol. *The Hero Within*. San Francisco: Harper & Row, 1986.

Pearson, Carol, and Pope, Katherine. *The Female Hero in American and British Literature*. New York: R. R. Bowker Co., 1981.

Perera, Sylvia Brinton. *Descent to the Goddess*. Toronto: Inner City Books, 1981.

Phelps, Ethel Johnston. *The Maid of the North: Feminist Folk Tales from Around the World*. New York: Holt, Rinehart, and Winston, 1981.

Rich, Adrienne. *Of Woman Born: Motherhood as Experience and Institution*. New York: Bardam Books, 1976.

Sharkey, John. *Celtic Mysteries: The Ancient Religion*. New York: Thames and Hudson, 1975.

Starhawk. *Dreaming the Dark: Magic, Sex and Politics*. Boston: Beacon Press,

1982.

Stone, Merlin. *Ancient Mirrors of Womanhood*. Boston: Beacon Press, 1979.

_____. *When God Was a Woman*. San Diego: Harcourt Brace Jovanovich, 1978.

von Franz, Marie-Louise, and Hillman, James. *Jung's Typology: The Inferior Function and the Feeling Function*. Dallas: Spring Publications, 1971.

Walker, Barbara G. *The Skeptical Feminist*. San Francisco: Harper & Row, 1987.

_____. *The Woman's Encyclopedia of Myths and Secrets*. San Francisco: Harper & Row, 1983.

Weigle, Marta. *Spiders and Spinsters: Women and Mythology*. Albuquerque: University of New Mexico Press, 1982.

Whitmont, Edward C. *Return of the Goddess*. New York: Crossroad Publishing, 1988.

Woodman, Marion. *The Pregnant Virgin: A Process of Psychological Transformation*. Toronto: Inner City Books, 1985.

Wynne, Patrice. *The Womanspirit Sourcebook*. San Francisco: Harper & Row, 1988.

Young-Eisendrath, Polly, and Wiedemann, Florence. *Female Authority, Empowering Women through Psychotherapy*. New York. Guilford Press, 1987.

언론 기사

Fleming, Patricia C. "Persephone's Search for Her Mother." *Psychological Perspectives*. 15, no. 2 (fall 1984): 127-47.

Jenks, Kathleen. "'Changing Woman': The Navajo Therapist Goddess." *Psychological Perspectives* 17, no. 2. (fall 1986).

L'Engle, Madeleine. "Shake the Universe." *Ms* magazine. July/August 1987.

Mackay, Kathy. "How Fathers Influence Daughters." *Los Angles Times*, 6 April 1983.

Meador, Betty DeShong. "Uncursing the Dark: Restoring the Lost Feminine."

Quadrant 22, no. 1 (1989): 27–39.

Murdock, Maureen. "Changing Women: Contemporary Faces of the Goddess." *Women of Power* 12 (winter 1989).

Rothenberg, Rose-Emily. "The Orphan Archetype." *Psychological Perspectives* 14, no. 2 (fall 1983).

Schmidt, Lynda W. "How the Father's Daughter Found Her Mother." *Psychological Perspectives* 14, no. 1 (spring 1983): 8–19.

Singer, June. "A Silence of the Soul: The Sadness of the Successful Woman." *The Quest* (summer 1989).

Travers, P. L. "Out from Eden." *Parabola*, 11, no. 3 (August 1986).

Waldman, Anne. "Secular/Sexual Musings." *Vajradbatu Sun*. 10, no. 6.

Wilshire, Donna W. and Wilshire, Bruce W. "Gender Stereotypes and Spatial Archetypes." *Anima* 15, no. 2 (spring equinox 1989).

시(詩)

Connor, Julia. "On the Moon of the Hare." *Making the Good*. Santa Fe: Tooth of Time Books, 1988.

Di Prima, Diane. "Paryer to the Mothers." In Chester, Laura and Barba, Sharon, eds. *Rising Tides*. New York: Washington Square Press, 1973.

Jong, Erica. "Alcestis on the Poetry Circuit." *Half-Live*. New York: Holt, Rinehart & Winston, 1973.

Piercy, Marge. "For Strong Women." *In Circles on the Water: Selected Poems of Marge Piercy*. New York: Alfred A. Knopf, 1982.

Waldman, Anne. "Duality (A Sone)." Fast Speaking Music, BMI, 1989.

고연수

전남대학교 사범대학을 졸업했고, 현재 번역가로 일하고 있다. 한국어로 쓰인 소설을
영어로 번역할 수 있으면 좋겠다는 소박한 꿈을 꾸며 날마다 글쓰기를 하고 있다. 옮
긴 책으로 《토드를 위한 심리상담》, 《자존감의 첫 번째 계단》이 있다.

내 안의 여신을 찾아서

2022년 9월 20일 초판 1쇄 발행

- 지은이 ——————— 모린 머독
- 옮긴이 ——————— 고연수
- 펴낸이 ——————— 한예원
- 편집 ————————— 이승희, 윤슬기, 양경아, 김지희, 유가람
- 본문 조판 ————— 성인기획
- 펴낸곳　**교양인**
　　　　　우 121-888 서울 마포구 포은로29 202호
　　　　　전화 : 02)2266-2776 팩스 : 02)2266-2771
　　　　　e-mail : gyoyangin@naver.com
　　　　　출판등록 : 2003년 10월 13일 제2003-0060

ⓒ 교양인, 2022
ISBN 979-11-87064-94-7　03180

* 잘못 만들어진 책은 바꾸어드립니다.
* 값은 뒤표지에 있습니다.